U0520546

罗劲松 著

霞客行

山水寻踪

广西人民出版社

图书在版编目（CIP）数据

霞客行：山水寻踪 / 罗劲松著. -- 南宁：广西人民出版社，2025.5. -- ISBN 978-7-219-11873-3

Ⅰ. K928.967

中国国家版本馆 CIP 数据核字第 2024ZK2251 号

XIAKE XING: SHANSHUI XUN ZONG

霞客行：山水寻踪

罗劲松　著

策　　划　赵彦红
执行策划　李亚伟
责任编辑　陆姿烨　李亚伟
责任校对　黄　熠　文　慧
版式设计　陈晓蕾
封面设计　刘　凛

出版发行　广西人民出版社
社　　址　广西南宁市桂春路6号
邮　　编　530021
印　　刷　广西民族印刷包装集团有限公司
开　　本　889mm×1194mm　1/32
印　　张　14.25
字　　数　280千字
版　　次　2025年5月　第1版
印　　次　2025年5月　第1次印刷
书　　号　ISBN 978-7-219-11873-3
定　　价　68.00元

版权所有　翻印必究

序 潇洒广西行

明崇祯十年（1637年）闰四月初八日，山水秀美的广西迎来一位看似低调的游客。被后世学者称为大旅行家、地理学家的徐霞客乘船由湖南沿湘江溯流而上，在广西全州山角驿古渡口悄然登岸，由此开启精彩纷呈的"粤西游"之旅。

从这一天起，到明崇祯十一年（1638年）三月二十七日，徐霞客由南丹县岜歹村离开广西进入贵州，在将近一年时间里，从桂东北经桂中南到桂西北，先后游览考察今全州、兴安、桂林、阳朔、柳州、融水、桂平、玉林、北流、容县、贵港、横州、南宁、崇左、大新、靖西、天等、上林、宜州、河池、南丹等30多个地方，足迹遍及半个广西。

早在青少年时代便立下"丈夫当朝碧海而暮苍梧"远大志向的徐霞客，在游历祖国大好河山的行程中，持续不断以日记形式记述自己一路走来的所见所闻、所思所感。60余万字的旅途日记，最终辑成历史文化底蕴极其丰厚的《徐霞客游记》一书。其中，记述广西之行的《粤西游日记》占全书三分之一篇幅，内容涉及广西山川地理、地质地貌、动植物与物产，以及各地民众丰富多彩的社会生活习俗，为我们留下一份内涵极为丰厚的珍贵的历史文化遗产。

素以山水壮美、人文风情多姿多彩闻名于世的广西，在"闻奇必探""遇险必登"的徐霞客笔下会呈现怎样精彩的场景？这位明代大旅行家以生动笔触描绘的奇山秀水、城池村落与名胜古迹，如今又是怎样一番风貌，怎样一种情境？

让我们一起启程出发吧！沿着徐霞客当年的行走路线，用自己的视角去观赏景色的优美，去品味诗意的浪漫，去探寻历史的真相，去抚摸岁月的沧桑，去回味380多年前的过去，去感受380多年后的今天⋯⋯

目录

寻找山角驿　　　　　　003

参拜"楚南第一名刹"　　013

登上真宝顶　　　　　　023

结缘宝鼎岭　　　　　　031

灵渠之灵　　　　　　　041

幽幽一条古商道　　　　051

媳妇娘峰今何在　　　　059

虞山的前世今生　　　　065

七星一洞通古今　　　　075

西湖盛衰记　　　　　　083

一服药传了九百年　　　093

水月洞改名风波　　　　101

走进桂海碑林　　　　　109

碧莲峰里住人家　　　　117

山水化作大舞台　　　　127

来到画山不数马　　　　133

孤峰不与众山俦　　　　139

雒容怀古	151
柳侯祠里叹"三绝"	159
再现"罗池夜月"	167
山歌依旧绕鱼峰	173
失而复得真仙岩	181
马鞍山上寻仙迹	191
邂逅窑埠	199

玉林贵港

广西的三峡	209
西山佛缘	217
攀缘白石洞天	227
高山村"第一游客"	235
水月静静淌	243
"勾曲穿漏"勾漏洞	253
一"鬼"值千金	261
结茅都峤与仙邻	269
回访罗丛岩	281
望南山	289

南宁

崇左

乌蛮滩头祭伏波	299
藏龙卧虎应天寺	307
"绿肺"青秀	315
蚌刀闪闪豹子头	323
"罗峰晓霞"风光不再	331
守望三江口	339
扬美赏石	347
一座故城叫"太平"	355
邂逅黑水河	363
错过德天瀑布	371
盛情留客百感岩	379
痛别南宁	387
烽火昆仑关	395
畅游"后花园"	405

河池

宜州观山	415
怀远怀旧	423
南丹探宝	431
"合掌"送别	439
后　记	445

桂林，是《徐霞客游记》中记述最为详尽的一座城市。

崇祯十年（1637年）闰四月初八日，徐霞客由全州进入广西，开启旅游生涯中壮观的"粤西游"之旅。

由全州至兴安，由兴安至灵川，由灵川至桂林，由桂林至阳朔。在"甲天下"的山水之间，徐霞客游历时间长达一个半月，相继登临20余座山峰，探访60多个岩洞，描绘山川走势，形象叙述社会人文风情。

这一天，徐霞客冒着霏霏夜雨乘船沿湘江溯流而上，由湖南进入广西。在入桂第一篇日记里，他简要记述了自己在山角驿登岸的经过。时间、地点交代得清清楚楚。然而，当一拨拨当代研究者寻迹而来，在确认渡口和山角驿确切位置时却产生了分歧……

寻找山角驿

桂林

夜雨霏霏,四山暧雺,昧爽放舟。西行三十里,午后,分顾仆舟抵桂林,予同静闻从湘江南岸登涯,舟从北来,反曲而南,故岸在北。是为山角驿,地名黄沙。西南行,大松夹道。五里,黄沙铺。

摘自徐霞客崇祯十年闰四月初八日日记

全州，广西的"北大门"。早春二月，当开启"霞客行·山水寻踪"之旅的我踏上这片流行着"湘音"的土地时，一股"他乡遇故人"的亲切感油然而生。因为，我的出生地在湖南。

此前，身为媒体人的我曾经多次到全州采访，对这座以历史文化底蕴深厚闻名的"桂北大县"有着深刻印象。然而，这一次全州之行，心中所怀的期待却比以往任何一次都更为强烈。我要依据同道中人的研究结论和自己的判断，亲眼看看徐霞客当年踏上广西土地时"第一脚"所站立的那个地方——山角驿。

有关山角驿的来历，在全州当地史料中有明确记载。明朝嘉靖六年（1527年），官府设山角驿于广西全州黄沙湘江岸边。它是广西与湖南交界处一个带有标志性的驿站。乘船沿湘江逆流而上的旅客，一到山角驿便会欣然感慨："终于到广西了！"

由此，山角驿成为众多探寻徐霞客足迹的研究者和"驴友"们大感兴趣的一个聚焦点。

然而，络绎不绝前来探访的人们所认定的山角驿的位置却各有不同。

不少人依据徐霞客日记中提到的山角驿所在地"黄沙"这个地名，把如今全州县黄沙河镇的老码头视为山角驿所在地。

然而,《南国早报》记者对这一说法提出了质疑。

2006年4月,《南国早报》推出"重走霞客路"专题系列报道。时为早报记者的我,全程参与了这次大型系列报道活动的策划与采写。

记得,当记者前往黄沙河镇寻找山角驿所在地时,镇政府工作人员十分自信地告知:"在黄沙河大桥旁边,就有一个古渡口,那里应该就是徐霞客当年登岸的地方!"

兴奋的记者跨过黄沙河大桥,在下游不远处果然看到一个被漫漫青草覆盖的老渡口。渡口早已没有了过客,静静躺在草丛中的青石板却依然湿润光滑。

黄沙河镇老渡口

这个古渡口，此前、此后曾经被不少徐霞客足迹探访者轻率地认定为徐霞客由湘入桂登岸的地方。

然而，细心的记者在采访中却发现谬误之处：如今的黄沙河镇，当年叫黄沙铺。而徐霞客在日记中明明白白地告诉人们——他在山角驿登岸后，继续"西南行，大松夹道。五里，黄沙铺"。登岸后走了2.5公里路，徐霞客才到达黄沙铺。

显然，如今黄沙河镇的这个老渡口并不是徐霞客由湘入桂最初登岸的地方。

在细雨霏霏中，记者沿着明代的官道、如今的322国道继续往北搜寻，在当地人指引下来到湘江岸边的车头村。

车头村所处位置，距黄沙河镇正好2.5公里，而且遗存着雕梁画栋的明清年间古宅院。临近这座古老村庄的河滩码头，会是当年山角驿所处的位置吗？

在一位蒋姓老人引领下，早报记者来到长满青草的河滩边。据老人指认，这处河滩过去就遗存着用青石板铺设的老渡口，由湖南或桂林来的官船都会在这里停靠。

于是，车头村古渡口便在早报记者的报道中被认定为当年徐霞客"第一步踏上广西土地的地方"。

一晃18年过去了。当我独自一人重启"霞客行·山水寻踪"之旅来到全州探访山角驿时，却在当地听到了另一种说法——全州县一位名叫张力的历史爱好者，一直对当年徐霞客游历全州这段历史充满兴趣。在赴现场观察与研究后，他发现此前不少研究者在确认徐霞客由湘入桂登岸点时不经意犯了两个错误：

第一个错误，是将如今的黄沙河镇与古人所称的黄沙渡混为一谈，轻率地将黄沙河镇认定为山角驿所在地。

其实，早在清代初年，我国地理学家顾祖禹就在《读史方舆纪要》一书中点明了山角驿的位置："黄沙关……关下有黄沙渡……旧皆有兵戍守"，"又山角驿，旧在州东，洪武四年置，嘉靖六年移置于黄沙渡"。

事实上，如今的黄沙河镇在明代叫黄沙铺。而位于黄沙铺下游五里的湘江渡口一带，才是古人所称的黄沙渡。因此，徐霞客由山角驿登岸后继续行走 2.5 公里，才抵达黄沙铺，即如今的黄沙河镇。

第二个错误，是认为山角驿码头位于如今的车头村。

张力在现场考察时发现，在距黄沙河镇 2.5 公里左右的湘江岸边，车头村位于湘江西岸，下张家湾村则位于东南岸。徐霞客在日记中明确告诉我们："予同静闻（徐霞客好友、旅伴）从湘江南岸登涯。"

从地貌上看，车头村所处的湘江西岸，是长达两公里的平缓黄沙滩，根本无"涯"可登。反观对岸下张家湾村，石崖、山峰至今依然耸立在江岸边。只是老码头早已废弃，岸边长满杂草、荆棘，如今的乘船人已经很难在这里上岸了。

据张力辨认，当年远近闻名的山角驿遗址就在临近下张家湾村的河岸边，被杂草和灌木密密实实地覆盖着。出生于下张家湾村的张力记得：此前，当地村民时常会在杂草中翻出已经没有棱角的砖块、瓦砾。铺设于黄沙渡渡口的青石板也在1958年被运走，用于修建灌江渠道。立于石板路边的古碑，则被村民们抬去充当建房基石。

当我来到临近车头村、下张家湾村的湘江岸边时，只见车头村河岸边堆满了被挖砂人丢弃的鹅卵石，老码头踪迹全无。临近下张家湾村的江岸边，老码头遗

临近山角驿的江岸

址处依然散布着不少礁石，高高的山崖耸立在江岸边。按照日记中的描述，当年徐霞客就是在这片礁石间下船，然后登上石崖，开启他人生中壮观的"粤西游"之旅。

广西之行第一天，徐霞客心情大好。他在离开山角驿前往黄沙铺途中，一路"大松夹道"。一排排为旅客提供阴凉的苍松让徐霞客印象深刻，以至20天后进入兴安地界时依然难以忘怀："入兴安界，古松时断时续，不若全州之连云接嶂矣。"

在全州，一位历史爱好者和我谈起这一情景时不禁大发感慨："当年全州的绿化要比兴安好得多哦！可惜，如今已经比不上兴安了。"

明代末年，全州的绿化何以如此令人赞叹？

在探寻这个问题的答案时，我多次从全州人绘声绘色的描述中听到一个名字——章复。

史料记载，元末明初的全州，因湘桂走廊战火频起，民众流离失所，生活十分凄惨。古人曾在诗歌中如此形容当时的情景："堪怜一片全州土，鬼哭啾啾奈尔何。"

明洪武元年（1368年）三月，明军攻克全州，改全州路为全州府。更新换代之际，全州终于迎来一位能吏——"有学行，能文章，尤工书翰"的章复被任命为全州府同知（知府副手）。当时的全州，知府一位空缺，章复实际上成为全州府的"一把手"。

到任之初，章复沉痛地看到——原本"以种稻为恒产"的全州在元代统治者轻视农耕政策的影响下，已然退化到刀耕火种的境地,"民不事农","耕者忘其本"。悲叹之下,"知农能文"的章复迅速"编《农圃通谕》一卷,凡地利可兴者,分时月,别品类,若栽莳敛蓄及诸禳法疗方,纤悉具述"。

在亲自编写的《农圃通谕》这本册子里,章复将水稻何时栽种、如何管理、何时收获以及稻谷的收藏等一系列知识介绍得清清楚楚。几乎所有农户都得到了这本"知识手册"。

上天似乎要考验章复的意志。他到任第二年,全州"旱蝗"灾害不断。

当地民间习俗认为,遭遇天灾是因为人们触犯了神灵,地方官必须亲自出面向神灵谢罪,方可消灾。为了遵从民俗民意,章复"徒跣诣覆釜山祷",光着脚板登上全州人心目中神圣的佛山——覆釜山(今宝鼎岭)祭拜。

一心为民的章复感动了上天。《湘山灵应》记载,章复登山祭拜神灵后,"神光烛大,二龙现影,雷雨随至,州城甘澍三日"。

章复主政第三年,全州面貌大变——农风蔚起,水稻遍野,民众富足。

解决了百姓温饱问题,章复又将目光转向环境治理。

此前,我曾经在盛夏时节赴全州采访,一个深切的感受是,虽然全州地处广西"北大门",但这片土地上炽热的阳光、灼人的热浪一点也不比南宁弱。

为了让往来全州的人们避开滚滚热浪,章复掀起了一场声势浩大的"全民绿化运动"。

旧版《全州志》记载,"全固阙守六年,即升复为守,先后得专理有成效,尝树松亘百里,以憩行人,人呼'章公松',比以甘棠"。在太守空缺6年后,章复因政绩卓著,被提升为真正的"一把手"。明洪武六年(1373年),章复便开始率领乡民在黄沙河至界首百里官道两旁种植松树。数年后,绿荫蔽道,人们亲切地将沿道而立的青松称为"章公松"。"章公松"后来又衍化出"全阳松""全州松""引路松"等名称。

在临近湘江的全州湘源文化公园,我见到了章复的雕像。塑像前一块大理石上,刻着介绍章复生平事迹的文字,文中引用了明代初年大文学家解缙《过全州》一诗:

国朝太守章君复,种得青松夹路长。

夏日行人多驻马,全州万树比甘棠。

如今,湘源文化公园的山峦上也种植了不少青松。若干年后,徐霞客所赞叹的青松"连云接嶂"景观应该能够在湘江边重现……

唐代至德年间,一位法号全真的僧人飘然云游,来到湘源县(今全州县)。全真登上湘山,举目四望,只见青山环绕,雄浑苍翠,三江汇合,奔涌回环,不觉心旷神怡。

于是,立足湘山,刈除荆棘,搭盖茅屋,开荒种地。一座以『净土』为名的寺院,在湘山脚下立了起来。这,便是湘山寺的前身。此后,数不清的风流名士在这里停下匆匆的脚步……

参拜『楚南第一名刹』

〖桂林〗

由狮子岩南下,二里,至湘山寺。由寺东侧入,登大殿,寄行李。东半里,入全州西门。过州前,出大南门,罗江在前。东至小南门,三江合处。约舟待于兴安。复入城,出西门至寺,登大殿,拜无量寿佛塔。

摘自徐霞客崇祯十年闰四月初十日日记

"先有湘山寺，后有全州城。"追溯全州建城史，可以说，湘山寺造就了全州城。

当年，由黄沙河走来的徐霞客未进全州城，先入湘山寺。他在寺中存放行李，由西门入城，转悠一圈，在湘江、灌江、罗江三江汇合口赏罢风景，立即返回湘山寺，登大雄宝殿，祭拜无量寿佛塔。

面对远道而来的霞客，僧人自然要满怀自豪地讲述湘山寺充满神奇色彩的前世今生。在当天的日记里，徐霞客用简简单单一段文字概述了全州城的来由，以及无量寿佛令人慨叹的身世际遇："无量寿佛成果于唐咸通间……号全真，故州以全名。肉身自万历初毁，丙戌又毁，后又毁。"

纵观《粤西游日记》，虽然徐霞客沿途经常与寺院僧人打交道，却很少将笔墨落在某一位僧人身上。全真法师是一个例外。

令徐霞客如此关注的全真，究竟有着怎样的传奇身世？他所创建的湘山寺又经历了怎样的辉煌与劫难？

怀着满心的好奇，我徘徊于湘山寺殿堂、古树与古塔之间，翻阅存放于寺中的文字资料。一座具有悠远历史的"楚南第一名刹"逐渐清晰地浮现在眼前……

唐开元十六年（728年），一个男婴在湖南资兴程水一户周姓人家诞生。在父母教导下，这孩子自幼礼佛，16岁便在郴州开元寺出家受戒，法号全真。

唐天宝七载（748年），全真跟随师父前往当时的政治、文化中心——长安（今西安市）寻求更广阔的发展空间。然而，此时的唐朝廷正面临一场激烈动荡。全真敏锐感受到安史之乱前夕的风云诡谲，毅然南归，一路云游，最终在湘山停下脚步。

在当地民众热心帮助下，全真终于在至德元载（756年）四月建起了自己的寺院——净土院。

这一年，我国北方因安史之乱而烽烟四起，民不聊生。南方则幸运地依然保持着一派宁静、祥和的气氛。南下高僧在湘山脚下讲解大乘佛法的消息，在周边地区不胫而走。四方民众慕名而来，简朴的净土院香火逐渐旺盛。据说，曾有远道而来的官员倾听全真法师的讲义后，心悦诚服，当场表示愿意弃官从佛。

时光行进至唐太和八年（834年）。此时，年过百岁的全真法师在信众心目中如同人间神灵，被尊以"无量寿佛"称号。然而，谦逊的全真法师生前对这一盛名坚辞不受。

好景不长。唐会昌五年（845年），一场由唐武宗发起的灭佛

湘山寺

运动席卷全国。全真法师预感阴云来临，悄然归隐于僻远的覆釜山，直到12年后灭佛运动完全平息才重新出山。

唐咸通八年（867年）二月，全真法师无疾而终。临终前，他留下"秋去叶须落，春来花自开"偈语，以表达自己对生死、对人生起伏的豁达态度。

众僧在寺中修建院龛，将法师真身移入龛中，随后又建起墓塔，供信众祭拜、追念。

后晋天福二年（937年），楚王有感于全真法师盛名，向朝廷启奏，建议将清湘县城迁至寺院所处的三江口，升县为州，取名全州，管辖清湘、灌阳两县。这一建议得到朝廷认可。

清康熙年间《湘山志》记载，鼎盛时期的湘山寺规模宏大，主体建筑有龙凤山门、大雄宝殿、伽蓝大殿、布经楼和兜率宫。护塔天龙堂、无量寿佛大殿、四金刚台、观音堂、关帝殿、鼓楼等众多殿堂则围绕在主体殿堂周边。大大小小的寺院建筑绵延数里，由湘山直抵湘江之滨。

如今，不少慕名而来的游客面对占地仅18000平方米的湘山寺，总感觉它的规模和"楚南第一名刹"这一称号不太相称。殊不知，当年湘山寺的规模超越了全州城。

妙明塔，是如今湘山寺最引人注目的一座高层建筑。据说，它的来历和一场洪灾密切相关。

北宋元丰三年（1080年）盛夏时节，全州遭遇洪水袭击，全城百姓却有惊无险。当地官员和民众都认为这是得到了全真法师的护佑，便决定在寺中修建一座存放法师真身的宝塔。然而，塔未建成，主持修塔的郡守便调离全州，建塔资金没了着落。

北宋元祐七年（1092年），得到当地富豪捐助的7层宝塔终于在湘山寺飞来石前立了起来。塔身外八方、内六

妙明塔

方，内设盘旋而上的阶梯，供信众登塔祭拜，观赏湘山风光。

南宋绍兴五年（1135年）七月，宋高宗以"妙明"二字为湘山寺敕封塔名。

原本存放于塔中的全真法师肉身，早已不存。据徐霞客在日记里记述，全真法师"肉身自万历初毁，丙戌又毁，后又毁"。

当地文史爱好者考证这段历史时，发现明朝万历十四年（1586年）二月初八日夜晚，妙明塔确实遭遇过一场火灾。存放于塔中的全真法师肉身在那场大火中被焚化，仅余齿骨。此后，前往妙明塔祭拜的官员多方筹款，从海南购来香料，重塑法师真身。然而，按徐霞客在日记中的记述，重塑的法师真身此后又相继遭遇两次灾难。

虽然饱经劫难，法师肉身不存，但妙明塔这座佛家人眼中神圣的浮屠却始终屹立不倒。即便是在抗日战争烽火连天的岁月里，日军飞机将湘山寺大部分建筑炸成一片废墟，日军入侵全州后又在寺院里纵火，妙明塔刚直的身躯依然倔强地挺立在湘山脚下。

明代诗人顾璘在参拜妙明塔时曾欣然赋诗，赞叹萦绕于塔身的一股无形的精神力量：

古塔已千载，白骨为黄金。

寒灯耿不灭，照见西来心。

记得，2006年我以早报记者身份初访妙明塔时，当地刚遭遇一场冰雹袭击。妙明塔被砸得周身是伤，瓦片七零八落，木椽断裂朽烂。

令人欣慰的是，18年后，当探寻徐霞客足迹的我又一次来到湘山寺寻幽访古时，饱经沧桑的妙明塔历经多次"修旧如旧"维修，已然再度恢复雄健、典雅的风貌。

参拜妙明塔后，徐霞客看到"塔后有飞来石"。这座飞来石，如今依然沉稳地待在塔身之后。嶙峋的石壁上，遍布石刻。其中，刻在高处的一幅形态飘逸的"兰花图"最为引人注目。

飞来石上的"兰花图"

"兰花图"的作者，是活跃于明末清初的那位和徐霞客一样令人啧啧称奇的人物——著名画家石涛。不同的是，徐霞客出身于普通人家，石涛则是真正的皇亲国戚——第13代靖江王朱亨嘉的嫡长子。

一位皇族公子，怎么会和湘山寺结缘呢？

原名朱若极的石涛，出生于明崇祯十五年（1641年）。3岁那年，父亲朱亨嘉在桂林起兵反击南下清军，自称"监国"。反清明军兵败后，家臣在战乱中将朱若极救出，逃到僻静的全州湘山寺藏身。此后，隐姓埋名的朱若极在寺中出家，法名原济，字石涛。

在清静的寺院里，年少的石涛寄情山水，潜心习画。然而，贵族身份和远大的抱负让他无法满足于寺院这片宁静的小天地。于是，在16岁那年，石涛启程北上，开启云游四方的漂泊生涯。

清康熙三十年（1691年），年近50的石涛终成大器，以"搜尽奇峰打草稿""笔墨当随时代"的艺术探索精神，开扬州画派先声，成为彰显苍郁恣肆、清润新颖画风的一代大师。

如今，石涛的画作散布于世界各地博物馆和收藏家手中，他留在避难之地湘山寺的唯一印记，便是刻于飞来石上的"兰花图"了。

屈指数来，石涛抵达湘山寺的时间比徐霞客晚了8年。虽然无缘相会，但两位奇人却有着相同的嗜好，两人都把云游四方、寄情山水视为人生一大乐事。

徜徉于山水之间的两位奇人，以心会景，以情寄景，有着超越常人的深切感受。同样是游览黄山，徐霞客慨叹："登黄山，天下无山，观止矣！"石涛感言："黄山是我师，我是黄山友。心期万类中，黄山无不有！"两人的感言，均为后人感受黄山、品味黄山的金句！

"楚南第一名刹"虽然宏伟，却敌不过大自然山水更强烈的诱惑力。徐霞客在湘山寺逗留不到一天，便背起行装，迈开匆匆的脚步，出寺门溯罗江而上。前方，在"耸秀夹立"的群峰之间，一座形态"甚奇异"的大山，吸引了这位探险家好奇的目光……

提起真宝顶，很多广西人都会感觉陌生。然而，徐霞客来到广西不过几天，便把目光投向这座海拔两千多米的「华南第二高峰」。如今，虽然路途艰难，仍有不少「驴友」寻迹而来，攀登真宝顶顶峰。当年，徐霞客一路所见「悬峡飞瀑，宛转而下；修竹回岩，更相掩映」的景观，如今还保持着原貌吗？大山里远近闻名的天湖美景，为什么没有出现在徐霞客笔下？

登上真宝顶

[桂林]

时日色甫中,四山俱出……而宝顶最高,与北相颉颃,仰望基后绝顶更高。复从丛竹中东北上……又上一里,至绝顶,丛密中无由四望,登树践枝,终不畅目。已而望竹浪中出一大石如台,乃梯跻其上,则群山历历。

摘自徐霞客崇祯十年闰四月十三日日记

攀登真宝顶，最大的挑战不在于山峰险峻，而在于山峦连绵起伏，路途迂回曲折。当年徐霞客登顶，足足用了3天时间。第一天，他远远望见钩挂山后面耸立着"甚奇异"的真宝顶。也许是因为口音上的误解，徐霞客在日记里把真宝顶写成"金宝顶"。在当地人带领下，徐霞客辗转走了10多公里山路，到达打狗凹时天已经黑了。

第二天，徐霞客在山中迷路，三上三下也没能找到正确路径，感觉必须找一个向导。一位正在自家水田里插秧的山民热心地带他走了一段路。随后，徐霞客又迷失方向，"踏月乃返"，在山中一户人家住了下来。

第三天一大早，熟悉路径的向导腰插飞镖，带徐霞客上路。一路绕过飞泻而下的瀑布，穿越荆棘丛生的沟谷，蛇行于茂密草丛之间。中午时分，在一片缓坡上见到宝顶殿废墟时，真宝顶顶峰终于出现在眼前！

如今攀登真宝顶，已经用不着像徐霞客那样在大

远眺天湖（熊友斌 摄）

山里辗转攀爬数日之久了。乘车由全州县城出发，溯驿马河而上，抵达大王山山脚时，天湖水电站厂房出现在眼前。站在厂房边仰头望去，只见直径宽达1米的压力钢管沿陡峭山坡直通上千米高的山顶，气势如虹。

乘车继续在山间公路上辗转颠簸一个多小时，抵达大王山山顶时，一口竖井赫然立于眼前。从井口探头望下去，眼前黑幽幽一片，深不可测。

天湖蓄积的碧水，就是从这海拔1700米的高山上通过竖井、斜井和压力钢管直冲山脚发电机房的。

"越城岭上凿井千米建电站，大王山中穿岩十里送光明"，竖井旁石碑上这副对联，将广西水电人的豪情表达得淋漓尽致。

离别大王山，翻越二王山，绕过海洋坪水库，平静的天湖悠然出现在眼前。举目望去，只见一碧万顷，晶莹透亮。

徐霞客当年攀登真宝顶时，曾在海拔1500多米的山岭间辗转盘旋，却没有见到如此气派的湖泊。天湖和周边10多个水库是什么时候形成的呢？

当地资料记载，早在1969年，一群水电技术人员来到真宝顶、大王山一带考察时，便感觉这片山峦起伏的高地是开发高水头水力资源的好地方。

20世纪70年代中期，声势浩大的筑坝围湖工程打破了大山的宁静。参与修筑天湖水库的一位建设者清楚地记得：1977年上山时，满山茅草比人还高。在靠近谷底的山坡间，还卧着一座被称为皇帝大殿的庙堂遗址。

随着大坝筑成，皇帝大殿遗址逐渐被湖水淹没。然而，有关皇帝大殿的传说却一直在全州一带流传。人们绘声绘色地讲述着种种传奇故事，把沉浸在湖水里的大殿和舜帝、顺治帝、乾隆帝、南明永历帝以及闯王李自成联系起来，为美丽的天湖增添了一抹神秘色彩。

沉没于天湖的大殿，果真与某位皇帝有关吗？

2002年4月,我和时任《南国早报》总编辑的蒋钦挥先生一同攀登真宝顶。来到天湖边时,祖籍全州的蒋钦挥先生兴致勃勃谈起自己青年时代在尚未蓄水的天湖库区见到的情景——皇帝大殿遗址坐北朝南,地面上横七竖八躺着10余根花岗岩石柱和数级台阶,台阶下有一口石砌水井。大殿前100米处还立着一座两米多高的佛塔。

蒋钦挥先生考证后认为,诸多有关这座大殿与皇帝有关的故事均为民间传说,充满奇幻色彩,缺乏真实可靠的历史依据。徐霞客当年攀登真宝顶和宝鼎岭时,一路曾见到9座庙宇,可见当时山岭中庙宇之多。被淹没于天湖的皇帝大殿,从所处地理位置看很可能是附近信众前往真宝顶庙朝佛时歇脚的一个中转点。

告别天湖,沿弯曲山道继续往上攀登,跋涉一个多小时,真宝顶顶峰便在眼前显露真容。

临近顶峰时,只见徐霞客笔下的"悬峡飞瀑"早已化作涓涓细流。漫漫茅草之间,不时可见老树枯干的树蔸。可以想象,当年这一带定然是茂密的原始森林。

如今,原始森林早已消失,茂密的观音竹也罕见踪影,取而代之的是漫山遍野的草甸。容颜大变的真宝顶，曾经遭遇过怎样的劫难？

资料显示，20世纪50年代末，真宝顶一带和全国其他地方同步掀起大炼钢铁热潮。满山的大树，在那个年代被成片砍伐作为燃料。半个多世纪过去了，曾经林木茂密的真宝顶一直没能恢复元气。

同样是在中午时分，临近真宝顶主峰时，我们惊喜地看到徐霞客当年描述的"石墙如环，半圮半立"的"宝顶殿基"，依然卧在原地。只是，殿基中"颓腐横地"的栋梁和存于香炉中的"大圣像"早已没了踪影。

一鼓作气登上真宝顶顶峰的徐霞客，打算登高远望，观赏周边风光，结果"丛密中无由四望，登树践枝，终不畅目"。山顶茂密的树木遮挡了他的视线。继而，他发现"竹浪中出一大石如台"，于是爬上石台，这才观赏到"群山历历"的壮观景象。

如今登上真宝顶顶峰，茂密的树林消失了，随风起伏的竹浪不见了。只有徐霞客日记里提到的像平台一样的大石还盘踞在原地。用不着像徐霞客那样费劲地攀树枝、登石台，便能观赏到周边"群山历历"的风景了。

真宝顶庙遗址

立于真宝顶之巅，往西南方向望去，透过薄纱般的云雾，隐约可见"华南第一高峰"猫儿山的身影。两位雄踞华南巅峰的"巨人"每日遥遥相望，如果心有灵犀，彼此会生出怎样的感受呢？

"第一巨人"猫儿山一定会庆幸自己的运气。它那茂密的原始森林被划为国家级自然保护区，众多珍稀植物和生灵得以幸存。

"第二巨人"真宝顶只能连连感叹了。在叹息中思念自己丛林密布的过去，思念那位"登山必造群峰之巅"的知音……

一位生长在宝鼎岭脚下的全州人曾经肯定地说：徐霞客在全州登山考察时，最吸引他眼球的一定是宝鼎岭。虽然宝鼎岭在高度上不能和广西第二高峰真宝顶相比，但它伟岸的身姿即便远在百里之外的全州县城也清晰可见。相传，湘山寺开山祖师全真法师曾经在宝鼎岭潜心修行达十余年之久。佛家香火从遥远的唐代延续至今，千年未绝……

结缘宝鼎岭

(桂林)

从定心桥下过脊处,觅莲瓣隙痕,削崖密附,旁无余径。乃从脊东隔峡望之,痕虽岈然,然上垂下削,非托庐架道处也。乃上定心石,过圣水涯,再由舍身崖登飞锡绝顶,返白云庵。宿白云庵,晤相宗师。

摘自徐霞客崇祯十年闰四月十七日日记

告别真宝顶的徐霞客还没有歇口气，便马不停蹄翻山越岭前往相距百里之遥的宝鼎岭。

宝鼎岭究竟是怎样一座山？它有着怎样的前世今生？

查阅相关史料可知，古时的宝鼎岭有另外一个名字——覆釜山。因为，从山脚远远望去，那圆滑的顶峰恰似一口倒扣的铁锅。

明洪武年间编纂的《永州府志》有这样一段描述：

覆釜山，在清湘县西八十六里。唐天宝六年亦名湘山。祖佛修行于绝顶上，山势最高，云雾常瀹密，气候极寒，仅八九月可以登览。上有扫街竹、罗汉条，泉流岩窦间，涓涓清冽。佛于岭半结庵，今尚存。全、永、宝、武、静江等处，每于秋后，无问南北、男女、长幼，跋涉数程，名曰"朝山"，道途往来不绝……

文中提到的清湘县，便是如今的全州县；祖佛，指的是被全州人尊为寿佛爷的湘山寺始祖——全真法师。

唐会昌五年（845年），一场由唐武宗发起的反佛毁寺风潮席卷全国。

山雨欲来风满楼。身在全州的全真法师预感灾祸将至，悄然潜入百里之外的山林，在覆釜山上结草为庵，潜心修炼达12年之久。

史料记载中那座承续全真法师香火的白云庵，至今依然遗存在宝鼎岭白云峰上。

历史文化底蕴如此厚重的一座山，徐霞客自然是不会错过的。

在四月十七日这天的日记里，徐霞客描述了自己登上宝鼎岭顶峰的情景："从定心桥下过脊处，觅莲瓣隙痕，削崖密附，旁无余径。乃从脊东隔峡望之，痕虽岈然，然上垂下削，非托庐架道处也。乃上定心石，过圣水涯，再由舍身崖登飞锡绝顶……"

寥寥数语，便道出了宝鼎岭的险峻与奇伟。

如今，徐霞客由真宝顶前往宝鼎岭考察的这段旅程，被"驴友"们视为一条访幽探险的经典路线。时常会有勇敢者身背行囊，手持《徐霞客游记》，一座座山峰、一个个村庄比对查找，风餐露宿，苦在其中，乐在其中。

也有不少"驴友"发现一条攀登宝鼎岭的捷径——乘车由资源县城出发，经宝鼎湖抵金竹坪村，沿前人在山中踩踏而成的一条古道徒步攀缘，只需两个多小时便可登上宝鼎岭。

我的宝鼎岭之旅，走的便是这条捷径。

乘车沿山村公路蜿蜒而上，过宝鼎湖，抵达金竹坪村。沿一条坎坷不平的机耕道步行，来到一个岔路口时，只见路旁立着一块石碑，碑上刻有一行字——"右走宝鼎"。

抬头往右前方望去，状如圆锅的宝鼎岭赫然在目！

于是，兴奋地加快脚步沿山间小路前行，很快便进入茂密的原始丛林。

金秋十月，阳光明媚。独自在灌木、杂草和老树间往上攀缘的我，一路听鸟啼虫鸣，观溪流潺潺，感觉并不寂寞。

绕过山坳，眼前景观豁然开朗。明媚的阳光下，白云峰悠然耸立。主峰下，一片平缓的坡地延伸而出。坡地上，静静卧着一座寺院，那便是传说中的白云庵。

与城里寺院的金碧辉煌、威赫气势相比，低矮、简朴的白云庵简直可以用"寒碜"二字来形容。然而，厚重石块垒砌的方方正正的古老护墙，横躺在地上的粗大石柱和一块块古碑，又让人隐约感触到白云庵曾经的气派与辉煌。

遥想上千年前，为躲避灾难的全真法师悄然进山，选择此地结草为庵，潜心修行。当时的状况，一定要比现在更为简陋，更加寒碜。由此看来，如今衰落的白云庵倒恰恰是回归了寿佛爷当年倡导的佛家本真。

步入庵前岩石砌筑的山门，面对殿堂内嵌入石壁的佛龛，遥想当年徐霞客抵达此地时"宿白云庵，晤相宗师"的情景，脑海里悠然浮现温馨一幕：

在寒风呼啸、空旷寂寥的山巅上，一位风尘仆仆的旅行家与一位潜心向佛的寺院住持执手相会。

也许是在院内昏黄的灯光前，也许是在山野闪烁的星光下，两位素不相识却似乎前生有缘的奇人相对而坐，他们一定有着谈不完的新鲜事，道不尽的心里话。

可惜，徐霞客在匆匆写就的日记里没有就此留下一个字。

白云庵老院墙

同样，由于古人"吝啬的笔墨"与岁月的侵蚀，全真法师在宝鼎岭上长达12年的修炼过程，以及神一般的传奇往事，也成为永远的历史之谜。

为了探知这个谜团的点滴真相，古往今来，探访者的足迹络绎不绝出现在宝鼎岭上。一位又一位有缘人不辞劳苦攀缘而至，与神秘的宝鼎岭结下缘分。

如今，在这简朴的白云庵与宝鼎岭结缘的又是何人呢？穿过寂静的院落，只闻念经声，未见伴佛人。

急于登山的我出白云庵后门，穿越山坡间茂密的茅草。山风呼啸、芦花摇曳中，宝鼎岭主峰悠然现身！

此时的宝鼎岭，不再像一口倒扣的铁锅，而是一座尖峭峻拔、傲视群山的石峰！

细细察看山间登顶之路，恰如徐霞客所描述，白云峰与宝鼎岭之间有一道弧形山脊相连。越过山脊，陡峭的宝鼎岭崖壁上，一条登山小道时断时续，隐约可见。

面对如此险境，不少慕名而来的登山者会在山脊定心桥停下前行的脚步。

越过定心桥的我，沿前人开凿的狭窄阶梯攀缘而上，接近舍身崖时，抬头仰望前方光滑陡峭的崖壁，低头俯瞰脚下深不可测的山谷，瞬间想起清代全州文人曹一湛在《游覆釜山记》中描述的过舍身崖的情景——"悬崖万仞，不可着足，伏而窥之，毛发

宝鼎岭顶峰

耸然"，"匍匐而寸进之，自笑不复为人态"。

想象着古人似壁虎一般四肢并用、匍匐过崖的狼狈情形，设想着独自一人登顶可能出现的种种险状，犹豫再三的我最终选择知难而退。

默然回到白云庵，我抱着遗憾的心态在院中转悠，在院落一角，与寺院住持——道觉法师不期而遇。

出乎我的意料，站在眼前的法师竟然是一位略带孩子气的年轻女子！

一个柔弱女子，怎么会来到这僻远、高峻的大山里修行？在这终日风霜侵袭、人迹罕至的高山之巅，她能够坚守多久？

交谈中觉察到我的疑虑，道觉法师淡然一笑，道："在佛学院，我修的是苦行。宝鼎岭现在的生活条件，对我来说简直就是一个享福的地方！"

得悉我止步于宝鼎岭定心桥，道觉法师发出一声轻叹:"既然已经来到这个地方,不登宝鼎岭探访寿佛当年修行的圣水崖,岂不遗憾?"

法师声音很轻,落在我心坎上的分量却很重。离开白云庵时,"遗憾"二字始终萦绕在我的心头。

此行的目的,不正是探访、体验徐霞客当年的行迹吗?不登宝鼎岭,何言"霞客行"?

于是,我毅然转身,回到白云庵。当道觉法师表示可以为我引领登顶之路时,我更是勇气倍增。于是,再度穿越茂密的茅草,再度跨越定心桥,跟随道觉法师奋力向上攀缘。

抵达"峭拔如壁"的舍身崖时,道觉法师指着陡峭崖壁上一条由石块、泥土和杂草组成的过道告诉我——白云庵前任住持怀信法师在世时,每天都要到这里垒石头、填泥土、种青草。特别滑溜的地方,就天天用钻子敲、敲、敲,敲凿出一个个落脚的地方。长年累月,锲而不舍,终于开出一条"过崖之路"。有了这条"路",登顶人过舍身崖就有了安稳的落脚之地,再也不用像古人那样"匍匐而寸进"了。

的确，踏着附着于陡峭崖壁上的一堆堆泥土、一丛丛杂草、一道道阶梯，虽然脚下依然是万丈深渊，心里却增添了一份踏实的感觉。

被道觉法师视为神圣之地的圣水崖，是一处因岩石崩落而形成的岩穴。岩穴石缝间，有水滴长年不断。在海拔1920多米的山巅，这一泓清流的确贵如"圣水"。

辞别圣水崖，穿过茂密茅草和观音竹，翻越光滑岩石，终于得以像徐霞客一样"飞锡绝顶"！

在顶峰光溜溜的岩石上，道觉法师提醒我留意岩体上一个个类似人类脚印的凹坑。道觉法师坚信：这是寿佛爷当年在山上修行时踏出的脚印，并用佛教"五蕴"理论解释这些脚印的成因。

细看眼前一串串"脚印"，虽然我对它们的成因有不一样的看法，却从心底赞赏道觉法师所持的坚定信念。

正是这种信念，让曾经像许多年轻人一样追求过时尚生活的她，安享山巅贫乏清苦的生活；正是这种信念，让终年守护简陋寺院的她坚信，宝鼎岭一定会有更辉煌的未来……

展开兴安地形图，会看到这样的情景：东南，都庞岭、海洋山高高崛起；西北，越城岭巍然耸峙。东南部，南高北低；西北部，北高南低。顺应这一地势，从海洋山起步的湘江由南往北奔往湖南；从越城岭主峰猫儿山发源的漓江由北往南流向桂林。两条江在兴安擦肩而过。如此独特的水系走势，早在两千多年前便激发南下秦人的灵感，一条沟通湘江、漓江的渠道就此开通。

灵渠之灵〔桂林〕

又十里,至兴安万里桥。桥下水绕北城西去,两岸甃石,中流平而不广,即灵渠也,已为漓江,其分水处尚在东三里……既渡,又东有小溪,疏流若带,舟道从之。盖堰湘分水,既西注为漓,又东浚湘支以通舟楫,稍下复与江身合矣。

摘自徐霞客崇祯十年闰四月二十日日记

俯瞰灵渠分水塘

未进兴安城,先绕灵渠行。明崇祯十年(1637年)闰四月二十日,风尘仆仆的徐霞客远远便望见了兴安城楼。于是,他顺着城墙外静静流淌的灵渠一路走来,跨过渠道上的万里桥,进入兴安北城门。在此后3天时间里,除了花费一天攀登状元峰,徐霞客基本上是围绕着灵渠游览、考察。

一条长不过30余公里、流量仅每秒10多立方米的人工开凿渠道,何以承担起一举改变中国历史版图的重任,并在长达两千多年时光里持续不断博得世人关注的目光?

这,应该是每一位来到灵渠的游客都想弄清楚的问题。

徐霞客自然也不例外。为了更全面地认识灵渠,他顺着渠道一路行走、观察。在分水塘边,他看到"塘以巨石横绝中流,南北连亘以断江身,只以小穴泄余波,由塘南分湘入漓;塘之北,即浚湘为支,以通湘舟于观音阁前者也"。一道堤坝,使湘江分流,一股往西注入漓江,一股往东与湘江主流汇合。

分水塘,如今已然成为灵渠的核心景区。当我沿着霞客足迹来到分水塘时,正值湘江枯水时节,没能欣赏到激流漫涌的情景,却也另有收获——由一排排巨石垒砌而成密如鱼鳞的大小天平,清晰地呈现在眼前。

公元前219年,50万秦军大举南下,进入广西境内后,因后勤补给难以为继,受阻于兴安。随即,秦军主帅屠睢战死沙场。

眼见功亏一篑,一位名叫史禄的秦朝监御史突发奇思妙想——如果在此地开凿渠道,沟通湘、漓二水,不是可以顺势打通南下水路通道吗?

史禄实地考察后发现:距湘江上游河段约两公里处,有一条漓江支流——始安水。从距离上说,在这地方开渠最为便捷。然而,横亘其间的临源岭使始安水和湘江之间的落差高达7米。如果在此地筑坝开渠,地势高的始安水将以倾泻之势汇入湘江,根本无法通航。

于是,史禄继续前往湘江上游探寻,在如今分水塘这个地方停下脚步。这里江面开阔,水流平缓。选择这个地方筑坝开渠,

四贤祠

让湘江之水沿蜿蜒的渠道与始安水相通，可以有效缓解落差带来的困扰。

公元前214年，灵渠建成通航。秦军随即大举出动，由湘江经灵渠入漓江，继而南下珠江，一举平定百越，在此设置三郡——桂林郡、象郡、南海郡。

开凿灵渠，史禄理所当然拥有首创之功。然而，灵渠最终建成今天的模样，成为世人眼中的"世界古代水利建筑明珠"，是集体智慧的结晶。

在距陡门不远的南渠边，立着古朴的四贤祠。步入祠中，只见古树掩映的厅堂里并排立着四位建渠、修渠功臣——秦代史禄、汉代伏波将军马援、唐代桂管都防御观察使李渤和桂州（今桂林）刺史鱼孟威的塑像。

东汉建武十七年（41年），伏波将军马援受命平定交趾兵乱，率10万兵马乘楼船南下。为保证船队顺利通过，马援迅速调集人力疏浚灵渠。

唐宝历元年（825年），李渤着手对灵渠进行大规模整修，筑起挺立江中起分水导流作用的铧嘴，垒砌大、小天平，巧妙促成江水三七分流，分别注入漓江、湘江。南渠、北渠用以调节水量、抬升水位的一座座陡门，也是在这次整修中建成的。

徐霞客在日记里为我们描述了船队过灵渠陡门的情景："出城，西三里，抵三里桥。桥跨灵渠，渠至此细流成涓，石底嶙峋。时巨舫鳞次，以箔阻水，俟水稍厚，则去箔放舟焉。"

枯水时节的三里桥一带，渠水变成涓涓细流。因为水太浅，渠底石块嶙峋，清晰可见，滞留在这里的大船鳞次栉比。渠道管理者利用陡门以竹箔阻水，待渠水蓄积起来再撤箔放船。就这样一节节蓄水，一节节放船，很有点像如今船只在大坝排队过船闸的情景。

为了疏浚渠道，清康熙五十四年（1715年），广西巡抚陈元龙倡导重修灵渠陡河石堤，以及渠道上的36座陡门。在《重修灵渠石堤陡门记》一文里，陈元龙感慨道："陡河虽小，实三楚两广之咽喉，行师馈粮，以及商贾货物之流通，唯此一水是赖。"

从选址到开渠，从巧妙筑坝使之三七分流到完美解决河流落差，并最终通航,静静流淌的灵渠凝聚着两千多年来古人治水、用水的大智慧!

民国年间,随着桂黄公路、湘桂铁路相继建成通车,灵渠终于完成水路"咽喉"的历史使命,逐渐冷清下来。然而,冷清并不意味着荒废。直到今天,灵渠依然在出色地履行着水利灌溉的职能。

2018年8月,灵渠入选世界灌溉工程遗产名录,成为古代水利建筑一颗闪亮的明珠。

沿静静流淌的渠水一路行走,临近兴安老城区时,一座横跨在渠道上的亭阁式石桥赫然立于眼前,桥亭匾额上"万里桥"三字十分醒目。

记得,20多年前初访灵渠时,当地一位蒋姓老人曾在万里桥边提醒我:品味灵渠的历史文化韵味,一定不能忽略了架设在渠道上的一座座石拱老桥。它们既沟通溪道两岸,又沟通兴安历史文化脉络。

万里桥最初的建造时间,可追溯到上千年前的唐代。唐宝历元年(825年),李渤在此主持整修灵渠时,为方便往来交通,便在临近北城门的驿站要道上

万里桥

架起一座石拱桥。在古人眼里，此地与京城长安有万里之遥，便定名为万里桥。

初建时，万里桥上并无桥亭。明洪武初年，当地官员考虑到万里桥地处交通要道，便差遣工匠在桥上建起桥亭，供往来旅客憩息、赏景。

渐渐地，万里桥成为兴安灵渠最著名的一座风景桥。南来北往的达官贬臣与文人墨客登上万里桥，总要停下脚步，赏景赋诗，或抒发衷情，或倾诉惆怅。

在流传至今的众多历史故事中，最有意思的是明代一对政敌——严嵩、董传策先后跨过万里桥时以诗抒情的故事。

明正德十三年（1518年），38岁的严嵩被册封为宗藩副使，在严冬时节出公差来到广西。此时的严嵩尚未发达，对前途充满惆怅，便即兴写下《兴安县》一诗：

兴安城郭枕高丘，湘漓水分南北流。

万里桥头风雪暮，不知何地望神州。

明嘉靖三十七年（1558年），刑部主事董传策上奏参劾已然高居宰相之位的严嵩"专权误国六罪"。奏本最终落到大权在握的严嵩手里，董传策随即被贬往僻远的南宁。途经灵渠万里桥时，董传策百感交集，赋诗一首，表达自己绝不与奸臣同流合污的情操：

忆昨含香侍圣朝，风烟回首隔迢遥。

客游忽到三江峡，世路今过万里桥。

笼内乾坤人独醒，舟中日月赋堪消。

戍楼那更炎荒远，横笛秋天爽气飘。

7年后，严嵩失宠，被罚没家产，削官还乡，落了个无家可归的悲惨下场。董传策则在僻远的南宁勤政爱民，广得赞赏，终于官复原职。人生命运，总是这样变幻莫测。

见证着人间悲情与喜乐的万里桥，它自己的命运同样跌宕起伏。史料记载，在风雨飘摇、社会动荡中，万里桥桥亭曾经"七建七圮"。如今的桥亭，重建于21世纪初兴安大兴旅游的年代。

"至兴安万里桥……过桥入北门，城墙环堵，县治寂若空门，市蔬市米，唯万里桥边数家。"这是徐霞客当年过万里桥入兴安城时见到的衙门空寂、街市寥落的冷清情景。

如今，登上彰显汉唐建筑风格的万里桥桥亭，举目四望，只见商铺一家连着一家，游客一拨跟着一拨。与灵渠相伴相守的水街，早已成为各地游客的热门打卡地。

眼看着一条条游船在清澈的渠水中悠然穿行，我不由得又想起清代学者苏宗经当年途经此地时兴致勃勃吟咏的诗歌：

行尽灵渠路，兴安别有天。

径缘桥底入，舟向市中穿。

桨脚挥波易，蓬窗买酒便。

水程今转顺，翘首望前川。

到桂林旅游的游客,大多流连于漓江两岸优美的山水风光,很少有人会留意到在崇山峻岭之中,潜藏着一条古道——湘桂商道。这是沟通湖南与广西的一条陆路通道,由湖南永州入广西全州,经兴安高尚田,灵川长岗岭、熊村,抵达漓江边的大圩码头。然后,『逆水行舟上桂林,落帆顺流下广东』。如今,湘桂商道早已湮没在荒草之中。然而,沿古道行走,我们依然能够寻找到曾经的繁盛迹象……

幽幽一条古商道

〖桂林〗

又西五里,
直抵五峰之南,
乱尖叠出,十百为群,
横见侧出,不可指屈。
其阳即为镕村,墟上聚落甚盛,
不特山谷所无,
亦南中所(少)见者。市多觜面、
打胡麻为油者,因市面为餐,
以代午饭焉。

摘自徐霞客崇祯十年闰四月二十八日日记

湘桂商道的开通，和著名的灵渠有着密切关联。开凿于秦代的灵渠，是中原与岭南地区往来的重要水路通道。然而，当蜂拥而来的船只越来越多，宽不过10余米的渠道难免经常"堵船"。

徐霞客在灵渠考察时，就亲眼见到了"堵船"的情景："抵三里桥。桥跨灵渠，渠至此细流成涓，石底嶙峋。时巨舫鳞次，以箔阻水，俟水稍厚，则去箔放舟焉。"因为枯水季节渠道水浅，被阻塞的"巨舫"鳞次栉比，排成长队。

《灵渠文献粹编》一书也引用了古人的记载："楚米之连舶而来者，止于全州，卒不能进……渠绕兴安界，深不数尺，广丈余……向来铜船过陡河必行一月。"

一条商船过灵渠，必须等上一个月。可以想象船上客商焦急无奈的神情。

入桂水路只有一条，等不起的官员和商人们不得不另辟蹊径。于是，一条湘桂商道便在清脆的马蹄声和挑夫沉重的脚步声中被踏了出来。沿途虽然"岭高数百丈""经路陡曲",却只需6天左右时间便可抵达漓江之滨。

于是,水陆通道齐头并进,沟通湖南、广西的湘桂商道很快便和灵渠一样热闹起来。

直奔桂林而去的徐霞客,在四月二十八日这天与湘桂商道一个重要中转站——熊村不期而遇。也许是因为口音上的误解,徐霞客在日记里把熊村写成了"镕村"。

出现在徐霞客眼前的熊村,是一座"聚落甚盛"的圩市。圩市的热闹情景,让见多识广的徐霞客也不得不感慨:不仅在山谷里没有见到过,即便是在南方地区也是相当少见的。

看到村里有许多面馆和榨芝麻油的作坊,饥肠辘辘的徐霞客便进店吃面条以当午饭。

如今的湘桂商道,依然可以在大山幽谷中找到时隐时现的痕迹,吸引着不少喜欢寻古访幽的"驴友"前往探访。

绵绵细雨中,我沿着光滑的石板路来到熊村村口。眼前,一条被当地人称为涧沙河的小河绕村而过。站在河边举目望去,只见一座座古朴的宅院错落有致地坐落在低矮的山丘上。村口河道间筑起一道堤坝,将河流水位抬高,河水便驯服地沿着石板砌筑的渠道流入村中。临渠而居的人们,悠闲地在自家门前石阶上洗衣洗菜,很有点江南水乡的生活韵味。

村口张贴的一张"熊村示意图"告知来访者:早在1400多年前的南北朝时期,就有熊姓人家从江西辗转南下,定居于此。明清年间,处在湘桂商道上的熊村逐渐繁盛,成为远近闻名的"大熊圩",定居于此的人口有上千人,连漓江边的大圩都曾经归它管辖。

顺着曲折的石板路进入村中,每到街巷相交处便能看到一座石砌拱门。拱门上,依稀可见当年刻写的字迹——天向门、德兴门、紫气门……

如今看来没有多大实用价值的拱门,当年却是圩市里划区分行的标志。村里老人指点着一座座拱门告诉我:门这边是牛市,门那边是猪市。再往里走,还有粮油市、竹编市、农具市……

熊村当年热闹的商贸气氛,如今还遗存在每家每户临街的门面上。几乎每一座民居的木板窗户下,都用青砖砌筑着摆放商品的台面。主人只消撤掉窗户上一块块木板,摆出商品,就可以和街上来来往往的过客做生意了。

如今的湖南会馆、江西会馆虽然陈旧、寂寥,却依然保留着高墙大院的气势。显然,湘赣商人在"大熊圩"曾经拥有举足轻重的地位。

繁盛年代的熊村人到底有多富?坐在老圩亭里聊天的老人们你一言我一语,津津乐道地讲起一个流传已久的故事。当年,熊村一位富有的老者到桂林城访客，在街上看到修建花桥的募捐榜示。老者当即表示愿意捐钱。募捐者面对这个其貌不扬的乡村老头，不经意地问："捐好多（桂林方言，指"多少"）？"老者弯腰用木棍在地上画了一个半圆图案。募捐者不解，问："什么意思？"老者答道："捐一拱。"

花桥主体总共四拱，一个乡间老者能捐出那么多钱来吗？在募捐者充满疑惑的目光中，老者带着几个挑夫回村，打开自家钱仓，用木瓢将铜圆一瓢瓢舀入箩筐。待挑夫们将几担铜圆挑到桂林，募捐者一清点——除了付给挑夫的"草鞋钱"（工钱），刚好是修筑一座桥拱所需的钱数！

有钱人毕竟只是少数。更多的熊村人当年赚的是"辛苦钱"。在一座陈旧的老屋里，一位年过八旬的熊姓长者在闲聊中感叹：祖父、父亲两代都是挑夫。在那个年代，每天半夜就要起床，扛着扁担翻山越岭赶到20多公里外的长岗岭村去帮老板们挑货。起晚了，就有可能揽不到活。挑着沉重的货物从长岗岭翻山越岭往回走，到熊村歇脚、吃饭，继续往漓江边的大圩码头赶路。如此辛苦一整天，所得工钱不过能买两三斤大米而已。

时光如流水般消逝。20世纪40年代，随着一条条公路、铁路通车，湘桂商道逐渐沉寂、荒凉。在寂寥中守着一间间商铺的熊村人，再也见不到往日马帮、挑夫你来我往的喧闹情景了。

曾经远近闻名的熊村，也在20世纪80年代被更名为雄村。只是，村里老人们依然固执地沿用着熊姓先人定下的村名。在他们眼里，熊村代表着自己的来路，代表着曾经的辉煌。

离别熊村时，我眼看着一座座空无一人的老圩亭、古宅院在身旁闪过，落寞之感油然而生，悠然想起弘一法师那首曲调悠扬的《送别》：

长亭外，古道边，芳草碧连天。

问君此去几时还，来时莫徘徊。

由沉寂的熊村往南行走，不过8公里，静静流淌的漓江便出现在眼前。漓江边，立着风尘仆仆的客商、挑夫曾经在心里千呼万唤的终点站——大圩。

和熊村曲径通幽的街巷不同，大圩主街是一条长达两公里的石板老街，与漓江平行。沿街走去，身旁不时闪过一条条狭窄、幽深的小巷。好奇地拐入其中一条小巷，没走多远，眼前便波光闪烁。原来，每条小巷都通往江滨，都连接着一座码头。细细数来，整条街上排列的老码头多达13座——寿隆寺码头、更鼓楼码头、清真寺码头、社公码头、石鸡码头、塘坊码头、卖米码头……

徐霞客乘船由桂林前往阳朔游览时，曾经经过大圩。五月

大圩老街

二十七日那天,他结束阳朔之旅乘船返回桂林,途中又在大圩登岸——"至大墟,市聚颇盛,登市蔬面"。在熊村吃面条,到大圩又登岸买面条,可见当年这一带盛行的美食不是米粉而是面条。

"桂林的米粉,大圩的面",曾经流传于桂林的这句俗语,印证着大圩面条当年在桂林人心目中重要的地位。

穿行于大圩老街的我,有意尝尝徐霞客曾经品尝过的大圩面条的滋味。然而,走遍大街小巷也没能找到一家面馆。意外的收获,是在东方街上见到了当年最有名的"廖就利面铺"老宅院。

据说,当年"廖就利面铺"的面条从选料到加工都十分讲究。在优质面粉里掺和鸡蛋、骨头汤汁,搅拌均匀。揉面时由师傅踩在竹竿上不断跳压,由此得名"跳跳面"。

"跳跳面"颜色澄黄,口感香醇筋道,曾经远销桂林、梧州乃至香港等地。民国年间,新桂系首领李宗仁、白崇禧府上经常食用的手擀面,也多由廖家特供。

可叹!面食制作绝技如今早已在大圩失传。

抵达桂林的徐霞客,在普陀山七星岩附近见到一座『分岐而起,尖峭如削』的奇特石峰,亭亭玉立,犹如一位妇女在搔首弄姿。在日记里,徐霞客先后将这座石峰称作『妇女娘峰』『媳妇娘峰』……

媳妇娘峰今何在

[桂林]

又五里,直抵两山峡中,其山南北对峙如门。北山之东垂有石峰分歧而起,尖峭如削。其岐峰尤亭亭作搔首态,土人呼为妇女娘峰。崖半有裂隙透明,惟从正南眺之,有光一线,少转步即不可窥矣。

摘自徐霞客崇祯十年闰四月二十八日日记

四月二十八日这天，徐霞客终于抵达桂林城。由东郊入城时，首先吸引他眼球的是一座造型十分奇特的石峰。按徐霞客在日记中的描述，这座石峰分歧而立，尖峭如刀削一般。其中，那座支峰亭亭玉立，很像一位妇女在搔首弄姿。徐霞客询问当地人，得知这座石峰叫妇女娘峰。

此后，在探访七星岩等地时，徐霞客又先后两次在日记里提到这座令他印象深刻的石峰。也许是记忆的误差，每次名称都略有不同，一次称作娘媳妇峰，一次称为媳妇娘峰。

按照徐霞客在日记中描述的方位，这座造型奇特的石峰应该就在如今七星公园普陀山附近。然而，我多次进出七星公园，在普陀山一带转悠，打听这座奇特的妇女娘峰或媳妇娘峰所在何处，路人无不茫然摇头。

徐霞客见到的媳妇娘峰究竟是哪座石峰？难道历经380多年风风雨雨，它已经随着岁月的流逝消失了吗？

心有不甘的我，继续在普陀山周边打听。当问到一位正在健身的刘姓长者时，刘老哈哈一笑，道："好在你问我！问别人，肯定不晓得。告诉你，以前桂林人把准备出嫁的新娘子喊作媳妇娘。你问的媳妇娘峰现在还在，不过早就有了另一个名字，就是那座大名鼎鼎的骆驼山！"

名声远扬的骆驼山，竟然有过媳妇娘峰这样一个名字！刘老的话让我大为吃惊。

当我谈起徐霞客在日记里对媳妇娘峰绘声绘色的描绘时，刘老带我绕行到骆驼山另一侧，指着组成骆驼头颈的那座孤立的石峰，笑道："你从这个角度往南边望过去，它是不是很像一个女人的背影？"

我定睛一看，眼前卓然独立的石峰的确有点像一个女子的背影。只可惜，石峰旁一棵绿树茂密的枝叶遮挡了这"女子"的下半截身体，让人难以再产生徐霞客所形容的"亭亭玉立"的感觉了。

对桂林历史颇为熟悉的刘老告诉我，这座石峰在明代还有另外一个名字，叫搔首峰。到了清代，当地人感觉它像一把酒壶，又给它起了酒壶山、玉壶山、壶山等名字。

据《桂林市志》，直到20世纪50年代末，人们才发现这座石峰其实更像一头蹲伏于地的骆驼。于是，骆驼山之名传扬开来，沿用至今。

在骆驼山前，立着一座手举酒杯的古人坐像。细读立于坐像一侧的标示牌，得知举杯之人名叫雷鸣春，是明代末年一位流落至此的江南名士，因为生性好酒，外号雷酒人。

雷酒人的塑像，怎么会立在骆驼山旁边呢？

在相关资料中，有关雷酒人生平的介绍文字十分简单，只知道他是湖南耒阳人，曾经在南昌任教谕一职，分管教导训诫；后来弃官隐居，不知所终。

"不知所终"的雷酒人，却在桂林骆驼山下找到了自己最终的归宿。桂林当地史料记载，辗转漂泊至桂林的雷酒人，在骆驼山下扎庐而居，并在山脚周边遍种桃花，以寄寓自己所崇尚的高洁情操。每到春暖花开时节，骆驼山下一片绯红，美如彩霞。"壶山赤霞"因此成为桂林著名一景。

眼看着大明王朝走向灭亡，雷酒人心情郁闷，终日饮酒。路经此地的人们，常常会看到醉醺醺的雷酒人坐在石峰上，仰天长啸。

清康熙年间，雷酒人病逝，家人将其葬于骆驼山下。如今，山脚依然立着"雷酒人墓"文物保护石碑。

清代画家笔下的"壶山赤霞"

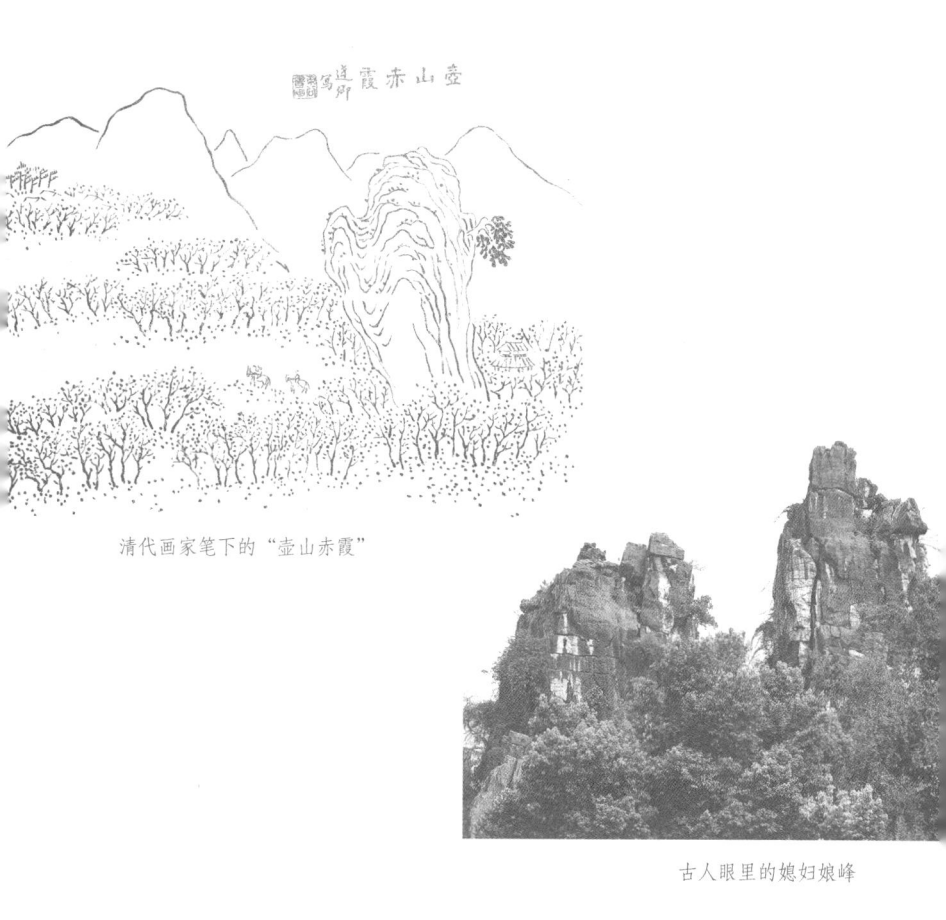

古人眼里的媳妇娘峰

　　论年代，徐霞客和雷酒人同样生活在明代末年。两位奇人甚至有可能在桂林骆驼山下见过面。只是，一位专注于游历山水，一位则选择归隐山林。志向不同的两个人即便在骆驼山前迎面相遇，恐怕也只能是擦肩而过形同路人吧？

在桂林众多名山中，悠然挺立于漓江之滨的虞山常常会被游客忽略。并不高大的虞山远在桂林城北，造型也不奇特，它的名声如今远不能和象鼻山、独秀峰、叠彩山相比。

然而，在遥远的唐宋年间，虞山曾是桂林人最崇敬的一座山。

虞山的前世今生

[桂林]

先沿江登山,是为薰风亭。曹学佺附书。

亭四旁多镌石留题,拂而读之,始知是为虞山,乃帝舜南游之地。其下大殿为舜祠,祠后即韶音洞。其东临江即薰风亭。亭临皇潭之上,后倚虞山之崖。

摘自徐霞客崇祯十年闰四月二十九日日记

开启桂林之游的徐霞客，第一天便"艳遇"连连。他在木龙古渡"叹"罢风景，沿江边城墙过东镇门，继续往北寻找顾仆乘坐的客船，突然听到同伴静闻在一片松树林里呼喊：山下有个洞，洞前有亭子，亭子上面有寺庵，可以马上去游览！

于是，两人由江岸边登山，首先出现在眼前的是薰风亭。发现薰风亭周边石壁上有很多石刻、题记，徐霞客便拂去灰尘，细细研读，这才知道自己来到了虞山，这可是当地传说中虞舜南游时到过的名山啊！徐霞客喜出望外。

虞山之名，来自传说中上古五帝之一、我国父系氏族社会部落联盟首领虞舜。《史记·五帝本纪》中有这样的记载"天下明德皆自虞帝始"，将虞舜赞誉为创建中华道德文化的始祖。

关于虞舜与岭南的密切关系，《史记·五帝本纪》也有记述：虞舜"南巡狩，崩于苍梧之野，葬于江南九疑，是为零陵"。

九疑山又名苍梧山，据考证其所处位置在如今湖南省永州市宁远县境内。

在邻近湖南永州的桂林，同样流传着虞舜的传奇故事。相传4000多年前，虞舜乘船沿江南巡，途经桂

仰视虞山

林时登岸游览的第一座山就是虞山。

为追念虞舜功德，早在秦代，桂林人就在虞山山脚下建起虞帝庙。到唐代，虞帝庙已然名声远扬，成为人们心目中的圣地。南来北往的行旅，不论达官贵人还是文人墨客，抵达桂林后的第一件大事就是到虞山拜谒。

偶遇虞山的徐霞客满怀崇敬地参拜过虞舜庙后，又来到山脚下那个东西通透的韶音洞前。在东面洞口崖壁上，他见到了张栻题写的《韶音洞记》。入洞穿行到西面洞口，沿着石阶登上崖壁高处，他又发现了朱熹撰写的摩崖石刻《舜祠记》。看到两幅名人石刻的字迹都还比较清晰，徐霞客顿时生出要将它们摹拓下来的念头。

这两幅吸引徐霞客目光的石刻，究竟有着怎样的来历呢？

徐霞客日记中提到的《舜祠记》是一件宋代石刻，题名为《有宋静江府新作虞帝庙碑》。石刻的作者，正是南宋大名鼎鼎的理学家、教育家朱熹。

据研究者考证，朱熹并未到过桂林。那么，他怎么会为虞山的虞帝庙撰写碑文呢？

事情的来龙去脉，与朱熹的好友张栻有着密切关系。

南宋淳熙二年（1175年），曾经和朱熹携手在湖南创办城南书院、岳麓书院的著名理学家张栻奉命来到广西桂林，出任静江知府兼广南西路经略安抚使，开启他人生中一段重要的仕途旅程。

当时的广南西路，包括如今广西全境及广东雷州半岛、海南岛等地，地域虽然十分辽阔，却地处边陲，经济落后，民众生活相当困苦。对此，张栻是有清醒认识和精神准备的。在《静江府厅壁题名记》里，张栻这样描述当时广南西路的地理和社会状况：辖管之郡

朱熹《有宋静江府新作虞帝庙碑》石刻

有25个，管控之州达72个，与多个藩属国相连，虽地域广阔，却土地贫瘠，民生艰难，民族关系也相当复杂。

深感重任在肩的张栻，一到任便深入民间，体恤民生疾苦，改革盐税分配制度，推行减赋济贫政策。同时，张栻在桂林等地创办书院，大力弘扬理学教化，培养人才。

拥有虞帝庙的虞山，是张栻一到桂林就急着要去祭拜的神圣之地。然而，当他兴致勃勃来到虞山山脚下时，眼前的情景却让他大失所望——殿堂破败，杂草丛生，山下山上满目萧瑟。

叹息之余，张栻决定立即按宋代国典标准重修虞帝庙，将虞山再度打造为弘扬道德文化的圣地。

当整修后的虞帝庙即将以全新面貌接待参拜者时，张栻突然想到，必须邀请一位有分量的人物撰写纪念碑文，以壮虞山声势。张栻心目中的最佳人选，自然非好友朱熹莫属。

很快，一封介绍虞山风光特色以及虞帝庙修复过程的"好友来信"便寄送到朱熹手里。

一贯以弘扬儒家理学为己任的朱熹，对好友张栻在桂林虞山主持的这一"重大文旅建设工程"赞赏不已,大笔一挥,一篇洋洋洒洒的《有宋静江府新作虞帝庙碑》诞生了!

并没有到过桂林的朱熹依据张栻提供的材料,在碑文中形象地描绘了虞帝庙所处的环境:"虞帝祠,在城东北五里,而近虞山之下,皇泽之湾……"接着,朱熹详细讲述并赞扬了张栻主持修复虞帝庙的经过与初衷,同时也没忘了宣传自己"三纲五常"的理学主张——"天降生民,厥有常性,仁义礼智,父子君臣,爰及昆弟,夫妇朋友"。

朱熹期望,虞帝主张的"德为先"的道德理念得以在桂林弘扬光大,桂林人的思想和行为能够在虞山这片人文胜地的熏陶中不断净化、升华。

得到朱熹撰写的碑文,张栻大喜,立即"命工人度山之崖,磨而镌之",将碑文刻在虞山山脚高处一片平坦醒目的石壁上。

在修庙、刻石过程中,工匠们在虞山山脚草丛中发现了一个石洞洞口。张栻立即兴致勃勃进洞探察,一路只见蹲踞、悬挂于洞中的岩石、钟乳石形如虎豹龙蛇,造型相当奇特。他出到另一侧洞口,往下探望,只见皇泽湾在树林间哗哗流淌,向漓江奔涌而去。

面对眼前美景,张栻赞叹之余悠然想起虞帝当年作《大韶》之乐"以启迪民智的往事,他灵机一动,将此洞命名为韶音洞,并挥笔写下《韶音洞记》,刻于洞口。

为了让虞山成为引人入胜的朝圣之所,张栻又令工匠在韶音洞上方平台上建起南薰亭，寓示虞帝倡导的道德之风在南方这片土地上随风传扬。

经过如此一番精心运作，虞山终于化身为桂林一处景观优美、文德高雅的游览胜地。

在《韶音洞记》碑文中，张栻兴奋地遥想虞山的未来："后人裴回于斯地，遐想箫韶之音，咏歌《南风》之诗，鼓舞而忘归也。其亦庶几有以兴起乎！"

此后的虞山果然如张栻所愿，游客云集，并以"舜洞薰风"之名成为桂林著名的八景之一。

虞山的风采，一直延续到明代末年。徐霞客在参拜虞帝庙、探访韶音洞后，一路过薰风亭，沿着新近砌筑的石阶直达山顶。在山顶新建的佛家静室里，霞客与静闻迎风解衣，一边吃着烧饼，一边指点漓江两岸山水风光，好不惬意！

虞山的衰落，是从民国年间开始的。

20世纪30年代，抗战烽火在中华大地燃起。蒋介石为加强与桂系首领的联络，决定在桂林设立行营。为了选择最佳的"委员长桂林行营"地址，兼任行营主任的桂系首领白崇禧带着一群文武官员四处踩点，从西山到七星岩，从穿山到芦笛岩……最后，众人的目光一齐聚焦于虞山。这里倚山临江，风光幽雅，而且自古便凝聚着"帝王之气"，正是建造行营的最佳地点。

桂林行营官邸很快便在虞山建成。官邸入口是一座歇山式青瓦木拱门楼，朱漆彩绘，颇有汉唐遗韵。山脚护坡、墙基以大块方料石砌筑，给人一种"位高权重"的感觉。砖木结构的主楼半倚山崖，凌空望江，气度不凡。

从此，戒备森严的虞山成为普通民众望而却步的禁地。

1944年，日军入侵桂林，饱经沧桑的虞帝庙毁于炮火。虞山，再度化为荒凉之地。

20世纪80年代，桂林著名学者刘英在探寻徐霞客桂林游踪时曾打算登上虞山，结果只能面对"半已崩塌""十分荒凉"的山路，发出"虞山难登"的感叹。

如今的虞山公园，重建于1997年。新落成的虞山公园再度对公众开放时，我曾经与负责园区景观设计的古建筑专家周开保先生有过一次交谈。

谈起设计中面临的最大难题，周开保感慨道：原本占地150多亩的虞山游览区，被附近居民宿舍楼挤占得只剩下80亩。在如此狭小的一块土地上造园，既要重现虞山历史风貌，又要符合当代人审美嗜好；既要让游客入园后游得尽兴，又不能让园内景观显得拥挤局促……

如今，沿着公园内曲径通幽的步道一路行走、观赏，依然能够感受到设计者当初的良苦用心。

在原址重建的虞帝庙，是公园的主景。这座彰显唐代建筑风格的殿堂不能建得太高，太高便会抢夺虞山的气势。为此，设计者在大殿两侧增设曲廊和配殿，让并不高大的虞帝庙同样显出大气的风度来。

与虞帝庙相对的怡沁园，由奇石、假山和古树、灌木组成，高低错落的山石之间流水潺潺，绿树成荫。这座人造园林承担着两项功能：一是让游人在并不宽敞的环境里曲径通幽，移步换景；二是让奇石、亭阁、古树、灌木组成一道绿色屏障，将邻街杂乱的楼房遮挡在游人的视线之外。

来到南薰亭，在斑驳的崖壁间细心搜寻一幅幅石刻，竟然没能找到徐霞客当年游览至此时最为赞赏的明代王骥的《与同僚九日登虞山》，倒是清代桂林知府查淳留下的《南薰亭》一诗引发了我的共鸣：

留题字满苔痕绿，古庙烟浮松影寒。

此日登临无限恨，追思往事一凭栏。

登上虞山之顶，临风而立，纵览漓江两岸风光。感慨之余，悠然想起当年徐霞客在这里迎风解衣、指点山川的情景。侧耳倾听，仿佛还能听到霞客爽朗的笑声……

广西这片以山水壮美闻名的土地，拥有世界上最经典、最具代表性的喀斯特地貌，岩溶景观发育之特别、种类之繁多堪称全国之最。以『山水甲天下』闻名于世的桂林，是广西喀斯特地貌最经典的代表。在桂林众多岩洞中，七星岩是徐霞客考察最为周密的一个岩洞。

七星一洞通古今

[桂林]

急转而西北,豁然中开,上穹下平,中多列笋悬柱,爽朗通漏,此上洞也,从其右历级下,又入下洞,是为七星岩。洞。其洞宏朗雄拓,门亦西北向,仰眺崇赫。洞顶横裂一隙,有石鲤鱼从隙悬跃下向,首尾鳞腮,使琢石为之,不能酷肖乃尔。其旁盘结蟠盖,五色灿烂。

摘自徐霞客崇祯十年五月初二日日记

五月初二日这天，徐霞客由桂林老城区跨过架设于漓江上的浮桥，前往七星岩游览、考察。出发前，徐霞客做了充分准备，甚至带上了卧具。

过江后，徐霞客在花桥停下脚步。小东江与灵剑溪在这里交汇，花桥静静地卧于两水交汇处。举目眺望悠长的溪流和岸边宁静的村庄，徐霞客忍不住赞叹眼前的乡野风光实在是"逗人眼目"。

在桂林众多石拱古桥中，花桥规模最为宏大，造型最为优雅。始建于南宋嘉熙年间的花桥，原名嘉熙桥。这座桥梁最早的模样，可以在南宋咸淳八年（1272年）镌刻的桂林《静江府城图》中看到，那是一座盖有桥亭的五孔石拱桥。明代，为了便于行洪，人们将5个小孔改建为4个大孔，同时在西岸加建七孔旱桥。建成后，因两岸花木繁茂，人们便为这座桥取了一个更为浪漫的名字——花桥。

历经风雨沧桑，如今"花桥烟雨""花桥虹影"早已成为桂林人心目中经典的地标性景观。桂林最为著名的土特产——腐乳、马蹄、辣椒酱，也都以"花桥"为商标。

雨中花桥

过花桥，登上普陀山七星岩。如今的游人，走的还是徐霞客当年走的那条绕崖而上的老路。穿过位于庙堂背后"列笋悬柱，爽朗通漏"的上洞，从右侧下石阶，便来到了气势"宏朗雄拓"的栖霞洞前。

普陀山上岩洞众多，而且相互穿透。浪漫的古人每遇一处洞穴，便凭借丰富的想象力为其取一个饱含诗意的名字。栖霞洞，便是隋代高僧昙迁云游至此时为这个气势宏伟的洞穴题写的洞名。

如今的人们，更讲究简洁便利，干脆就为普陀山所有洞穴起了一个统一的名字——七星岩。

由台阶蜿蜒而下来到栖霞洞宏阔的大厅，一抬头便惊喜地见到了徐霞客当年赞叹的景观——高20余米的平展洞顶上，一条活灵活现的石鲤鱼从裂缝中跳跃而出，头尾、鳞甲和鱼鳃都十分逼真。难怪徐霞客感叹：即使是人刻意雕琢，也难以做到如此酷似。如今，景区特意为这处奇特景观打上五颜六色的灯光，营造一种鲤鱼在波光粼粼的湖水里畅游的意境。

让人难以解释的是，徐霞客当年入洞时并没有彩灯射照，只能雇请当地向导打着松明火把照明，他为何也能看到石鲤鱼周围"盘结蟠盖，五色灿烂"的特效呢？

进到岩洞深处，来到徐霞客笔下"上穹无际，下陷成潭"的险峻之处。穿过一段钟乳石林立的狭道，透过灯光，可以隐约看到地下河碧绿的波光。

当年，向导神秘地告诉徐霞客：这深不见底的地方叫獭子潭，一直通向大海。徐霞客则淡然一笑道："未必然也。"随即，徐霞客观察洞内岩石走向，认为眼前"高深易位"的险境应该是洞口老君台岩石延伸至此时遇到地下河，突然崩裂下坠造成的。

当年，徐霞客的向导为了赶时间，走得很急。徐霞客不得不"强留谛视"，仔细观赏。如今的导游，同样为了赶时间，一路提醒为了赏景滞留在后面的游客："快点跟上，要关灯了！"

徐霞客路过"凤凰戏水"景观时曾穿过一个门洞，立即感觉"阴风飕飕"，吹得灯火飞卷，肌肤刺冷。他意识到，自己已经接近一个类似叠彩山风洞的洞口。

我在栖霞洞中紧跟导游步伐游览45分钟,却始终没有感觉到那股飕飕的阴风。一问方知,如今景区为游客规划的游览路线已经避开所有"不安全地带"。

当年,徐霞客是从与栖霞洞有潜流相通的曾公岩出洞的。出洞后他意犹未尽,又另请当地向导入洞继续考察。如今,七星岩的出口变成了另一个更靠近骆驼山的洞口。在临近洞口的暗道边,我惊喜地看到了徐霞客第二次进洞时描绘的"弄球之狮""卷鼻之象"。

第一次考察便对七星岩的奥秘、深幽印象深刻的徐霞客,到阳朔等地游览了一圈后回到桂林,又在六月初二日这天再探七星岩。

上次考察时,徐霞客急着进洞游览,没有在意立在山崖上的碧虚阁。这一回,看到阁顶"有岩石倒垂",徐霞客心里十分喜爱,便停下了脚步。在阁中品茶时,徐霞客一抬头,看到楼阁屋顶瓦片遮住了岩洞洞顶,转身进入阁中玄武座,本以为岩洞深度到此为止,却发现后面"豁然透空",头顶上的岩石犹如石桥普陀岩再现"穿山透景"

一般横跨而过。倘若将整座碧虚阁搬走，那么这里便是一处类似穿山和象鼻山水月洞的奇特景观。

徐霞客遗憾地询问阁中僧人：顶上有岩石遮盖，何必又要铺盖瓦片呢？僧人答道："恐风雨斜侵，石髓下滴。"

徐霞客又问：阁后何必堵墙？僧人答：担心洞外岔路多，难以在洞内安心隐居。

徐霞客进而提问：为什么不把楼阁移建到岩洞后面的平台上去，把岩洞空出来作为出入的山门，还石洞以本来面目呢？僧人答：缺少钱粮。

徐霞客觉得僧人这样的借口十分可笑——你当初建造楼阁的钱粮又是哪里来的？说到底，还是缺乏尊重自然景观的意识！

可喜的是，当年那座堵占岩洞、破坏景观的碧虚阁早已消失无踪，普陀岩又恢复了它"穿山透景"的奇观。

先后两次围绕着暗洞众多的七星岩探察核对后，徐霞客不仅掌握了该地山水走势的方位和特征，还在计算后得出结论：七星岩"一山凡得十五洞"。

如今，桂林岩溶科研人员动用现代仪器进入七星岩探测，所得结果也是"有15个洞口"。

"徐大侠"的洞察力堪称神奇！

杭州西湖举世闻名。然而,很多人不知道『山水甲天下』的桂林也有一个西湖。而且,桂林西湖在古代诗文里曾一度与杭州西湖齐名。如今的桂林西湖,水域小得可怜。如此狭小的西湖,怎么会在古人诗文里与杭州西湖相提并论呢?

西湖盛衰记 〔桂林〕

闻昔唐宋时,西江之水东灌榕树门,其山汇于巨浸中,是名西湖。其诸纪游者俱云『乘舟载酒而入』。今则西江南下,湖变成田,沧桑之感有余,荡漾之观不足矣。

摘自徐霞客崇祯十年五月初四日日记

慕桂林西湖之名，徐霞客在五月初四日这天由榕树门也就是如今榕湖边的古南门出发，往西出武胜门，不久便抵达与隐山相伴的西湖。然而，眼前的西湖景观令乘兴而来的徐霞客大失所望。

在日记里，徐霞客感慨道：听说唐宋年间，西湖之水一直往东萦绕到榕树门，整座隐山都被环绕在辽阔的湖泽之中，因此才得到西湖这个名称。历代不少名人游览桂林时，都曾经在游记里留下"乘舟载酒而入"这样一段话。没想到辽阔的湖区如今变成了农田，碧波荡漾的景观已经名不副实了。

其实，感叹桂林西湖衰落的又何止徐霞客一人。

追寻徐霞客足迹的我由榕湖出发，沿丽君路来到桂林城西，步入西山公园景区大门，只见一片宁静的水面与隐山相伴。这，便是曾经大名鼎鼎的桂林西湖。

如今的桂林西湖，水域面积不过 7 万平方米。和浩瀚的杭州西湖相比，桂林西湖实在小得可怜！

那么，鼎盛时期的桂林西湖又是怎样一番景象呢？

在明代永乐年间编纂的《永乐大典》里，古人为我们留下了有关桂林西湖的记录："西湖，在桂城西三里，西山之下，环浸隐山六洞，阔七百余亩。"

"七百余亩"，换算起来大约相当于 46 万平方米。也就是说，当年的西湖，比如今 6 个西湖加起来还要大！

历史上，最早将桂林西湖开发为景区并赋予其人文韵味的，是唐代宝历元年（825年）出任桂管都防御观察使、桂州刺史的李渤。

因为在朝廷仗义执言，抨击太监横行霸道的行径，李渤被贬至桂林为官。从繁华的中原来到偏远南疆，李渤并未气馁，一到任便开设常平仓以储备粮食，修复灵渠以利水路交通和农田灌溉，深得民众赞扬。

工作之余，喜欢寻幽访胜的李渤常常率领下属游览当时尚处于荒凉状态的桂林山水。把位于城南的南溪山开发为景区后，李渤又兴致勃勃往城西走，很快便看到了一座四面环水、被当地人称为盘龙冈的石山。

乍看，低矮的盘龙冈并无引人入胜之处。然而，乘船登上石山后，李渤惊喜地发现——高不过45米的盘龙冈，竟然"一山尽空，六洞互透"。李渤入洞探察，一路清泉傍行，曲径通幽，充满情趣。

随行的副使吴武陵在随后撰写的《新开隐山记》这篇游记里，形象地描绘了一行人当时游览湖区的情景："出门有潭，袤三十步，潭有芰荷。潭北十步得溪，溪横五里，径二百步，可以走方舟，可以泛画鹢，渺然有江海趣……"

如此富于诗情画意的美景竟然隐藏在浩瀚湖区的茂密水草之间，不为世人所知，实在太可惜了！

李渤立即召集民众伐荆棘、种花木、筑亭台、导泉水，着力开发西郊这片有山有水的新景区。

盘龙冈之名听起来实在缺乏情调,李渤便将隐于湖水之中的这座石山更名为隐山。山脚下相互贯通的6个石洞,也依据地势和形态特征分别取名为北牖洞、朝阳洞、南华洞、夕阳洞、白雀洞、嘉莲洞,统称"隐山六洞"。

得到李渤授意,下属韦宗卿挥笔撰写《隐山六洞记》一文,为这处新开发的景区"做广告"。让我们透过韦宗卿的文笔看看唐代的桂林西湖有多美:

> 水合而成池。池因山麓,不资人力,高深向背,缭绕萦回,五六里间,方舟荡漾靡微,风镜清波,桿女唱,榜人歌,羽族载依,兔鹭翔泳,鳞介是宅,鱼鳖唸喁,野花依丛,游丝转空,萍末风清,荷底水红……

韦宗卿笔下的桂林西湖,简直就是一个人与自然和谐交融的世外桃源!

宋代,桂林迎来更为繁盛的时光。

北宋崇宁三年(1104年),桂州知州王祖道决定在城北开凿朝宗渠,开渠的目的是将漓江之水引入城区,形成一条护城河,使桂林"环城有水,如血脉之萦一身"。

清澈的漓江之水顺着渠道绕城而走,与西湖等水域汇合。原本仅仅以地下水为水源的西湖,面积顿时成倍扩大。

南宋乾道四年(1168年),主政广西的经略安抚使张维慕名前往桂林西郊探访,却十分惊讶地看到——素以浩瀚著称的西湖,大片湖区被侵占,"尽耕稼之垅矣"。仅存的一潭二池,也是一派芒草、荷花寥落生长的残败景象。

张维立即组织人力疏浚泉水,拓展湖区,广植荷莲,逐渐恢复西湖"苍茫蛟澈"的景观。

时任静江府通判的鲍同在《复西湖记》一文中记述了这段政绩,并赞叹修复后的西湖"胜概为一郡甲","江浙虽称,亦未能过焉"。在鲍同眼里,桂林西湖完全可以和闻名江浙的杭州西湖媲美。

南宋著名诗人刘克庄游览桂林时,也在《泛西湖》一诗里称赞"桂湖亦在西,岂减颍与杭",认为桂林西湖一点儿也不比颍州西湖、杭州西湖逊色。

"月宫移种新栽桂,江水朝宗旧凿渠。"南宋淳熙元年(1174年),在前人基础上进一步疏通、扩展朝宗渠,是广西经略安抚使范成大的一大功绩。得益于朝宗渠的扩展,西湖面积扩大到700余亩。

两年后,主政广西的理学大师张栻游览西湖隐山,意兴大发,挥笔写下"招隐"二字,请人刻于北牖洞洞口最醒目的位置,以表达自己集聚贤才、征召隐者出仕的殷切心情。

可以想象,当诸多怀才不遇的隐士来到西湖隐山,面对"父母官"求贤若渴的"招隐"呼唤,怎能不怦然心动呢?

史料记载,这一时期的朝宗渠渠水由城北漓江西岸虞山山脚

北牖洞洞口石刻

下入城，经回龙山流入古称壕塘的桂湖，贯通漓江、西湖以及古称南阳江、莲塘的榕湖、杉湖，形成"千峰环野立，一水抱城流"的壮阔景观。

时光行进到元代。至元元年（1335年），受命编写《桂林郡志》的桂林廉访司官员郭思诚四处寻访山川名胜，当他来到西湖探访时，眼前的景观让他大吃一惊——因水道年久失修，西湖已然再度陷入"山有余而水不足"的境地，湖区大片水域被官家、豪强分割蓄水，变成一口口养鱼的水塘。更令人气愤的是，一个姓周的"猾徒"贿赂地方官员，获得湖区开发特权，恣意垒石阻

俯瞰桂林西湖

塞水源，修筑堰坝，围造田基，废湖为田，出租田地，牟取暴利。

郭思诚面对西湖大发感叹：如果任由西湖如此"湮塞"，整座桂林城也将随之面临"地脉枯燥"的困境！于是，他迅速向上司通报西湖遭破坏的状况。

接到通报的桂林主政者雷厉风行，严令相关官员"踏勘核实，塞其渠而疏其源，撤其垒而锄其堰，追索伪立契据"，同时，张榜禁止在西湖开发围垦的行为，"以绝后弊"。

经过如此一番雷厉风行的整治，"不数月，水痕如故。是夏，芙蕖荇藻复生"。

西湖，再度恢复生机。

郭思诚将这段经历详细记录在《新开西湖之记》一文里，并将全文刻在西山石壁上。

然而，至元年间这次雷厉风行的"新开西湖"行动，不过是西湖浩瀚风采的"回光返照"而已。

明代嘉靖年间，年久失修的朝宗渠壅塞日益严重。缺乏水源的西湖面积大减。开垦者卷土重来，纷纷抢占水域，种水稻，开藕塘，大兴土木。

明万历十七年（1589年），临桂人张鸣凤在《桂胜》这部地方史志里以一种无可奈何的语气描述当时西湖的情景："今悉为田，仅余一线水，出注阳江。"

慕名游览隐山六洞的明代著名诗人俞安期叹息道："在昔诸洞，得水增观。西湖既陆，洞壑亦枯。"

到清代，以胸怀大志、雷厉风行闻名的两广总督阮元游览西湖后，也只能在《隐山铭》题记里大发慨叹："何人能复西湖之旧？"

此后的人们，不仅未能"复西湖之旧"，反而以更快的速度侵蚀西湖水域。民国年间，湘桂铁路、丽狮路穿湖而过。西湖，被切割得七零八落，不成湖形。

一段西湖盛衰史，留给桂林多少遗憾，多少反思。

如今的西湖，已经不可能再恢复往日盛景。如今的隐山，又是怎样一幅情景呢？

当年，徐霞客没能看到西湖的"荡漾之观"，却真切地感受到了隐山"独峙坞中，不高而中空"的奇景。他在日记里为我们描述了"隐山六洞"的奇妙：

山四面有六洞环列：东为朝阳洞，寺在其下。洞口东向，下层通水，上层北辟一门……山北麓下为北牖洞。洞东石池一方，水溢麓下，汇而不流，外窦卑伏，而内甚宏深……其北崖之上为白雀洞，在朝阳后洞西。门北向，入甚隘，前有线隙横列，上彻天光，渐南渐下，直通水。又西为嘉莲洞，亦北向，与白雀并列。洞分东西两隙，俱南向下坠，洞内时开小穴，彼此相望，数丈辄合，内坠渊黑，亦抵水。又西过一石隙，西北有石，平度错荢中，绝胜琼台。乃南转为夕阳。洞西向，洞口飞石，中门为两；门左一侧窒汇水，由水窦东通于内，右有曲穴北转，内甚凄暗，下坠深潭，盖南北皆与水会焉。又南转西南山麓为南华洞。洞南向，势渐下，汇水当门，可厉入。深入则六洞同流。

当我满怀期待地沿着湖面上的廊道来到隐山山脚下时，却发现只有北牖洞、朝阳洞对游客开放。其他石洞，或紧闭洞门，或干脆用砖墙封堵起来……

一座繁盛于唐代的隐山，如今复归沉隐。如果徐霞客旧地重游，不知又该发出怎样的慨叹？

在耸立于桂林城中的诸多山峰中,论气势宏大,恐怕要数南溪山了。峨然两峰,并肩而列,一东一西,耸拔千尺。清澈的南溪,环绕其下;幽深的洞窟,深藏其间。登上南溪山的徐霞客,最为关注的是刘仙岩。那里,是大名鼎鼎的刘仙人修行传道的地方;那里,留存着一幅珍稀的《养气汤方》石刻。

一服药传了九百年

（桂林）

刘仙名景，字仲远，乃平叔弟子，各有《金丹秘歌》镌崖内，又有《佘真人歌》在洞门崖上，半已剥落，而《养气汤方》甚妙，唐少卿书奇，俱附镌焉。

摘自徐霞客崇祯十年五月初六日日记

如今的南溪山，已经成为桂林城南一座十分热闹的公园。一群群南来北往的游客跨过白龙桥，在桥头一座古人雕像和一块刻有文字的奇石前停下脚步，听导游津津有味地讲述北宋初年一位叫刘仲远的桂林人在南溪山修行得道，传下一服珍贵药方——《养气汤方》的故事。不少游客好奇地走上前去，用手抚摸复刻在奇石上的《养气汤方》文字，希望能"沾沾仙气"。

遥想当年，徐霞客游览南溪山时，主要目标也是这位刘仙人和他的《养气汤方》石刻。

沿着徐霞客当年登山的路径来到白龙洞洞口，只见高20余米的洞壁上悬挂着酷似龙头的钟乳石。洞顶一圈圈石槽，像是龙行走时留下的痕迹。白龙洞之名，正是来源于这一景观。只是，原本洁白的洞壁被熏成一片灰暗。据说，这是抗战时期隐藏在这里的造币厂烧火铸币时留下的痕迹。

洞口石壁上遍布石刻。一幅幅仔细研读，却没能见到《养气汤方》石刻真迹。

按徐霞客在日记中的描述，《养气汤方》石刻在南

清代画家笔下的南溪山

溪山另一头的刘仙岩洞口。于是，按照日记中讲述的路线绕山而行。在山脚僻静处，看到徐霞客当年歇脚的玉皇祠如今仅存一道破败的门墙。临近山脚洞穴的几座寺院，也早已人去洞空。

沿崎岖的石阶攀缘而上，上到山腰时，几个相互贯通的洞穴出现在眼前。主洞洞口粉白色的石壁上，赫然刻着"刘仙岩"3个大字。大名鼎鼎的《养气汤方》，就刻在"刘仙岩"3个字的下方。

于是，我静心研读《养气汤方》全文，并拍照抄录于下：

按《广南摄生论》载《养气汤方》

□附子（圆实者，去尽黑皮，微炒，秤肆两）。甘草（炙，秤壹两）。□黄（汤洗，浸壹宿，用水淘去灰，以尽为度，焙干，秤贰两）。

《养气汤方》石刻

右三昧同捣罗成细末。每服壹大钱，入盐点空心服。皇祐、至和间，刘君锡以事窜岭南，至桂州遇刘仲远先生，口授此方。仲远是时已百余岁。君锡服此汤，间关岭表数年，竟免岚瘴之患。后还襄阳，寿至九旬。尝云："闻之仲远曰：'凌晨盥栉讫，未得议饮食，且先服此汤，可保一日无事；旦旦如此，即终身无疾病矣！'"

宣和四年上巳日，朝请郎提举广南西路常平等事晋江吕渭记。

汤方文字相当简洁，服用方法也讲解得十分清楚。最大的遗憾是，石刻右上角被后人凿出一个洞，使得汤方中提到的两味药"□附子""□黄"各缺失一个字。

这两味药的名字到底是什么呢？

当代医学专家在研究这幅石刻时广泛查阅相关资料，终于在宋代医书《鸡峰普济方》中找到了文字完全相同的药方，从而确定这两味药为"香附子""姜黄"。

将《养气汤方》刻在石壁上的人名叫吕渭，北宋年间在广西出任提举常平一职。这是宋代掌管粮仓，从事粮食供应和农田水利开发的官员。

在石刻中，吕渭绘声绘色地介绍了《养气汤方》的奇特功效：北宋皇祐、至和年间，一个叫刘君锡的官员因犯事被贬到岭南，在桂州与刘仲远相遇。这时的刘仲远已经是远近闻名的百岁道士，他将《养气汤方》告知刘君锡，并嘱咐：每天早晨起来盥洗完毕后，空腹服用此汤，可保一日无事。若天天服用此汤，则可保终身没有疾病。

刘君锡遵嘱服用汤药，在岭南待了好几年，竟然没有像其他人一样染上可怕的"瘴疠"。后来，他回到家乡襄阳，继续服用这一汤方，健康地活到了90多岁。

在石刻中被描述得如同神仙一般的刘仲远，究竟有何来历？

在清代光绪年间薛福成所著《庸庵笔记》一书里，有一则故事形象地描绘了刘仲远从一个屠夫变身为道士的过程。

刘景，字仲远，原本是南溪山下一个屠夫，以杀猪卖肉为业。每天清晨，一听到南溪山上寺院敲响报晓钟声，刘仲远便赶忙起身，磨刀霍霍，将猪宰杀后送往圩场出售。

一天晚上，寺院僧人梦见一位老妇人跪在面前哭诉：我母子8人之命，都掌握在您手里了。僧人吃惊地询问缘故，老妇请求道：只要明天清晨不敲响晨钟，您就是我们母子8人的救命恩人了。

清晨，僧人起身后回想夜里那个怪梦，便有意不按时敲钟，等着看会发生什么事情。结果，只见山下刘屠夫气急败坏跑上山来，质问僧人为何不按时敲钟，害得自己未能早起，错过了杀猪上市的时间。

僧人把自己夜间所做之梦告知刘屠夫。刘屠夫听罢，觉得简直是荒谬之谈，气呼呼下山回到家中，突然看到正准备宰杀的那头母猪已经产下7只小猪崽！

刘屠夫顿时"恍然有悟"。于是，满怀忏悔将屠刀掷入南溪，从此"隐于庵旁岩穴中，炼神服气"，成为一个道士。

刘仲远的这个传奇故事，简直就是成语"放下屠刀，立地成佛"的形象写照。

史料记载，成为道士的刘仲远云游四方，潜心研究医道。皇祐年间，刘仲远回到桂林，在南溪山南面山坡怪石嶙峋的石洞里修行，用自己研制的药方治病救人，做了不少善事。

绍兴十八年（1148年），道教南宗创始人紫阳真人张平叔慕名来访。刘仲远以《金玄歌》相赠，在诗歌中介绍自己的身世："予家本住桂林侧，金木岩旁是其宅。穷玄造理经百春，往复蓬莱为上客。"

张平叔则回赠一首洋洋洒洒的《张真人歌》。在诗歌中，张平叔劝导刘仲远："闻君知药已多年，何不收心炼汞铅。莫教烛被风吹灭，六道轮回难怨天。"在张平叔看来，知药治病只是"小儿科"，唯有炼丹求仙才是道家该做的大事。

然而，正是因为潜心研究药方，热心治病救人，刘仲远才在世人眼中成为神仙一般的人物。

北宋元丰八年（1085年），刘仲远无疾而终，享年118岁。他在南溪山上修行的岩洞，被满怀崇敬的当地人称为刘仙岩。

徐霞客找到刘仙岩时，不仅在石壁上看到了刘仲远和张平叔相互赠送的《金玄歌》和《张真人歌》石刻，还在《养气汤方》石刻旁看到了北宋著名政治家寇准探访刘仙岩时留下的感言："但知行好事，不用问前程。"

面对至今依然深深刻在石壁上的寇准的十字感言，我想：这不正代表了世人对刘仲远治病救人善举最中肯的评价吗？

地质专家考察后认为，奇妙的象鼻山水月洞形成于上万年前。随着地壳抬升，浩瀚江水激荡翻涌，长年累月冲刷溶蚀，终于在山崖间淘出一个通透圆润的石洞。随着这个洞口的出现，原本雄浑一体的石山便化身为一头在江边汲水的大象。「象汲长波，洞生明月」，古人围绕着水月洞吟诗作赋，流传着许多令人感慨的故事……

水月洞改名风波

桂林

其山亦为漓山,今人呼为象鼻山……出其前,直盘至西北隅,是为象鼻岩,而水月洞现焉……上既空明如月,下复内外漾波,『水月』之称以此。而插江之涯,下跨于水,上属于山,中垂外掀,有卷鼻之势,『象鼻』之称又以此。

摘自徐霞客崇祯十年五月初九日日记

作为桂林城徽的象鼻山，最吸引游人眼球的景观是浮在水面上的那个与象鼻相连的水月洞。徐霞客在日记里用形象的语言为我们描述了水月洞名称的来由："上既空明如月，下复内外潆波，'水月'之称以此。"据说，在明月当空的夜晚，人们变换角度可以分别观赏到天上月、洞中月和水中月。

名声远扬的象鼻山，古时另有一个名字——漓山。之所以叫这个名字，大概是因为这座山与漓江十分亲近吧。明代时，桂林人还把立于漓江边的雉山也叫作漓山。为此，徐霞客在日记里调侃道：这也叫漓山那也叫漓山，好像两座山在争同一个名字，不知道该偏袒谁了。

不过，在徐霞客游览桂林的时候，已经有不少桂林人感觉漓江边这座"有卷鼻之势"的山酷似一头在江边汲水的大象，开始改称它为象鼻山了。

游象鼻山，水月洞是必游的一景。徐霞客来到水月洞时，目光很快便停留在宋代名臣范成大留下的一幅石刻上。因为长年遭受风雨侵蚀，石刻中半数字体已经磨灭脱落。徐霞客叹息之余，决定尽快找人把它拓印下来，长久保存。

这幅石刻，正是范成大所写的著名的《复水月洞铭并序》。

如今的象鼻山，在桂林诸多景区中率先对游客免费开放，前往游山玩水的游客络绎不绝。随着密集的人流，我按照徐霞客当年的探山路径沿山脚绕行到象鼻山水月洞旁。

由象鼻子和象身组成的那个浮在水面上的水月洞，依然十分圆润。不知道是哪位才子灵感一动，率先给它取了这么一个既形象又富含诗意的名字。

历代吟诵水月洞的诗词多得难以计数。其中公认最经典的作品，当属宋代蓟北处士那首《和水月洞韵》：

水底有明月，水上明月浮。

水流月不去，月去水还流。

象鼻山

游客们纷纷在水月洞旁拍照留念，我则沿着刻在崖壁上的石刻一路搜寻，终于在水月洞西侧石壁上见到了范成大的《复水月洞铭并序》。这幅历经850余年风雨的石刻，经当代工匠复刻，字迹又变得清晰起来。

描写水月洞的石刻遍布象鼻山，为何独有范成大这幅石刻最令行家关注？解答这个问题，须从这幅石刻令人感慨的创作缘由谈起。

南宋乾道元年（1165年），力主抗击入侵金兵的大臣张孝祥遭主和派迫害，被贬至桂林任广南西路经略安抚使兼静江知府。到任后，为排遣心中郁闷，张孝祥经常和任广南西路提点刑狱的好友张维一同到象鼻山水月洞一带游玩，一直到太阳落山还不肯离去。

看两位官员如此喜爱象鼻山水月洞风光，当地寺院住持了元法师便特意在象鼻山一侧岩石上建起一座观景亭。

在桂林任职不过一年，张孝祥便被调往潭州（今湖南长沙），即将离开桂林。南宋乾道二年（1166年）

初夏的一天，奉命接替张孝祥职务的张维邀请张孝祥再游象鼻山，并在观景亭中摆设酒宴，与陪同官员一起为张孝祥践行。

时值漓江水涨，朝阳灿烂，两位好友的心情如涌动的江波，激荡起伏。酒过三巡，张孝祥一时兴起，放声吟咏自己此前创作的《朝阳亭》一诗。

这首诗，是两年前张孝祥和张维一起在建康（今江苏南京）为官时专为张维修建的朝阳亭创作的，诗中抒发了对主和派的嘲讽，对国家危局的关切。

在众人一片赞叹声中，张孝祥兴致大增，即景赋诗，抒发自己抗金救国的豪情：

饥肠得酒作雷鸣，痛饮狂歌不自程。

坐上波澜生健笔，归来钟鼓动严城。

不应此地淹鸿业，盍与吾君致太平。

伏枥壮心犹未已，须君为我请长缨。

席间，张孝祥乘着酒兴提出：自己创作的两首诗都和建康那座朝阳亭有关，而桂林漓江边这座亭子同样朝向东方，也可以取名为朝阳亭。既然亭为"朝阳",那么亭前的水月洞自然也应该跟着改名为朝阳洞了。

为使朝阳洞这个名字能传之久远,张孝祥挥笔写下更改名称的经过,请了元法师刻在水月洞东面石壁上。

一晃7年过去了。南宋乾道九年(1173年),范成大奉命赴桂林出任广南西路经略安抚使兼静江知府。

公务之余,范成大兴致勃勃游览象鼻山。来到洞前,在石壁上看到了张孝祥为水月洞改名的那幅石刻。低头斟酌一番后,范成大觉得张孝祥以自己一时之兴随意更改胜景名称,实在是欠妥之举。他细细品味眼前山水意境,朝阳洞这个名字远不如水月洞更有韵味。询问周边民众,也没有多少人认同朝阳洞这个名字。

于是,范成大提笔写下《复水月洞铭并序》,命人刻在水月洞西面石壁上。文中,范成大指出张孝祥随意改名有"三大不妥"——水月洞之名十分形象,名副其实,是朝阳洞所不能比拟的;张孝祥以一己一时

刻在石壁上的《复水月洞铭并序》

之兴随意改名，难以得到桂林民众的普遍认同；此外，在桂林西湖"隐山六洞"中，早已有了一个朝阳洞，象鼻山这个朝阳洞显然是重名了。

　　立于水月洞前，面对两幅石刻，遥想象鼻山经历的改名风波，我不免心生感慨。为一个地方或一处景观改名，是经常发生的事情。有的名字，越改越好，越改越有韵味，比如将漓山改名为象鼻山。有的名字，越改越差，甚至完全失去原本形象、优雅的意蕴，譬如将水月洞随意更改为朝阳洞。遥想中华大地，有多少地方的名字越改越好，又有多少地方的名字改得让人啼笑皆非啊！

自东晋以来,在上千年漫长时光里,无数文人墨客、达官贬臣来到桂林,将自己对优美山水的赞叹、对坎坷人生的感悟书写下来,刻在石壁上。据统计,留存于桂林山水之间的摩崖石刻达两千多幅。其中,又以龙隐岩最为壮观,两百多幅石刻在岩洞中形成『摩崖殆遍,壁无完石』的碑林奇观,让游走其间的人们『看山如观画,游洞如读史』。

走进桂海碑林〔桂林〕

洞门西向，高穹广衍，无奥隔之窈，而顶石平覆，若施幔布幄，有纹二缕，蜿蜒若龙，萃而为头，则悬石下垂，水滴其端，若骊珠焉。此龙隐之所由其名也。其洞昔为释迦寺，僧庐甚盛，宋人之刻多萃其间，后有《元祐党人碑》，则其尤著者也。

摘自徐霞客崇祯十年五月十一日日记

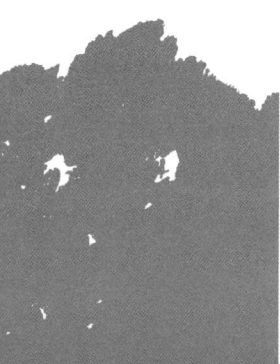

龙隐岩石刻

我真是佩服徐霞客！他竟然能做到不错过桂林城中任何一处有名气的景观。

五月初二日那天，他为了探察栖霞洞，围绕着普陀山七星岩转了一整天，却没有光顾就在山崖另一侧的龙隐岩。本以为他会错过这个以宋代石刻繁多而著名的岩洞。不料，五月十一日这天，他又杀了个回马枪，专程探访龙隐岩。

如今，与小东江相伴的龙隐岩依然呈现着徐霞客当年所形容的状貌——高高的洞穴穹隆而起，洞顶岩石平滑下覆，有如一幅铺展开来的帷幔。洞顶两条石纹，犹如蜿蜒而行的游龙，最终在洞口聚为龙头。下垂的石条不断往下滴水，恰似滴下一颗颗晶莹的宝珠。龙隐岩之名，便来自洞中这奇特的状貌。

徐霞客走进龙隐岩时，看到的是一幅衰败景象。岩中原本"僧庐甚盛"的释迦寺已成废墟，满目凄凉。徐霞客忍不住感叹："岂释教之盛衰，抑世变之沧桑也！"佛教的盛衰，也同人世一样沧桑巨变啊！

令徐霞客欣喜的是，他所关注的那幅著名的《元祐党籍碑》（即《元祐党人碑》）依然完好地保存在龙隐岩石壁高处。

当年荒寂的龙隐岩，如今已化身为远近闻名的桂海碑林博物馆，承担着保护、研究桂林石刻文物的重任。

在密布于龙隐岩石壁上的220多幅石刻中，《元祐党籍碑》以其厚重的历史文化内涵成为桂海碑林博物馆珍贵的镇馆之宝。

史料记载，早在北宋崇宁四年

《元祐党籍碑》

（1105年），《元祐党籍碑》曾经遍及全国。如今，却只剩下后人复制的两幅，一幅在广西桂林龙隐岩，一幅在广西融水真仙岩。

与这块碑刻密切相关的，是北宋年间那场著名的政治风波——王安石变法。当年，围绕变法实行的一系列新政，以司马光为代表的"旧党"和主张变法的王安石"新党"之间展开了激烈辩论。

心怀诡异的蔡京见风使舵，以"新党"自居，在掌握朝政大权后，立即将一场关于施政方法的辩论演变为排斥、打击异己的政治迫害运动。在宋徽宗支持下，蔡京亲笔将司马光、程颐、苏轼、黄庭坚、文彦博等309名"旧党"文臣的名字及"罪状"书写下来，令全国各州、县刻石立碑，即《元祐党籍碑》，以期永远将自己的政敌刻镌在这块"耻辱碑"上。

《元祐党籍碑》在全国各地立起不久，反对的声浪便如潮水般涌起，蔡京随即失势。迫于舆论压力的宋徽宗不得不于第二年下诏，令全国各地将刚刚立起的《元祐党籍碑》尽数砸毁。

南宋年间，宋高宗赵构下诏平反"元祐党籍"冤案。此时，曾经遍布全国各地的《元祐党籍碑》早已被砸得荡然无存。

宋宁宗庆元四年（1198年），"元祐党人"梁焘的曾孙梁律受命赴桂林出任静江府钤辖。这一天，梁律兴致勃勃游览龙隐岩，在观赏岩中石刻时忽有所感：当年，先祖梁焘的名字能和司马光、程颐、苏轼、黄庭坚这些大儒一同列于《元祐党籍碑》之上，实在是一种莫大的荣誉！现在，原碑早已被砸得遗迹全无，何不将碑文重新刻在石壁上，永垂后世！

于是，他立即找出家中收藏的《元祐党籍碑》碑文拓本，请工匠刻在龙隐岩石壁上。

如今，观赏《元祐党籍碑》的人们会在碑刻下方一侧看到另一幅奇怪的石刻——它所占篇幅不大，却被凿得面目全非，仅剩下"李膺、司马公、朱子"几个名字。这幅石刻的作者是谁？为什么会被人凿毁呢？

事情缘由得从著名维新派领袖康有为的第一次桂林之行说起。

清光绪二十年（1894年）十二月，康有为撰写的《新学伪经考》遭到保守派的猛烈攻击。有官员甚至上书朝廷，弹劾康有为离经叛道、蔑视王朝，主张焚烧《新学伪经考》，严惩作者。

虽然得到梁启超等友人和一些主张改革的官员的保护，但康有为还是感到了巨大的精神压力。困惑彷徨的康有为决定接受弟子龙泽厚的邀请，前往桂林游览散心。

龙泽厚是当时桂林响当当的名门之后。龙家高祖龙献图是清代著名诗人、教育家。大名鼎鼎的"三元及第"状元陈继昌，曾经是龙献图的门生。拜康有为为师的龙泽厚，也曾在四川、广东等地任知县，辞官后回到桂林，依然是位呼风唤雨的能人。

在龙泽厚热心安排下，康有为居住于叠彩山景风阁，在幽静的风洞前开堂讲学,宣传维新变法主张。

讲学之余,康有为在龙泽厚陪同下登门拜访当时统领桂林学界的四大书院掌门人——孝廉书院周璜、经古书院龙朝言、宣成书院石成峰、秀峰书院曹驯,遭遇的却是"冷暖两重天"。

周璜佩服康有为的才学,赞同他的变法主张。两人一见面便叙谈国家大事,纵论维新变法大计,大有相见恨晚之感。

龙朝言对儿子请来的这位新派人物客客气气,不冷不热,保持着距离。

石成峰和康有为见面时表情冷漠,话不投机,场面十分尴尬。

曹驯是龙泽厚的岳父,他一点儿也不给女婿面子,干脆让康有为吃了闭门羹。

遭遇掌权得势者冷落,对康有为来说已经是家常便饭。他照旧在讲台上宣传维新变法主张,并在讲学之余寄情山水,探岩访胜,以排解心中郁闷。他在自编年谱里感慨道:"寓桂凡四十日,往来在山水窟中亦四十日，日日搜岩剔壑。"

这一天，慕名游览龙隐岩的康有为抬头看到高高刻在石壁上的《元祐党籍碑》，品读之余感慨万端，由司马光、苏轼、黄庭坚等"元祐党人"被迫害的往事联想到自己"著书讲学被议"，变法维新主张阻碍重重。于是，他挥笔写下《观元祐党人碑题记》，感叹自古贤良多遭迫害，期望从今以后"不必以党为讳"。

弟子们立即将老师的题记刻于《元祐党籍碑》下方，以期永传后世。

清光绪二十四年（1898年），维新变法失败，保守派疯狂反击，维新变法的中坚力量"戊戌六君子"被杀害，康有为则奔走海外避难。

在桂林，早就对维新变法之举恨之入骨的保守派立即来到龙隐岩，恨恨地将刻在《元祐党籍碑》下方的康有为题记凿毁，只留下文中提到的李膺、司马公、朱子等几位大儒的名字。

在此后120多年漫长时光里，刻于龙隐岩的康有为题记一直以面目全非的状貌面对世人。

「桂林山水甲天下，阳朔山水甲桂林。」流传于民间的这段谚语告诉我们：桂林山水的精华汇聚于阳朔。唐代诗人沈彬当年来到阳朔，面对眼前幽雅、奇异的山水欣然赋诗：「陶潜彭泽五株柳，潘岳河阳一县花。两处争如阳朔好，碧莲峰里住人家。」同为山水知音的徐霞客，一到阳朔便以「碧莲玉笋世界」形容眼前风光，既生动又贴切。

碧莲峰里住人家

〔桂林〕

阳朔县北自龙头山,南抵鉴山,二峰巍峙,当漓江上下流,中有掌平之地,乃东面濒江,以岸为城,而南北属于两山,西面叠垣为雉,而南北之属亦如之。

摘自徐霞客崇祯十年五月二十二日日记

由正东门进入阳朔城的徐霞客，仅用简简单单一句话便形象地概括了阳朔城的格局——"东面濒江，以岸为城"，"开三门以取水"。如今，阳朔老城区的格局依然没有太大变化。

当徐霞客沿着如今的西街来到县衙附近时，见到的是一片寂寥景象。唯一能吸引徐霞客驻足观赏的，是那座始建于宋绍兴八年（1138年）的古桥——"市桥双月"。

当年的"市桥双月"，是双月溪上一座双拱石桥。桥下溪流清澈，桥影双拱相连，酷似一对圆月荡漾于水中，成为阳朔古八景中著名一景。

如今的双月桥，经改建已经变身为一座单拱石桥，和东面飞瀑桥相映成趣，以另一种形式延续着古人赞叹的"清流双月"意境。

与"市桥双月"相伴的西街，在徐霞客日记里只能用"荒寂甚"3个字来形容。

在熟悉阳朔历史的老人们的记忆里，西街是阳朔县城最古老的一条街，街上铺设着暗红色的石板，两边排列着低矮的瓦房，土气得不能再土气。街上除了几家经营日用品的店铺，居民多为耕田种地的农夫。在漫长的时光里，西街人维持着"半是乡村半是店，可为生意可为耕"的生活状态。

时光行进到20世纪80年代,改革开放春风吹拂漓江之滨。川流不息的游船载着络绎不绝的游客,沿漓江顺流而至。乘船抵达阳朔县城的游客,像徐霞客一样由东南门码头登岸,涌入西街。寂静了上千年的西街,从此热闹起来。

矗立于漓江之滨的碧莲峰,终日俯视喧闹的西街,却始终保持着自己作为一座伟岸大山的矜持与沉静。

说来惭愧,经常到阳朔采访、游览的我,此前竟然一次也没有动过登上碧莲峰的念头。反观徐霞客,一进阳朔县城,午饭都顾不上吃便急匆匆来到江边,攀登当时称为鉴山的碧莲峰。

攀登过众多名山的徐霞客,低估了眼前这座看起来并不险峻的石峰。他没有向当地人问清登山的道路,便凭感觉沿山坡北麓一条满是荆棘的小路往前行走,很快就被陡峭的石壁挡住了去路。不甘就此放弃,徐霞客又从峭壁一侧踩着石缝往上攀缘,结果"盘旋半空,终不能达"。最终,他不得不遗憾地放弃了登顶计划。

让登山高手徐霞客也不得不知难而退的碧莲峰,平常人能够登得上去吗?满怀犹疑的我在山脚巧遇对徐霞客阳朔之行颇有研究的当地文化人老秦。

谈起徐霞客当年攀登碧莲峰的情景,老秦笑道:碧莲峰海拔仅290多米,登上去并不是一件很难的事情。徐霞客当年之所以没能成功登顶，是因为他走错了登山路线。正确的登山路线在碧莲峰南麓，陡峭的北麓即便是今天也只有攀岩高手借助工具才能爬得上去。

于是，我跟随老秦转往碧莲峰南麓登山，一路听他讲述这座石峰的历史典故。

古人之所以把碧莲峰叫作鉴山，是因为立在漓江边的这座石峰从下面看平面如削，圆润光滑，很像一面镜子。后来，人们乘船在江面上观赏，又感觉这座石峰更像一朵浮水而出的莲荷花蕾。明朝嘉靖年间，广西布政使洪珠在鉴山东麓石壁近水处题刻"碧莲峰"三字，碧莲峰之名随即传扬开来。

在蜿蜒而上的登山步道一侧崖壁上，不时可见古人留下的石刻。其中，最令人惊叹的是刻在石壁上的那个长5米多的巨大的"带"字。

具有笔走龙蛇般气势的"带"字，刻写于清道光十四年（1834年），书写者是时任阳朔知县的王元仁。

对桂林石刻有研究的人，都会知道王元仁的大名。这位来自浙江绍兴的官员以书法扬名，尤其擅长书写"擘窠大字"。桂林龙隐岩中那个形似"信徒礼佛"的硕大的"佛"字，也是他的大作。

对自己刻写在碧莲峰上的这个"带"字的寓意，王元仁并没有留下文字注解。于是，后人围绕这个字做出种种解读。

飘逸洒脱的"带"字

20世纪30年代,有人从中揣摩出"一带江山,少年努力"的寓意。20世纪60年代,这一寓意被拓展为"一带山河甲天下,少年努力举世才"。到了20世纪70年代,这一寓意又生发为"一带江山,举世无双;少年努力,万古流芳"。

才疏学浅的我,面对崖壁上这个飘逸洒脱的"带"字,联想到的只有4个字——漓江如带。

一路观赏一路攀缘,耗费一个小时,我终于登上峰顶。居高临下俯瞰脚下的阳朔县城,只见一片片楼房见缝插针嵌筑在石峰之间。古人所谓"碧莲峰里住人家"，实在是对阳朔人生活情境的最形象的写照！

在阳朔游览两天后，徐霞客得知曹邺回到家乡阳朔后经常在天鹅山山脚下一个岩洞里读书，留下"曹邺读书岩"一景，立即打听读书岩的位置。当地人告诉他：如今的读书岩早已"有名而无岩，有室而无路"，劝他不必自寻烦恼去探访了。

徐霞客却不理会，兀自走出北门，沿着一条荆棘、蔓草没过头顶的山路探寻，终于在天鹅山山脚下见到了牌坊坍塌、房屋破败的"曹邺读书岩"。

令徐霞客执着探寻的曹邺究竟是怎样一个人？

曹邺读书岩

在我的采访经历中，最初知晓曹邺其人，是数年前在桂林古莲文化街偶见一组桂林历史名人雕像。其中，曹邺塑像的造型十分奇特——跨着马步，身躯前倾，双手高举木棍朝地下一只硕鼠挥去。那激愤的神情，充满动感的姿态，令人过目难忘。雕像旁，刻有曹邺的名作《官仓鼠》：

官仓老鼠大如斗，见人开仓亦不走。

健儿无粮百姓饥，谁遣朝朝入君口。

在那个几乎无官不贪的时代，曹邺敢于无所顾忌地写出一首首嘲讽贪官和官场时弊的诗词，实在令人敬佩。

出生于阳朔的曹邺，是晚唐著名诗人。当地史料记载，曹邺自幼勤奋读书，参加科举考试却屡试不第。唐大中四年（850年），曹邺终于时来运转考中进士。

作为桂林历史上第一位进士，曹邺面对一片赞扬之声挥笔写下《寄阳朔友人》一诗，表达自己期待家乡人才辈出的心愿：

桂林须产千株桂，未解当天影日开。

我到月中收得种，为君移向故园栽。

进入官场的曹邺,相继在山东、陕西等地出任推事、太常博士和刺史。最后,他回到京城长安,任吏部郎中。

吏部,是一个掌管官员考核、升迁的握有实权的部门。按理说,曹邺的仕途前景一片光明。然而,咸通九年(868年),曹邺突然递上辞职书,回归故里。

是什么缘由让事业心极强的曹邺心灰意冷呢?

研究者认为,出任吏部郎中的曹邺为官"有直声",是个性情耿直的人。在那个"潜规则"盛行的时代,性情耿直者难免得罪权贵。嫉恶如仇的曹邺不愿意与恶势力同流合污,于是,辞职回家便成为最符合曹邺性情的选择。

在官场上未能有所成就的曹邺,在诗歌创作上却大放异彩。在他的诸多作品中,最令人赞叹的是那些大胆针砭时弊的诗歌。其中,《捕鱼谣》的矛头更是直指皇上:"天子好征战,百姓不种桑。天子好年少,无人荐冯唐。天子好美女,夫妇不成双。"

在那个文字狱盛行的时代,频繁创作针砭时弊的诗歌居然还能回到家乡安度晚年,曹邺也算得上幸运之人了。

据后人统计,曹邺共有100多首诗歌收入《全唐诗》。他的创作风格与杜甫相似,贴近社会,贴近民众,语言自然朴实,乡土气息浓郁。

清代著名学者王维新在《阳朔道中怀曹邺》一诗中曾给予这样的评价:"唐代文章原后起,岭西风气实先开。"

在诗歌史上，曹邺确实是一位开广西诗风之先的人物。

寻到"曹邺读书岩"的徐霞客，在"颓坊敝室"旁一块刻于明嘉靖年间的古碑上看到了明代大学士解缙凭吊曹邺的诗歌，立即抄录下来：

阳朔县中城北寺，云是唐贤旧隐居。

山空寺废无僧住，惟有石岩名读书。

据说，解缙这首诗正是由于徐霞客的抄录才得以流传至今。

当我沿城北路在天鹅山下找到"曹邺读书岩"时，才发现它离繁华的西街不过四五百米。推开一扇虚掩的破旧房门，一片菜园出现在眼前。徐霞客当年见到的"颓坊敝室"和古碑早已不存，一座陈旧的凉亭在杂草和藤蔓的纠缠中顽强地挺立着，告知来访者这里曾经有过一段值得追念的往事。

绕过凉亭，沿石阶登上山脚一个幽暗的石洞。环顾四周，只见洞壁高耸，环境清幽，这里确实是个静心读书的好地方。只是，西街的繁华和喧闹已经蔓延到附近街口。荒草萋萋的"曹邺读书岩"，不知道还会寂静到什么时候？

白沙湾、书童山、白鹤山,是徐霞客游览阳朔时在日记里多次提到的三个地方。在徐霞客眼里,『沙土俱白』的白沙湾山水环抱,简直就像人间仙境。古今审美感觉相通相融。电影《刘三姐》曾经在白沙湾一带选景拍摄。决意联手打造中国第一台山水实景演出《印象·刘三姐》的总策划梅帅元和著名导演张艺谋到阳朔选点,一眼便相中了白沙湾。

山水化作大舞台

桂林

白沙湾在城东南二里，民居颇盛，有河泊所在焉。其南有三峰并列，最东一峰曰白鹤山。江流南抵其下，曲而东北行，抱此一湾，沙土俱白，故以白沙名。其东南一溪……溪东又有数峰，自南趋北，界溪入江口，最北者，书童山也，江以此乃东北逆转。

摘自徐霞客崇祯十年五月二十二日日记

在阳朔,徐霞客的游览足迹大多流连于漓江两岸。五月二十三日这天,他一大早就开启了在白沙湾一带的游览行程。让我们先来看看他在日记里的描述吧!

早索晨餐,从白沙随江东北行。一里,渡江而南,出东界书童山之东。由渡口东望,江之东北岸有高峰耸立,四尖并起,障江南趋。其北一峰,又岐分支石,缀立峰头作人形,而西北拱邑,此亦东人山之一也。既渡,南抵东界东麓。陂塘高下,林木偬然,有澄心亭峙焉,可憩。又东一里,过穆山村,复渡江而东,循四尖之南麓趋出其东,山开目旷,奇致愈出。前望东北又起一峰,上分二岐,东岐矮而欹斜,若僧帽垂空,西岐高而独耸,此一山之二奇也。四尖东枝最秀,二岐西岫最雄,此两山之一致也。而回眺西南隔江,下则尖崖并削,上则双岫齐悬,此又即书童之南,群峰所幻而出者也。

这段文字,用不着翻译,读者也能从中真切地感受到漓江白沙湾一带风光的秀雅与奇妙。

如今,沿白鹤山往东行走,跨过田家河桥,很快就能在漓江岸边见到被徐霞客写成"穆山村"的木山村。

有意思的是,清光绪二十年(1894年)冬天,著名维新派领袖康有为乘船游览漓江时,也曾经路过这一地段,并对眼前景致大加赞赏:"倚峰临水,红树百千,灵山楼阁,幽胜在画图中,不啻桃源也。"

白沙湾

古人今人的审美感觉是相通相融的。

20世纪60年代初,电影《刘三姐》就曾经在白沙湾一带选景,拍摄了不少镜头。到了1998年年底,决意联手打造中国第一台山水实景演出《印象·刘三姐》的著名导演张艺谋和总策划梅帅元到阳朔选点,一眼便相中白沙湾。

于是,梅帅元、张艺谋和两位年轻导演——王潮歌、樊跃强强联手,历时3年多,一座举世罕见的"山水舞台"出现在世人面前——方圆两公里的漓江白沙湾水域,12座连绵起伏的山峰和广袤的天空成为舞台天然背景。演出中,山峰时隐时现,水面倒影如镜,岸边竹林轻吟,晴天月光泼洒,雨天雾气朦胧……

每当夜幕降临，漓江白沙湾这个"山水舞台"便热闹起来。红色、绿色、蓝色、金色、银色五大主题色彩相继闪射，刘三姐的山歌、各民族的风情、漓江的渔火与山水风光融为一体，给人以强烈的艺术美感和视觉、听觉冲击力。

用张艺谋的话来形容，《印象·刘三姐》"就是一场秀"。秀的是优美的桂林山水，秀的是绚丽的民俗风情，秀的是天人合一的大自然意境。

在《印象·刘三姐》庞大的演员阵营里，最令我感兴趣的是那两百多个群众演员，他们全部来自阳朔周边木山村、白沙湾村等村庄。

记得，2006年6月，《南国早报》文化记者在采写有关《印象·刘三姐》专题报道时，曾专程到木山村采访，和当时张艺谋选定的渔民"男主角"徐全发有过一段有趣的对话。

当年49岁的徐全发，是木山村一位皮肤黝黑的朴实汉子，终日忙着自家地里和鱼塘的农活，有空便到遇龙河为游客划竹排。

《印象·刘三姐》最初的创作版本，并没有计划要让一个当地渔民在开场时头戴斗笠、身披蓑衣向全场观众致欢迎词。后来，张艺谋在修改脚本时决定加上一个渔民"报幕员"的角色。

富有选角经验的张艺谋先从附近5个村子里挑出10多位村民参加初选，要求每个人现场写一段简洁文字，介绍自己和家乡，然后唱上一段山歌。

最后，参与竞选的徐全发以响亮的嗓音、稳定的台风胜出。徐全发接受记者采访时则认为：自己入选的最大优势是文化程度最高，是高中毕业生！

从此，每当临近黄昏，徐全发便结束一天的劳作，赶到舞台现场，像职业演员一样备好服装、道具，调整情绪。然后，他镇定地站在竹排上，在聚光灯的照射下声情并茂地向观众介绍自己："我叫徐全发，生长在漓江边，祖祖辈辈打鱼为生……"

当时，徐全发每场演出能拿到二三十元报酬。和所有参加演出的群众演员一样，他虽然每天晚上都要反反复复地表演自己劳动和生活的情景，相当疲劳，但一年下来收入可观。而且，能够在漓江上以光彩照人的形象亮相，徐全发心里也十分自豪。

2024年3月20日，大型山水实景演出《印象·刘三姐》迎来公演二十周年纪念日。在演出现场，总导演王潮歌在微博上发表感言："今天大日子！《印象·刘三姐》演出二十周年庆典。我代表我的二位搭档——樊跃、张艺谋导演来到现场，祝贺这二十年来共计八千多场次、两千多万人观看了演出，也赞叹我们曾经奋斗的岁月和逝去的青春……"

听着"山水舞台"方向传来的歌声，我独自一人在江岸边徜徉，面对月光下的青山绿水，回味闪现在这片山水之间的奇光异彩。倘若徐霞客能够再次来到白沙湾，他一定会停下行色匆匆的脚步，坐在江边一条小船里，静静倾听刘三姐悠扬的歌声吧！

从兴坪溯江而上,江岸边凸起一座五峰相连的石山。临江一面如刀削般陡峭的石壁,青、绿、黄、红、白,五彩缤纷,宛如一幅由大自然神奇之手创作的图画。宋代诗人邹浩面对此景由衷感慨:"应是天公醉时笔,重重粉墨尚纵横。"古往今来,面对画山吟诗叹奇的游人数不胜数。然而,徐霞客来到画山山脚下时,关注点却与众不同……

来到画山不数马〔桂林〕

昧爽发舟,西北三里,为横埠堡,又北二里为画山。其山横列江南岸,江自北来,至是西折,山受啮,半剖为削崖,有纹层络。绿树沿映,石质黄红青白,杂彩交错成章,上有九头,山之名『画』,以色非以形也。

摘自徐霞客崇祯十年五月二十六日日记

九马画山，是漓江之滨著名一景。络绎不绝的游船临近这一河段时，甲板上总是站满了游客，大家兴致勃勃地指点画山，耐心地计数着峭壁上由山脊和草木组成的一匹匹马。导游则会在一旁念着当地流传的民谣助兴："看马郎，看马郎，问你神马几多双？看出七匹中榜眼，看出九匹状元郎。"

古往今来的名人也未能免俗，游到此处总要数马助兴。

清嘉庆二十二年（1817年）出任两广总督的阮元，是对画山最为痴迷的一位官员。他在《清漓石壁图歌》中感慨自己"六年久识奇峰面，五度来乘读画舟"。他题写的"清漓石壁图"5个大字，至今依然刻在距画山渡口不远的崖壁上。

1998年，来华访问的美国总统克林顿到桂林漓江游览时，在游船上听导游说起九马画山的传说，立即兴致勃勃和家人一起盯着崖壁数马，数了10多分钟，最终只数出八匹马来。当导游指出最后一匹马时，克林顿笑道：我其实看到了，只是觉得它像头驴，就没有把它数进去。

如此充满情趣的景观，徐霞客自然要细细考察一番。

然而，细读徐霞客在日记中描述画山的文字，却没有一处提到马，只是笼统地说"上有九头"。似乎，当时的人们还没有普遍将这座山和马联系在一起。徐霞客在日记里也只是按当地人的介绍，把这座山称为画山。

喜欢从地理科学角度解读名山大川的徐霞客，并不关心画山上的图画像什么，而是具体分析了画山崖壁上图画形成的原因：山体受到雨水侵蚀、冲刷后，断裂为陡峭的悬崖，崖壁上一层层石纹交织在一起，绿树沿着石缝的纹路生长，石壁质地呈现黄、红、青、白多种颜色，各种色彩交错在一起，组成了一幅幅天然图画。

徐霞客还从当地人口中听到这样一段谚语："尧山十八面，画山九筒（个）头。有人能葬得，代代出封侯。"他进而得知：当地有风水先生把和画山隔江而立的山峰下的一片平地称为吉地，当地一个"土愚人"为求风水保佑，竟然杀害自己的母亲，将母亲葬于吉地。结果，当天夜里山峰上的岩石轰然坠落，压住墓穴，"土愚人"的企图未能得逞。由此，人们便把这片土地称为"忤逆地"。

听罢这个故事，徐霞客在日记里愤然慨叹"余所恨者，石坠时不并毙此逆也"——我遗恨的是，岩石坠落时怎么不一起砸死这个不孝之子呢！

船过九马画山

到了清代，人们开始普遍将画山和"九马"联系在一起。清代诗人徐沄在江边赋诗赞叹：

自古山如画，而今画似山。

马图呈九首，奇物在人间。

据桂林一位朋友介绍，著名历史学家郭沫若当年游览漓江观赏画山时，陪同人员曾告诉他：水利部门准备在下游修建水库。水库一旦建成，漓江水位便会随之提升，九马画山临近山脚的那几匹马要进水龙宫化为龙了。

听到这一说法，郭沫若来了兴致，当即赋诗一首：

弄墨舞文何足雄，银锄方可代天功。

请君再待十年后，马入龙宫自化龙。

感觉一首不尽兴,郭老又来一首:

玉带蜿蜒画卷雄,漓江秀丽复深宏。

神奇景物疑三峡,暧叇烟云绕万峰。

石上望夫犹有妇,崖头画马欲成龙。

名山坐使人陶醉,豪饮当年忆似虹。

如今,漓江水位似乎并没有抬升起来。画山上的马也就没能化身为龙。不过,眼前这片崖壁既然能够在风雨沧桑中演化出九匹马来,随着大自然无形之手永不停歇地描绘,九匹马的形象终归会发生变化。也许有一天,它们真的会变成九条龙了!

生性浪漫的郭沫若在为画山赋诗后,还说了这么一段意味深长的话:许多有意思的景点,与其牵强附会地为它定下一个名称,限制游客的想象力,倒不如让游客自己面对景观浮想联翩,在丰富的想象中实现意境的升华。

郭老此言,实在是精辟之见!

徐霞客当年游览画山时,就没有耗费时间掰着手指头在崖壁上找马,而是和旅伴静闻一起登上画山,盘腿坐在岩石上,头顶彩色画壁,脚踏绿色水波,全身心陶醉于"置身图画中"的浪漫情调。

这样的情景,这样的意境,不是比费眼费神地在山崖上找马要有趣得多、浪漫得多吗?

论高度，独秀峰在桂林诸多山峰中并不突出。因为独特的地理位置，因为浓郁的历史人文风情，并不十分高大的独秀峰赢得『南天一柱』『桂林第一山』美誉。唐大历年间，桂管观察使兼桂州刺史李昌巙为弘扬儒家文化，在独秀峰下建孔庙、办学校。广西的文教之风，由独秀峰发端。一到桂林便决意登上独秀峰的徐霞客，多次与王府寺院僧人接洽，却始终未能如愿……

孤峰不与众山俦 〔桂林〕

令静闻由靖藩正门入暗绀谷……下午,静闻来述绀谷之言,甚不着意,余初拟再至省一登独秀,即往柳州,不意登期既缓,碑拓尚迟,甚怅怅也。

摘自徐霞客崇祯十年五月二十九日日记

我每次到桂林，面对那座兀自挺立于王城之中的独秀峰，总感觉它过于清高，过于孤傲。恰如唐代诗人张固在《独秀山》一诗中所描述——"孤峰不与众山俦"。

有人说，独秀峰的孤傲是因为沾了靖江王城的"王者之气"。其实，熟悉桂林历史的人都知道：在桂林悠远的历史长河中，靖江王只不过是一个匆匆过客。

孤傲的独秀峰之所以如此特立独行，如此引人注目，除了自古便以一柱擎天的形态挺立于城市中心，还和一条萦绕其间的华彩文脉密切相关。

在多山的广西，有不少以"读书岩"命名的洞穴。独秀峰山脚下的读书岩，正是其中开读书、兴教风气之先的佼佼者。

来到独秀峰山脚，在读书岩左上方崖壁上有一幅宽不过一米的石刻，乍看并不醒目，却是独秀峰100多幅石刻里年代最早、年岁最长的作品——《独秀山新开石室记》。这幅石刻为我们讲述了"独秀"之名

清代画家笔下的独秀峰

独秀峰

的来由,讲述了一条华彩文脉由此发端的经过。

石刻作者为唐建中年间在桂林任监察御史里行的郑叔齐。官位不高的郑叔齐,却是一位文采斐然的才子。一开篇,他就讲述了"独秀"之名的来历:"城之西北维,有山曰独秀。宋颜延年尝守兹郡,赋诗云:'未若独秀者,峨峨乳邑间。'嘉名之得,盖肇于此。"郑叔齐认为,"独秀"之名来自颜延年的诗句。

令郑叔齐敬佩的颜延年,便是南朝刘宋年间著名文学家颜延之。

史料记载，宋少帝景平二年（424年），生性耿直的颜延之因不屑趋炎附势，被贬到远离中原的始安郡（今广西桂林）任太守。

当时的始安郡官邸，就设在独秀峰附近。颜延之每天处理完公务都喜欢独自踱步，来到独秀峰山脚下石洞口，乘着习习凉风看书。来来往往的民众眼见"父母官"如此好学，自然心生敬意。久而久之，山脚下这个岩洞就被人们称为读书岩。

以南朝刘宋文坛领袖扬名的颜延之，在桂林任职期间究竟写过多少吟咏桂林山水的诗歌，如今已经查不到相关史料。被郑叔齐引用在《独秀山新开石室记》里的"未若独秀者，峨峨乳邑间"，成为他吟咏桂林山水的"绝唱"。

凭借这一"绝唱"，颜延之成为史料记载中最早以诗歌赞誉桂林山水的诗人。

介绍"独秀"之名的来历后，郑叔齐马上切入正题，详细讲述唐大历年间桂管观察使兼桂州刺史李昌巙为弘扬儒家文化在独秀峰下建孔庙、办学校的经过——"乃考宣尼庙于山下，设东西庠以居胄子"。

庠，是古人对学校的称呼。独秀峰山脚下建起的"东西庠"，据考证是桂林乃至广西第一所官办府学。响应李昌巙倡导，当地士绅也纷纷解囊，捐资办学在桂林蔚然成风。

孔庙和学校周边环境也在李昌巙主持下得到改善，清除杂草、灌木，开辟往来道路，铺设登山石阶。独秀峰成为桂林景色优雅的公园，应该是从唐大历年间开始的。

元代，曾经以太子身份栖居桂林的元顺帝于至正二十三年（1363年）回到桂林，他的居所就在独秀峰山脚下。独秀峰由此开始沾上"王者之气"。

明洪武三年（1370年），明太祖朱元璋封侄孙朱守谦为靖江王。这位王爷一到桂林，就相中傲然挺立于城中的独秀峰。洪武五年（1372年），靖江王着手在独秀峰山脚下建造府第。此后，独秀峰便被围合在王府高高耸立的城墙之内，成为权贵的"后花园"。

独秀峰，自此与文人墨客、平民百姓绝缘。

徐霞客抵达桂林后，在五月初四日这天一大早来到靖江王府北门，在熟人引领下绕过独秀峰山脚下的月牙池，游览西岩太平洞。在洞前佛寺里，他见到了住持绀谷。

绀谷告知徐霞客：想要登独秀峰，必须事先启奏王爷。现在王府正在进行礼忏佛祖仪式，王爷经常会登峰巡视。等礼忏完毕，王爷回宫后，再禀告不迟。

于是，徐霞客和绀谷约定：五月十二日登山。

五月初九日，徐霞客特意到街上挑选扇子，并在扇面上题写《登秀诗》。初十日这天下午，徐霞客再次来到王府北门，将题诗的扇子和在湖南岳麓山购买的好茶作为礼物赠送给绀谷。正在坛上主持礼佛仪式的绀谷收下礼物，将登山日期推迟到十三日。

五月十三日一大早，徐霞客催促静闻抓紧吃了早饭，两人兴冲冲来到独秀峰西麓寺庵叩见绀谷。不料绀谷进宫礼佛未归，登山只得再度延期。为了不浪费时间，徐霞客和绀谷的徒弟约定：自己先去阳朔游览，回来后再登独秀峰。

五月二十八日，徐霞客一行乘船由阳朔回到桂林，还没来得及歇脚，便赶到王府北门，打算和绀谷约定登山之日。不料，吃了个闭门羹。

二十九日，徐霞客又叫静闻去王府找绀谷。静闻回来告知徐霞客，"绀谷之言，甚不着意"——完全没有促成徐霞客登山游览的诚心。

徐霞客失望地在日记里叹息：原本打算回到桂林登独秀峰后

马上动身前往柳州。不料登山日期一拖再拖,"甚怅怅也"。

六月初一日这天,徐霞客终于得到"内部消息":绀谷因为焚香祭灵之事和靖江王闹得很不愉快,所以登山之事才会一拖再拖。这时,桂林城谣传四起,说湖南衡州、永州已被流寇包围。靖江王府"亦愈戒严",闲人免入。

面对如此形势,徐霞客只得打消继续等待"独秀之登"的念头。

即将离别桂林时,心绪怅然的徐霞客远远看着独秀峰叹道:"独秀山北面临池,西南二麓,余俱绕其下,西岩亦已再探,惟东麓与绝顶未登。其异于他峰者,只亭阁耳。"他安慰自己:独秀峰北面的月牙池,西面的太平洞都游过了。它和桂林城里其他山峰的区别,不过是山顶多了亭台楼阁而已。

徐霞客憾别独秀峰,在此后岁月里成为诸多人士热议的话题。最有意思的一段议论,出自我国著名学者胡适。

1935年,胡适先生应邀到广西游览、考察。在《南游杂忆》一书有关广西的章节里,胡适特别提起徐霞客未能如愿登上独秀峰这段往事,并且发表自己的见解:

独秀峰现在人人可以登临了。其实此峰是桂林诸峰中的最低小的，高不过一百多尺！有石级可以从山脚盘旋直上山顶，凡三百六十级，其低可想……现时山腰与山顶尚有小亭台可供游人休憩，是一胜。此山在城中，登山可望全城和四围山水，是二胜。诸峰多是石山，无大树木，独秀峰上稍有树木，是三胜。桂林诸大山以岩洞见奇，然而岩洞都是可游而不入画的；独秀峰……娇小葱茏，有小亭阁，最便于绘画，故画家多喜画独秀，是四胜。有此四胜，就使此峰得大名！徐霞客两度到桂林，终以不得登独秀峰为憾事。我们在飞机上下望桂林附近的无数石山，几乎看不见那座小小的石丘，颇笑徐霞客的失望为大不值得！

作为景观的独秀峰，也许确如胡适先生所言，它和桂林城中别的石峰相比并无出奇之处。然而，论历史文化积淀，独秀峰却又实实在在地拥有傲视群峰的资本。

徐霞客离开桂林后，独秀峰便目睹了一场血雨腥风。

南明永历四年（1650年），清军在明朝降将孔有德指挥下攻克桂林城。

清顺治九年（1652年），反清将领李定国率军攻入桂林。清军守将孔有德在绝望中燃火自焚，气派的靖江王府在熊熊大火中灰飞烟灭。遗存下来的，只有巨石堆砌的基座、围栏和城墙，以及傲然挺立的独秀峰。

清顺治十四年（1657年），广西乡试贡院在废弃的靖江王府基座上拔地而起。一条华彩的文脉，终于回归独秀峰。

《广西通志稿》记载，清代广西乡试贡院人才辈出，举人多达5075人，约占当时全广西举人人数的一半。状元、榜眼也不断涌现。王城南门与东、西门至今遗存着表彰广西才子耀眼成就的石刻题额——"三元及第""状元及第""榜眼及第"。

如今，在独秀峰下专心读书的是广西师范大学的学子们。

独秀峰回归为旅游景区，是2003年的事情。

2006年，我曾经前往独秀峰·王城景区采访。当时，面对游客稀少的状况，景区负责人用"突围"一词形容自己的工作状态，立志要将独秀峰·王城景区打造为集自然风光、历史文物与高等学府于一身的4A级景区。

如今，独秀峰·王城景区早已超越当年的奋斗目标，成为桂林耀人眼目的5A级景区。

孤傲的独秀峰，依然保持着一副"孤峰不与众山俦"的王者气势。

柳州

一到柳州，徐霞客就绘声绘色解读这座被柳宗元形容为"江流曲似九回肠"的城市为什么会被称为"壶城"。在"有壶之形"的柳州，徐霞客依据柳宗元撰写的"旅游指南"，重点游览了鱼峰山、马鞍山、蟠龙山等名山。同时，他只身前往被古人赞为"天下第一"的融水真仙岩，留下一段洞中探奇的佳话。

早在唐代贞观年间便设立县治的洛容，在上千年时光里几经周折，默默守护着一方水土。清代，洛容改名雒容。新中国成立初期，雒容撤县为乡，隶属鹿寨县。如今，雒容又归属柳州市鱼峰区。行政归属不断变化的雒容，容貌也在不断变化着……

雒容怀古

昧爽行四十里,上午过旧街,已入柳州之洛容界矣,街在江北岸。又四十里,午过牛排。又四十里,下午抵洛容县南门。县虽有城,而市肆荒落,城中草房数十家,县门惟有老妪居焉。

摘自徐霞客崇祯十年六月十三日日记

乘船由永福一路南下的徐霞客，在六月十三日这天沿洛清江抵达洛容县城。由此登岸入城，改走陆路前往柳州。

如今的人们，看到徐霞客笔下"洛容"这个地名一定会感觉陌生。即便得知所谓"洛容"就是如今的柳州雒容镇，也依然会有许多人一片茫然。这座曾经的县城，历经风雨沧桑，早已淡出人们的视野。

经常前往柳州采访的我，此前从来没有留意过雒容这个地方，直到此次"霞客行·山水寻踪"，才把目光聚焦于这个徐霞客的落脚点。查阅徐霞客在日记中对洛容城的描述，不过寥寥数语。当年的洛容，虽然是一座距柳州较近的县城，但在徐霞客眼里，却只能用"荒落"两个字来形容。

如此"荒落"的一座县城，究竟有着怎样一番来历？

据当地历史爱好者考证，今雒容所处这片土地在隋唐以前属于潭中县管辖。一直到隋开皇九年（589年），在这一带设置象县，这片荒僻土地才逐渐有了人气。

唐贞观初年，由象县分出一个新县——洛容。这个名称，一直沿用到清代康熙初年。北宋嘉祐四年

（1059年），发展起来的洛容反过来吞并了象县。当时的县治，设于洛清乡（今鹿寨县中渡镇）白龙岩下。

明代的洛容，进入风云激荡的年代。周边地区农民起义此起彼伏，洛容县城在百年之间历经四次搬迁。徐霞客在日记里也特别提到："旧洛容县在今城北八十里。"

洛容最令人感兴趣的一段历史，是为什么要把洛容改为雒容。

按流行的说法，洛容改名的时间是在清代。史料记载，清康熙十三年（1674年），简陋的洛容城开始构筑石砌城墙。雍正六年（1728年）再次维修。从此，洛容才真正成为一座像模像样的城池。

有了新城池，自然要给人一个全新的印象。有研究者认为，新城的崛起很可能是促成洛容改名的原因。

一篇流行于网络的文章《千年洛容一朝改，从此洛容是雒容》，对今雒容改名一事进行了更有意思的解读。

文章作者联系到今雒容城池在康熙年间建成后呈现的一些奇怪现象——东、西、南、北四座城门，却只开西门、南门，东门、北门始终处于关闭状态。一直到雍正五年（1727年），当时的知县改变观念，以东为吉，这才开通东门，而北门依然封闭着。

古人的观念和行动，常常被"风水之说"左右。文章作者认为，洛容之所以改为雒容，必定是执政者听信风水说法，以"洛"为水，以"雒"为火。临江而立的洛容，经常遭遇水灾。改洛容为雒容，似乎意在以火克水。

在上千年发展历程中，雒容留给人们的印象离不开一个"小"字。雒容老城的格局，在当地老人们的记忆里是"东边小河，西边小河；后面盘龙山，前面洛清江"，不过"背山水绕的巴掌大一块地方"。

其实，明代末年洛容县城的"寒碜"，徐霞客在日记里也有极形象的描述——街市店铺荒凉冷清，城中数十家民居以茅草盖顶，县城城门只有一个老妇人住在里面。

如此狭小、冷清的一座县城，最终被"降级"也就不奇怪了。20世纪50年代，雒容撤县为乡，隶属鹿寨县管辖。

2011年，距柳州仅20多公里的雒容镇转而归属柳州鱼峰区管辖。成为"大柳州"一部分的雒容，渐渐热闹起来。

雒容县署

2023年12月，"广西地名文化遗产千年古县、千年古镇、千年古村落"名单公之于众，雒容名列其中，成为广西5个"千年古镇"之一。人们开始把关注的目光投向这个地方。一条颇有意思的网络消息，在报道此事时用了一个颇有意思的标题——《超过"1000岁"！柳州两个"老地方"藏不住了！你去过吗？》

雒容的机遇，出现在21世纪。随着柳州实施城市东进发展战略，寂静的雒容华丽变身，成为柳州"跨越式发展主战场"。上百家企业云集雒容，逐渐形成以汽车零部件生产为主体的工业体系。当地文化人欣喜地拟就这样一副对联："雒容古镇山山翠，汽车新城处处春。"

一跃成为桂中经济重镇的雒容，把自己深厚的历史文化积淀封存在临江而立的老城区。

徐霞客当年登岸的老码头，石板垒砌的台阶在青草簇拥下沿着坡岸蜿蜒而上。始建于清代初年的关帝庙，墙体上描绘的山水、寿星图案依然清晰可辨。青砖黛瓦的知县衙门，经过维修重现当年威严气势。典雅大气的民国宅院，静静地叙说着旧桂系首领沈鸿英当年衣锦还乡的排场。

雒容老码头

出生于雒容的柳州人，喜欢在节假日回到家乡，寻找雒容"古八景"中"东阁观暾""双童捧日""西桥眺远"等景观的遗韵。

在雒容老城区转悠半天，除了老码头，没能找到有关徐霞客的更多遗迹。

也许是因为旅伴静闻病重让徐霞客无心滞留，也许是眼前这座寂寥小城让徐霞客低估了它的人文分量，抵达洛容的徐霞客只在城里转悠一圈。第二天一早，他便启程上路。

前方，因柳宗元而扬名的柳州在召唤他！

来到柳州,柳侯祠是众多游客首选的游览地。这里留存着唐代著名政治家、思想家、文学家柳宗元的众多遗迹,这里珍藏着宋代以来众多碑刻文物,这里积淀着厚重的历史文化内涵。在柳侯祠珍藏的众多古碑刻中,立于中殿的《荔子碑》最为引人注目。

柳侯祠里叹"三绝"

余不待午餐,出东门,过唐二贤祠,由其内西转,为柳侯庙,《柳侯碑》在其前,乃苏子瞻书韩文公诗。其后则柳墓也。余按《一统志》,柳州止有刘贲墓而不及子厚,何也?容考之。

摘自徐霞客崇祯十年六月十六日日记

柳侯祠

六月十四日抵达柳州的徐霞客，并没有像往常一样立即外出游览，而是为治疗静闻的病痛寻医问药。

十六日这天，听说借住在庙宇中的静闻病情加重，徐霞客急忙前往探视。他走出东门，路过唐二贤祠，看到柳侯庙（今柳侯祠）就在路边，立即顺道入庙参拜。

步入庙堂，徐霞客一眼就看到了那块名声远扬的《柳侯碑》。《柳侯碑》的来历，得从柳宗元与柳州悠远的缘分谈起。

柳宗元，字子厚，祖籍河东（今山西运城永济一带），于唐大历八年（773年）出生于京城长安。此时的唐朝，历经安史之乱，已然告别太平盛世，开始走向衰落。

唐贞元九年（793年）春，20岁的柳宗元考中进士，随后出任秘书省校书郎。贞元十七年（801年），调为蓝田尉。两年后，调任监察御史里行，结识韩愈等志同道合的友人。

柳宗元在官场上的高光时刻，当属唐永贞元年（805年）。这一年，柳宗元被提拔为礼部员外郎，协助当时掌管朝政的王叔文实施改革，史称"永贞革新"。唐宪宗即位后，持续不过180多天的"永贞革新"偃旗息鼓，失意的柳宗元随即被贬为永州司马。

唐元和十年（815年）元月，柳宗元接到诏书，令其立即回京。以为重得重用的柳宗元兴冲冲回到长安，不料面对的是政敌一片诽谤之声。朝廷一纸诏令，令柳宗元出任柳州刺史。

由长安出发，水路兼程6个月，柳宗元风尘仆仆来到柳州。登上柳州城楼，面对眼前"曲似九回肠"的奇异江景，备受打击的柳宗元再度燃起热情，发出"为政岂可无所作为"的感慨。

"到官数宿贼满野，缚壮杀老啼且号"，这是柳宗元在诗中描述自己在柳州面对的凄惨情景。为此，这位新到任的刺史"饥行夜坐设方略，笼铜枹鼓手所操"。白天忍着饥饿下乡巡查暗访，晚上静坐堂中思考治理方略。手中时时握着发号施令的鼓槌，一旦接到报警便立即击鼓，调集兵马前往处置。

当时，柳州民间流行"以男女质钱"的"土俗"，贫苦民众交不起地租或借了高利贷，便把自己的子女送到债主家做抵押，"没为奴婢"。为此，柳宗元一面宣示朝廷"禁止典贴良人男女为奴驱使"的法律法规,"革其乡法",制定服役子女按时间计算工钱的方案,一面"出私钱"为穷人赎回被典当的子女。"比一岁,免而归者且千人。"不过一年时间,便有上千人获得自由。

为激发民众的生产热情,柳宗元在主持修复大云寺的同时,在寺院"辟地南北东西若干亩,凡树木若干本,竹三万竿,圃百畦,田若干塍",作为"示范田地"。以身作则的柳宗元一面亲自"种柳柳江边",一面在城西北荒地"手种黄甘(柑)二百株",笑称"若教坐待成林日,滋味还堪养老夫"。

"柳侯以身示教,柳人知学自此始。"柳宗元在柳州办的另一件大事,是修复崩塌的文宣王庙(孔庙)。同时,他立《柳州文宣王新修庙碑》,抒发自己"化夷去陋""动以礼法"的为政理念,要求民众"永永是尊"。

执政三年,柳宗元欣喜地看到了"民各自矜奋"的喜人情景。

令人叹惋的是,种下黄柑的柳宗元没有来得及品尝自己的劳动果实,便于元和十四年(819年)病逝于柳州。

生前廉洁清贫的柳宗元,其灵柩在柳州罗池边停放了好几个月,最终得到好友资助,才得以运回长安万年县祖墓安葬。

遵照柳宗元生前"馆我于罗池"的遗愿,柳州民众于唐长庆二年(822年)在罗池之畔建造罗池庙,在庙堂后面建起衣冠冢,以追念这位"有德于民"的"父母官"。

徐霞客在罗池庙庙堂后面见到柳宗元墓时，颇感诧异。因为，他此前查阅官方编纂的地理总志《一统志》，里面只记载柳州有先贤刘蕡墓，并没有提及柳宗元墓。徐霞客打算抽时间就此事做进一步考证。不知道他此后有没有在考证中得知，位于柳州的"柳墓"只是一座衣冠冢。

曾经和柳宗元携手倡导唐代古文运动的著名文学家韩愈得到挚友在柳州去世的消息，满怀感慨，于唐长庆三年（823年）为罗池庙挥笔撰写碑文，记叙柳宗元在柳州的政绩及死后化为神灵的传说。《罗池庙碑》由此成为罗池庙中最引人注目的碑刻。

北宋年间，著名文学家苏轼得到韩愈所写的《罗池庙碑》碑文，拜读之后十分赞赏，立即兴致勃勃抄录碑文中的《迎享送神诗》：

荔子丹兮蕉黄，杂肴兮进侯之堂。侯之船兮两旗，渡中流兮风泊之，待侯不来兮不知我悲。侯乘白驹兮入庙，慰我民兮不颦兮以笑。鹅之山兮柳之水，桂树团团兮白石齿齿。侯朝出游兮暮来归，春与猿吟兮秋与鹤飞。北方之人兮谓侯是非，千秋万岁兮侯无我违。愿侯福我兮寿我，驱厉鬼兮山之左。下无苦湿兮高无干，粳稌充羡兮蛇蛟结蟠。我民报事兮无怠，其始自今兮钦于世世。

韩愈将柳宗元描绘为乘白马飘然而行的仙人，在优美的山水之间来回驰骋，继续为百姓谋幸福，"驱厉鬼"。

苏轼的名声，足以与韩愈并列。于是，人们便将苏轼书写的《迎享送神诗》单独刻碑，与《罗池庙碑》并立于罗池庙中。徐霞客见到的《柳侯碑》，正是苏轼书写的碑刻。因碑文开首一句"荔子丹兮蕉黄"，后人习惯将其称为《荔子碑》。

《荔子碑》碑文为韩愈创作，书法出自苏轼手笔，碑文赞颂的是柳宗元的政绩与情怀，三人均为世人景仰的唐宋大家。于是，《荔子碑》又得到"三绝碑"的美称。

历经1200多年风雨的柳侯祠，在持续维修中面积不断扩大。到清代乾隆年间，柳侯祠建筑面积已经扩大到4万平方米。如今的柳侯祠于1987年进行大修，参照的正是清乾隆二十八年（1763年）遗存的柳侯祠石刻平面图。

我已经记不清有多少次拜访柳侯祠了。每次来，总感觉树木比此前更加茂密，环境比此前更为幽雅。来到古木环绕的祠堂前，抬头便见当代著名历史学家郭沫若题写的"柳侯祠"金字匾额，字体奔放豪迈、苍劲挺秀。门联"山水来归黄蕉丹荔，春秋报事福我寿民"，巧妙地将韩愈《迎享送神诗》中的经典诗句集于一联。

步入殿堂正门，像当年徐霞客初次探访柳侯祠一样，迎面便见韩愈创作、苏轼书写的《荔子碑》。

韩愈最初撰写的《罗池庙碑》，早已在战乱中遗失，如今所存碑刻为复制品。

苏轼书写的《荔子碑》则幸运地躲过劫难。细看被定为国家一级文物的这块古碑，会发现碑体折断为三截。碑后刻于南宋年间的跋文，讲述了《荔子碑》诞生的过程——南宋嘉定十年

（1217年），一位叫关庚的读书人奉命赴柳州为官。他途经长沙时，在朋友家里见到了苏轼书写的《迎享送神诗》，十分喜爱，立即将碑文拓本带到柳州，刻碑立于柳侯祠中。

在此后的岁月里，《荔子碑》虽然没有像《罗池庙碑》那样消失无踪，却也多次遭受损伤。清乾隆年间《马平县志》记载，明代嘉靖年间修筑柳州外城墙时，一位军士偶尔捡到《荔子碑》崩落的一角，拿去砌筑城墙。不料，城墙随即崩塌。见过《荔子碑》的人感觉眼熟，马上把它送回祠堂，与原碑合为一体。

细读徐霞客日记，会发现这位大旅行家相当识货。他在柳侯祠见到《荔子碑》后，立即掏钱买了两张拓本。从此，一曲优雅的《迎享送神诗》便成为徐霞客的旅途伴侣。

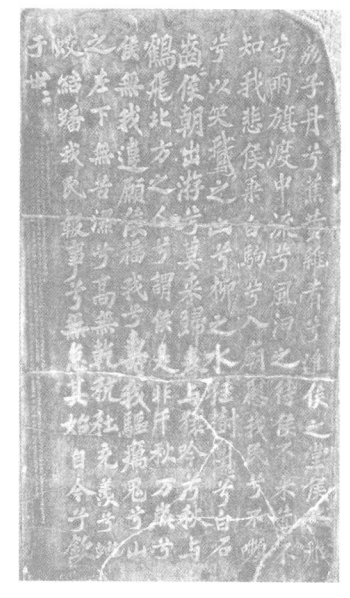

《荔子碑》

『罗池夜月』是柳州『古八景』中著名一景。柳宗元主政柳州期间,非常喜欢风景秀丽的罗池,公务之余时常在池边游走。罗池最美丽的时光,是在天气晴朗的夜晚。树影婆娑之间,一轮皎月投影于清澈的池水之中,临池观赏水中之月,如梦如幻。然而,在六月酷暑中执着寻找罗池的徐霞客,面对的又是怎样的情景呢?

再现『罗池夜月』

柳州

询罗池所在,曰:『从祠右大街北行,从委巷东入即是。然已在人家环堵中,未易觅也。』余从之。北向大街行半里,不得;东入巷再询之,土人初俱云不知。最后有悟者,曰:『岂谓罗池夜月耶?此景已久湮灭,不可见矣。』

摘自徐霞客崇祯十年六月十八日日记

静闻不断加重的病情，让徐霞客的心情很是烦忧。六月十八日这天一大早，徐霞客在店铺中吃过稀粥，就急匆匆出东门，赶到天妃庙看望在庙里养病的静闻。他告诫静闻，病人的饮食应该以清淡为主。静闻却听信庙中僧人的话，认为徐霞客是吝惜钱财。

与旅伴闹得不欢而散，徐霞客再次来到柳侯祠，在祠中看到柳宗元书写的《罗池题石》拓本，笔锋遒劲，刻工古朴，十分喜爱，立即买了下来。接着，他又打听罗池的方位。

卖拓本的人告诉他：由祠堂右边的大街往北走，再沿弯曲小巷往东进去就到罗池了。同时那人又提醒他：罗池已经被圈在当地住户的围墙里了，很不好找。

徐霞客按照提示的路线行走，很快便迷失了方向。进到巷子里问路，被问者全都茫然摇头。最后，有人突然醒悟，说：你问的是"罗池夜月"吧？这一景观早已湮没，看不到了。

徐霞客追问缘故，这才得知：柳江东南方有座灯台山（东台山），每当入夜，月光高悬于山顶，月影浸润于罗池池水之中，形成柳州一处绝妙的美景。后来，达官贵人们天天占据罗池游玩、宴饮，闹得周边居民不胜烦扰，便纷纷把石头、垃圾扔进池中。美丽的罗池被石块、垃圾淤塞过半，水波中的月影不再耀眼。

那人最后提醒徐霞客：你不用再找了，找到也没什么可看的了。

心有不甘的徐霞客执意要到现场看看。他在被问者带领下绕过屋角残墙，进入一道侧门，果然看到一池污水和池边荒废的亭台楼馆，唯有池水东岸两棵高大的龙眼树长得郁郁葱葱，果实累累。

徐霞客观察周边地貌，发现罗池其实就位于柳侯祠的后方。联想到柳宗元和罗池曾经难分难解的缘分，不由得大发感慨："柳侯之所神栖焉。今池已不能为神所有，况欲其以景存耶？"在徐霞客眼里，柳侯祠是柳宗元神灵栖息的场所。如今罗池被人为分割开来，不能为神灵所拥有，怎么能够期望它继续保持胜景的意韵呢？

徐霞客这段话，乍看充满神灵色彩。细细琢磨，却又能够品味出另外一层寓意：明朝的官场风气，早已和柳宗元当年所倡导的"爱民"精神格格不入。明朝的罗池不能像柳宗元当年所主张的那样让"柳民既皆悦喜"，自然也就很难保全它的优雅本色了。

史料记载中有关罗池沧桑巨变的历程，同样令人感慨。

早在唐代，罗池就是柳州一处令人流连忘返的景观胜地。按照韩愈在《罗池庙碑》中的描述，柳宗元生前非常喜爱罗池，所以才会在死后三年向生前部将托梦："馆我于罗池。"

明代学者李西涯在《罗池书屋记》中为我们描述了鼎盛时期的罗池："广袤可数里，澄波汀蓄，准平而鉴照其外。"

明代正统年间，罗池由柳侯祠僧人负责管理。后来，一个叫黄房通的豪强倚仗权势霸占罗池。直到明正统九年（1444年）六月，广西按察副使胡智主持重修柳侯祠时将黄房通治罪，罗池才重归柳侯祠管理。

然而，徐霞客在日记中告诉我们：明代末年的罗池又成为地方权贵的专属游览之地，最终落了个被百姓义愤填埋的结局。

罗池的再获新生，发生在清光绪三十二年（1906年）。从马平县（柳州府治所）典史位置上退休的赵屏藩定居柳州，为表达对柳宗元的敬仰之情，赵屏藩每天都要到柳侯祠周边种植花草，美化环境。

这一年金秋佳日，柳州各方名流汇聚罗池，举办菊花观赏盛会。众人赋诗应和之时，有人触景生情提出建议：将柳侯祠周边开辟为供民众休闲、游乐的园林景区。这一建议立即得到热烈响应。

干劲十足的赵屏藩从此每天带着儿子到柳侯祠边修花圃，开花径，清除罗池淤泥。赵家晚辈至今记得这样一个感人情景：赵屏藩将一锅锅热气腾腾的糯米饭倒入塘泥之中，然后和孩子们一起牵着牛在池泥中来回踩踏，为的是"踩出一个不漏水的'罗池夜月'"。

第二年，热心洋务运动的杨道霖出任柳州知府，这位曾经出洋考察、见多识广的官员对赵屏藩改造柳侯祠环境的善举十分赞赏，进而提出"扩建小园林"不如"改建成公园"的建议，并表示将在资金和人力上给予大力支持。

清宣统元年（1909年），在柳州各方协力合作下，拥有柳侯祠、柳侯衣冠冢、罗池、柑香亭等著名景观的柳侯公园建成。在当时公布的《柳侯公园规则十四条》中，第一条便开宗明义表示：公园宗旨，在与民同乐，无论男女老少，皆可入园游览。

柳侯公园的华丽变身，发生在1964年。这一年，柳州市成立柳侯公园扩建工程指挥部，市长亲任指挥长。8万多柳州市民投身于柳侯公园扩建热潮，开湖植树，建桥筑亭，柳侯公园的面积由此扩大到15亩。

如今的罗池，虽然在面积上已然不能和当年"广袤可数里"的罗池相比，却犹如一方秀雅的碧玉，与庄重、典雅的柳侯祠相伴相守，不离不弃。

此情此景，足以告慰倾情于罗池的柳宗元、徐霞客和赵屏藩等诸位先贤了！

在柳州『古八景』中，由鱼峰山和小龙潭组成的『南潭鱼跃』一景名列榜首。鱼峰山的形状，犹如一条跃起于水面的鱼，古人便称之为立鱼山、石鱼山。卓然立于柳州城中的鱼峰山，山形与桂林独秀峰颇为相似。此前，徐霞客因未能如愿登上独秀峰而深感遗憾。来到柳州，面对鱼峰山，他又会生发怎样的感慨呢？

马鞍之西,尖峰峭耸,为立鱼山。其山特起如鱼之立,然南复有山映之,非近出其下不能辨。

摘自徐霞客崇祯十年六月十八日日记

山歌依旧绕鱼峰

柳州

立于柳州城区西南的鱼峰山，原名立鱼山。柳宗元主政柳州期间，为开发当地旅游资源曾四处探访、考察，写下《柳州山水近治可游者记》一文。文中，他这样描述鱼峰山："石鱼之山，全石，无大草木，山小而高，其形如立鱼。"立鱼山之名，由此传扬开来。

按照如今的精确计算，鱼峰山高仅88米，从山脚沿盘山小径登390余级石阶便可抵达山顶。然而，徐霞客在日记里却把自己的登山游览之路描绘得迂回曲折，奇景迭出。

登上山腰的徐霞客，一头钻进"如张巨吻"的岩洞，在洞中见到前人倒书的"南来兹穴"4个大字。再往前走，发现洞后又与两个石洞相通。先由南边一个石洞进去，洞穴突然隆起。西面又有洞口往前穿透，进入其中，只见高深幽暗的洞内陈列着道家三清巨像。从后洞口越过石门槛出来，穿过峡谷中的石洞往下走，前面又有西向的洞口。洞壁不高，却相当宽敞，一根石柱悬立中央，柱后又有洞穴……

在迷宫般的洞穴中游走并观察后，徐霞客"乃知

幽深洞穴

是山透腹环转，中空外达，八面玲珑"，"开夹而趣括无穷，曲折而境深莫闷"。于是，他由衷赞叹："真异界矣"，"即桂林诸洞所不多见也"。

沿着徐霞客的登山之路往上攀缘，一路绿树成荫。显然，如今的鱼峰山早已不是柳宗元笔下那座"无大草木"的光秃秃的石山了。

抵达山腰时，只见徐霞客笔下"透腹环转，中空外达，八面玲珑"的岩洞，依然呈现着当年"七窍八通"的奇观。如今的人们，为山上彼此相通的7个洞穴分别起名清凉洞、玉洞、盘古洞、纯阳洞、阴风洞、蠡斯岩、三姐岩。玉洞里，一块重达千斤的钟乳石悬空而垂，晶莹剔透，洁白如玉。这大概就是徐霞客所称"石柱中悬"的情景吧？只是当年环倚石柱的神像不见了踪影。

徐霞客登上鱼峰山往东俯瞰时，所见到的山脚下那片"中洼而内沁"的塘水，应该就是如今的小龙潭了。当年，徐霞客不知塘水出自何处。据如今有心者观察，小龙潭与柳江之水同涨同消，它们之间可能是有地下暗道相通的。

据说，从小龙潭东南岸观看鱼峰山，会发现石峰像一尾跃出水面的鲤鱼。为此，如今的人们在潭中立起一座鲤鱼雕塑，名曰"南潭鱼跃"。

我绕着小龙潭反复观察，却很难直观地感觉出鱼峰山的"鱼跃之势"。也许正如一位朋友所言，因为山上树木生长得过于繁盛，郁郁葱葱的绿树改变了石峰原本流畅的线条。

如今的鱼峰山，有一个生动的情景是徐霞客当年见不到的，那便是立于山脚的刘三姐塑像和随处可见的对歌、练歌的人群。

看过电影《刘三姐》的人，都会对刘三姐率领民众以对歌形式智斗大财主莫怀仁的情景印象深刻。对于刘三姐最后的去向，知道的人就不多了。

在流传于柳州一带的民间传说中，莫怀仁请秀才与刘三姐对歌大败而归后，恼羞成怒，欲置刘三姐于死地而后快。为了免遭毒手，刘三姐在众乡亲的帮助下乘竹筏离开家乡宜州，顺流由龙江入柳江，辗转来到柳州，在鱼峰山东麓一个小岩洞里居住。从此，美妙的歌声终日萦回于鱼峰山上。

追踪而至的莫怀仁以重金买通官府，准备对刘三姐下毒手。面对重重包围的官兵，刘三姐在歌声中纵身跃入小龙潭。幽深的潭水瞬间迸发一道红光，一条金色的大鲤鱼从潭中纵身跃起，将三姐驮上云霄，化为歌仙。

现实中的"刘三姐"，也确实与柳州有着密切缘分。

如今的人们，对彩调剧、歌舞剧《刘三姐》的主题曲《山歌好比春江水》耳熟能详，可以随口吟唱。然而，这首优美歌曲的来历却没有多少人能说得出来。

2011年4月，身为《广西日报》记者的我曾经采访当年参与彩调剧、歌舞剧《刘三姐》创作的艺术家，了解到这首名歌令人赞叹的诞生过程。

1959年元月，柳州市委、市政府决定组织编写彩调剧《刘三姐》，作为庆祝中华人民共和国成立10周年的重点剧目。广西著名音乐家黄友琴负责主管剧本创作和全剧音乐设计。

《刘三姐》虽然是彩调剧，但黄友琴并不赞同将彩调唱腔音乐作为全剧的主题音乐。黄友琴认为，刘三姐是广西民间传说中的歌仙，剧本的音乐设计必须具有广西山歌最典型、最有代表性的艺术特色。

黄友琴随即和同事一起深入民间走访各地山歌手。其间，一首广泛流传于柳州地区的历史悠久的山歌——《石榴青》像磁铁一样吸引着黄友琴。听着《石榴青》悠扬美妙的旋律，看着歌者陶醉其中的神情，黄友琴和同事商量后决定：以柳州山歌《石榴青》曲调为彩调剧《刘三姐》的主题音乐。

在吸收广西各民族山歌音乐特色基础上，黄友琴和同事对《石榴青》曲调进行再创作，配上和声，作为彩调剧《刘三姐》的序歌。

在1959年8月上演的彩调剧《刘三姐》中，序歌被填上歌词："唱山歌，这边唱来那边和。山歌好似春江水，哪怕滩险弯又多。"

1960年6月，广西歌舞团创编的歌舞剧《刘三姐》公演，剧中主题音乐《山歌好比春江水》出现在第一场开场，并在尾声中以合唱形式重现。至此，《山歌好比春江水》正式成为《刘三姐》主题歌。

登上如今的鱼峰山，随处可见聚集对歌的民众，四处飘荡着悠扬的歌声。

早在20世纪60年代，鱼峰山就成为柳州著名的歌台。

小龙潭与鱼峰山

如今的鱼峰山，更是成为柳州最热闹的"歌山"。每到节庆，柳州各地的山歌手和歌迷们便会由四面八方汇集到鱼峰山，举办对歌盛会。

看着山间一群群陶醉于民歌的市民和游客，对民歌一窍不通的我也忍不住停下脚步，侧耳倾听：

柳州有个鱼峰山，
山下有个小龙潭。
终年四季歌不断，
都是三姐亲口传。

徐霞客当年之所以匆匆离开柳州,前往石峰林立、道路不畅的融州(今融水苗族自治县),为的是藏在大山深处被宋代诗人张孝祥赞为『天下第一』的真仙岩。历经『峰转溪回』方才显露真容的真仙岩,果然没有让徐霞客失望。

失而复得真仙岩

峰转溪回,始见真仙洞门,穹然东北高悬,溪流从中北出,前有大石梁二道骈圈溪上。越梁而西,乃南向入洞焉。洞门圆迥,如半月高穹,中剜一山之半。其内水陆平分,北半高崖平敞,南半回流中贯。

摘自徐霞客崇祯十年六月二十五日日记

真仙岩洞口

　　探访真仙岩老君洞,应该是徐霞客在广西境内探察洞穴过程中最令人怦然心动的一次经历了。让我们来看看他探洞的过程吧!

　　出现在徐霞客眼前的真仙岩老君洞,洞口浑圆,如半轮月亮在山崖间高高隆起。20多米高的洞口,剜去了整座山峰的一半空间,清澈的灵寿溪穿洞而过。

　　徐霞客沿溪岸进入洞穴幽深锁闭之处,只见巨大的石柱和钟乳石密集排列,悬在洞壁之上的钟乳石如同连缀成串的璎珞,立在洞穴之下的石柱则酷似环列的白象、青牛。由白玉般晶莹的钟乳石融结而成的"太上老君",须眉皓洁,面对森然排列的石柱安然而坐。老君洞之名,便来自这尊由大自然神奇之手塑造的惟妙惟肖的老君造像。

在洞口寺院修行的僧人点燃火把引领徐霞客进入暗洞，更奇异的景观呈现在眼前。一眼望去，只见"千柱层列"，密集的孔洞数不胜数。洞口大厅的高峻宏大，至此化为小巧玲珑。

走着走着，眼前突然出现惊心一幕——"石下有巨蛇横卧，以火烛之，不见首尾，然伏而不动"。徐霞客小心翼翼跨过巨蛇，继续往洞穴深处探察。回来时，这条巨蛇依然横在原地，纹丝不动。

游罢暗洞，徐霞客凭自己丰富的探洞经验分析，这个暗洞虽然幽深，但仍然只是溪流西面的一处角落而已，应该还有更精彩的空间。顺着溪流往洞穴深处望去，只见"内透天光"。徐霞客越发感觉神魂飞荡，不能自已。于是，马上委托僧人去寻找木筏或小船，以便循水路入洞考察。

木筏和小船都没能找到，徐霞客便和僧人商量，决定就地取材，请人造一条"游船"。应召而来的附近村民"负木入溪，伐竹为筏"。感觉不够稳当，徐霞客又将寺中的木梯架在木筏之上，梯上再安置一个木盆。于是，真仙岩溪流中便出现了这样一幕充满喜感的情景——徐霞客端坐盆中，脚踏在梯子上。村民们有的在前面用绳子拉，有的在旁边用竹篙撑，有的在后面用肩膀推,护送这位远道而来的大旅行家入洞考察。这,大概是徐霞客在广西最气派的一次洞穴探险之旅了!

在众人前呼后拥中溯流而上的徐霞客,"仰瞩洞顶,益觉穹峻,两崖石壁劈翠夹琼,渐进渐异。前望洞内天光遥遥,层门复窦,交映左右"。飘飘欲仙的徐霞客悠然吟诵"谪仙人"李白"流水杳然""别有天地"的诗句,感慨李白之诗简直就是专为自己今日之游而创作的。

划过重重石门后,只见头顶山洞幽幽,脚下深渊青黑,两旁层层洞穴盘结在石壁上。水波荡漾之间,后顾前瞻,只觉"明光皎然,彼此照耀"。面对此情此景,徐霞客又一次陶醉了:"人耶仙耶,何以至此耶,俱不自知之矣!"

与奇异景观同样吸引徐霞客目光的,还有历代文人墨客刻凿在真仙岩石壁上的100多幅碑刻。

抵达真仙岩第二天,徐霞客就抄录了600余字的宋代《真仙岩诗叙》和《真仙岩游记》石刻。他在洞中小心谨慎地探察、擦拭石碑,看到了珍贵的《元祐党籍碑》,找到了北宋著名政治家韩琦书写的《画鹘行》,以及北宋著名文学家、书法家黄庭坚的两幅碑刻。

涉及北宋年间那场著名政治斗争的《元祐党籍碑》,怎么会出现在僻远的真仙岩呢?

徐霞客细读《元祐党籍碑》碑文后,在日记里用简要文字介绍了这幅碑刻的来历:"此碑为宋知军沈暐所刻。以其祖亦与名籍中也,故以家本刊此,与桂龙隐岩所刊同。但龙隐镌崖而大,此镌碑而整。"

史料记载,南宋嘉定四年(1211年),"元祐党人"沈千的曾孙沈暐到融州做官。慕名游览真仙岩时,面对满壁碑刻,联想到刻有曾祖姓名的《元祐党籍碑》实际上是一块"荣誉之碑",应该重新刻凿出来,让后世瞻仰。于是,他找出家中珍藏的《元祐党籍碑》拓本,请人重新刻碑,立于真仙岩老君洞。

当全国各地《元祐党籍碑》全部被砸毁后,广西却有两块复刻的《元祐党籍碑》留存下来。其中,留存于融水的《元祐党籍碑》字迹工整,据专家考证"为蔡京手书真品",尤其珍贵。

为了抄录、拓印岩中珍贵石刻碑文,徐霞客不顾洞中"蚊聚如雷",甚至能听到"大虫"(老虎)吼声,在真仙岩岩洞中住了下来。留居真仙岩的日子里,徐霞客"搜览诸碑于巨石间",架梯子拓印碑刻时,"梯为石滑,与之俱坠,眉膝皆损"。

为拓碑摔伤眉头和膝盖,在徐霞客看来不过是小事一桩。最令他苦恼的,是偏僻的融州缺乏拓碑的纸张。看到县里官府之人奉司道之命携带纸张前来拓印《元祐党籍碑》,徐霞客便从来人手中买下6张纸。不料,拓印时却被人偷走两张纸。

怀着这样一种喜忧交集的情绪,徐霞客在真仙岩度过了难忘的13天。

同样喜忧交集的,还有沿着徐霞客足迹前往真仙岩探访的媒体人。早在2006年8月,前往真仙岩采访的《南国早报》记者便写下令人叹息的文字:

穿过景区大门,走过一条堆满落叶的小路,在绿树掩映的绝壁下,一栋朱红色的三层楼房映入记者眼帘。走近一看,这栋楼竟然建在了石壁中的一个大岩洞里。

真仙岩老君洞洞口怎么会出现一栋楼房呢?原来,在20世纪30年代中后期和60年代后期,真仙岩先后两度被改造为兵工厂。将洞穴改建为厂房时,洞中老君像等众多钟乳石景观和碑刻被"扫荡"一空。

古版《粤西游日记》中的真仙岩插图

幸存的《元祐党籍碑》

2014年4月，为了探寻徐霞客关注的那块《元祐党籍碑》的去向，我曾经专程来到真仙岩。

步入雾气弥漫的老君洞，徐霞客笔下那座由天然钟乳石塑成的老君像早已无影无踪，石崖间悬挂、挺立的钟乳石也所剩无几。好在，工厂早已消失，洞口的楼房也被拆除。刻于南宋绍兴十九年（1149年）的司马光所书《家人卦》，以及南宋静江知府兼广南西路经略安抚使张孝祥手书"天下第一真仙之岩"等碑刻，因为刻在崖壁高处得以幸存。徐霞客十分关注的《元祐党籍碑》却没有了踪影。

融水一位文史研究者向我讲述了《元祐党籍碑》令人感慨的遭遇。

1972年,著名历史学家郭沫若关切地询问广西赴京开会的负责人:你们融水那块《元祐党籍碑》还在吗?它可是国宝啊!

消息立即传到融水苗族自治县,当地相关人员赶到真仙岩,四处搜寻却不见《元祐党籍碑》踪影。此后,经顺藤摸瓜一路搜寻,终于弄清它的去向。

原来,《元祐党籍碑》虽然早在1963年就被列为自治区级保护文物。但在"文革"时期,洞中众多文物几乎无一例外被视为应该清除的"四旧"。《元祐党籍碑》随即被运送到县政府大院。大院修筑水渠时,躺在大院角落里的这块厚重古碑被"废物利用",成了水渠的垫沟石。

当《元祐党籍碑》重见天日时,已经不幸断成两截。断碑被移送至融水博物馆,成为这座县级博物馆的镇馆之宝。1994年,《元祐党籍碑》被确认为国家一级甲等文物,跻身国宝行列!

趁着清明时节清朗的氛围，我又一次来到面貌大变的真仙岩。宽敞的国道，直抵景区。气派的牌坊门楼，似乎立志要为曾经号称"天下第一"的真仙岩挣回几分面子。

清澈的灵寿溪依然在老君洞中蜿蜒流淌，为真仙岩储存着一股流传千年的灵动之气。

曾经立于洞口的天然老君坐像和洞穴中许多石柱、石乳，永远地消失了。幸运的是，在距真仙岩不足两百米的山腰间，一个隐秘的地下洞穴躲过当年的建设热潮，完好地幸存至今。走进这个被命名为隐仙洞的洞穴，徐霞客当年描绘的"垂乳成幄，环柱分门""宝幢玉笋，左右森罗，升降曲折，杳不可穷"的奇异景观，奇迹般地再现于游人眼前……

柳宗元执政柳州期间,曾写下著名散文《柳州山水近治可游者记》,以形象生动的语言推介柳州值得一游的多座山峰。其中,对仙弈山的介绍特别详细。从融水真仙岩回到柳州的徐霞客,首先想到的便是这座据说留有仙人棋盘的仙弈山。

马鞍山上寻仙迹

仙奕岩在山半削崖下,其门西向,正与立鱼山对,只隔山下平壑中一潭。其岩内逼如合掌,深止丈余,中坐仙像,两崖镌题满壁。

摘自徐霞客崇祯十年七月十三日日记

在柳州，倘若向当地人打听仙弈山所在地，得到的答案多半是"不晓得"。但若问马鞍山在哪里，个个都会把雄峙于柳江南岸的那座形似马鞍的山峰指给你看。

徐霞客当年也遭遇了同样的尴尬。他在柳州游览时依据的"旅游指南"，显然是柳宗元那篇推介柳州名山的散文《柳州山水近治可游者记》。

文章中，柳宗元着重推介的仙弈山令徐霞客印象深刻——"其始登者，得石枰于上，黑肌而赤脉，十有八道，可弈"。柳宗元告诉人们：最早登上仙弈山山顶的人，在上面见到过石棋盘，黑色石头上有18道鲜亮的红色脉络，可以就此下棋。

在流传于柳州的民间传说中，"八仙"中的"二仙"吕洞宾、铁拐李曾经在山上对弈，仙弈山由此得名。

然而，当徐霞客打听仙弈山所在地时，当地人却茫然摇头。徐霞客只得依据柳宗元在文章中描述的大概方位观察分析，最终认定与鱼峰山相对而立的马鞍山便是柳宗元所称的仙弈山。

海拔270米的马鞍山，是柳州市内最高的山峰。满怀期待来到仙弈山的徐霞客，首先面临的是"石级草没，湿滑不能投足"的荒凉情境，由此大发感慨：一座依城而立的名山，竟然荒芜到这样的境地！

显然，明朝末年统治者大势已去，社会动荡不安，各地官员已然没有心情像先贤柳宗元那样热心开发旅游胜地了。

登上山腰，徐霞客在一个狭窄的岩洞旁看到耸立的岩石上有"迸裂成纹，参差不齐"的花纹，感觉此岩虽然可以登上去休憩，但把它形容为"黑肌而赤脉"、拥有18道纹路的棋盘，似乎太不贴切。

难道是柳宗元的描绘不切实际，太过夸张？后人经考证得出结论：是徐霞客认错了地方。

早在南宋咸淳二年（1266年），广西转运使赵兴霖便在仙弈山题写《仙人棋枰诗》，其中有这样的诗句——"凿石纵横十九槽，千年仙迹在林皋"，印证了柳宗元的说法。不同的是，赵兴霖笔下纵横的花纹比柳宗元描绘的多出一道。

当然，在崇祯十年（1637年）七月十三日这天登山的徐霞客即便爬遍整座仙弈山，也不可能找到柳宗元所称道的那个"黑肌而赤脉"的石棋盘。因为，当时石棋盘已经消失了。后人在明代崇祯年间一首《史采等仙枰唱和诗》里发现了这样的诗句："一脚掀翻十九槽，残枰寂寂冷崖皋。"显然，曾经令人津津乐道的石枰（石棋盘），此时已经被"仙人"一脚踹飞了。

接下来，徐霞客在崖壁上见到了南宋嘉定七年（1214年）出任广西提点刑狱的方信孺书写的两个篆体大字——"钓台"，忍不住又发了一番议论："江遥潭隘，何堪羡鱼？"江流遥远，水潭狭小，在这样的地方怎么能够生出钓鱼的联想来呢？

至此，徐霞客的仙弈山之行生发的均为遗憾。直到他登上山崖右侧崖顶，举目遥望前方不远的鱼峰山，一面躬身对山作揖，一面倾听岩洞中传来的虔诚的诵经声、悠扬的钟磬声，飘飘然仿若天宫仙乐震荡于山谷……此时的霞客，才真真切切感受到了仙弈山的仙气。

虽然得知马鞍山上早已没有了石棋盘，但我依然兴致勃勃沿阶而上，一路寻找徐霞客当年见到和没有见到的历史人文遗迹。

"黑肌而赤脉"的石棋盘被掀翻了，后人便在附

"钓台"石刻

近石壁上刻下"仙弈岩"三字,在崖壁旁建起弈趣亭,聊以纪念那个遥远的令人神往的神话故事。

方信孺留在桂林山水间的石刻,大多气势逼人。他刻写于马鞍山的"钓台"二字,同样庄严大气。徐霞客当年认为"情景不交融",不理解为什么要把"钓台"二字刻在这个不临江不近水的地方。我也很想弄清楚:方信孺当年为什么会在这里张扬地刻下"钓台"二字?

上网搜寻,得到方信孺《钓台》一诗:

钓得神鱼金作鳞,废台百尺漫嶙峋。

丝纶不入非熊梦,当日何人老渭滨。

虽然未能深入了解这首诗的创作背景，但细读全诗，能感觉出诗人借周文王当年在渭水边与直钩垂钓的姜太公相遇相知的典故，表达一种期望怀才不遇者能够得到赏识，能够尽情施展才干的心愿。刻于仙弈山上的"钓台"二字，表达的也正是方信孺的这样一种心愿吧！

在马鞍山西麓藤蔓缠绕的崖壁间，我看到了徐霞客没有提及的宋代石刻《仙弈山新开游山路记》。这幅石刻刻于北宋靖康元年（1126年）。当时，出任柳州知州的丘允对柳宗元当年在柳州开发旅游的举措十分钦佩，鼓励山下寺院的僧人和民众携手在仙弈山西麓修筑登山之路。路修成后，丘允特意撰写《仙弈山新开游山路记》，刻于山间石壁上。细读这篇文章，可以清晰地了解到北宋年间人们开发仙弈山的经过。

仙弈山是柳宗元主政柳州时着力开发的一座名山。北宋年间，前人开辟的登山之路早已荒废。丘允到柳州上任后，一直想登上仙弈山，一睹柳宗元赞叹的"黑肌而赤脉"的石棋盘真容。然而，因为"其路之莫通"，一直未能如愿。

当时，仙弈山西麓山脚有一座天宁寺。寺院住持觉昕法师得悉丘允开路的心愿后，立即出面组织人力"凿石填罅，芟除榛莽，循山诘曲，凡八九折，以通道乎其上"。

登山之路开通，丘允兴致勃勃"以步记之"，计算这条登山之路的工程量，得到的数据是"一百九十有五，其广寻"。后人据此推算，当时的登山之路长300多米，宽约2.5米。山间道路旁，还建有供人休憩的亭阁。

此后的仙弈山迅速热闹起来，"由是每岁方春，卉木葱茜，景候容与，则都人士女，咸乐以道其巅，纵览徜徉，熙熙焉各适其适"，喜滋滋游山踏春的男女老少熙熙攘攘。

如今，马鞍山上的登山石阶早已四通八达。登山游客络绎不绝，目标大多是山顶那个观景平台，在那里可以观赏到"江流曲似九回肠"的柳州城全貌。山中仙人下棋的地方，反倒人迹罕至，显得十分幽静了。这样也好，仙人是喜欢清静的。

往蟠龙山游览途中，徐霞客在柳江边偶遇幽静的窑埠。也许是因为口音上的误解，他在日记里把窑埠写成了姚埠。这座不过数十户人家的小村落有着怎样的来历？与柳州城隔江相望的它，在此后的岁月中又将经历怎样的风云变幻？

邂逅窑埠

柳州

里余而得一茅舍,东倚山麓,西临江坡。坡上密箐蔽空,连麓交荫,道出其下,如行空翠穴中,不复知有西烁之日也。一里,北抵姚埠,即东门渡也。其上村居数十家。

摘自徐霞客崇祯十年七月十三日日记

利用留居柳州的最后几天时间，徐霞客先访马鞍山，又探蟠龙山。他上蟠龙山的主要目的，是寻访立于山间崖壁上的王氏山房。

王氏山房的主人王启元，是柳州一位名士。

据当地学者考证，明嘉靖三十八年（1559年），王启元出生于柳州书香门第，家族中不断有人通过科举进入官场，堪称当地名门望族。当王启元、王启睿兄弟俩渐渐长大时，曾经考取过进士的父亲便在幽静的蟠龙山上建起一座山房，作为兄弟俩潜心苦读的场所。

王启元于26岁中举，从此开启进京赶考的旅程。然而，时运不济，先后进京赶考13次，直到明天启二年（1622年），63岁的王启元才考上进士，得到一个翰林院检讨的职位，成为当时熹宗的史学侍从。倍感无聊的王启元没干多久就以年老体衰为由请求退休。他回到柳州后，终日守在蟠龙山山房里著书立说，出版过好几部在当时颇有影响的作品。

徐霞客抵达柳州时，王启元已然去世。投书希望拜见王启元的后人，没有得到回音。于是，徐霞客决定上蟠龙山，看看那座高悬于"翠微"之间的王氏山房。

沿江岸一路行走，接近蟠龙山山脚时，眼前犹如世外桃源一般的风光令徐霞客赞叹不已。透过徐霞客对窑埠周边环境的描述，能真切感觉到这里实在是个开发"乡村游""农家乐"的好地方——江岸坡地上，茂密的竹林遮天蔽日，与山坡上的树林连成一片。行走在林荫小道上的徐霞客，感觉自己仿佛置身于翡翠般清幽的洞穴之中，完全感觉不到盛夏时节西垂烈日释放的炎热。

如今，沿徐霞客当年行走的路线来到蟠龙山山脚下，出现在眼前的窑埠，让人顿时感受到什么叫"翻天覆地、换了人间"。明代末年那座不过数十户人家的幽静村落，已然化身为楼房林立的繁华商业街区。

为了抓紧时间登山探访王氏山房，徐霞客没有在幽静的窑埠歇脚。我却好奇地在窑埠停下脚步，追索这座伴着柳江东门渡的小村庄的前世今生。

据柳州当地文史研究者考证，窑埠早在两千多年前就出现在当地史籍记载中。西汉元鼎六年（前111

年），柳州建城之初，柳江东南岸汇聚着一批烧窑谋生的民众，烧制的砖瓦、石灰等建筑材料在临近蟠龙山的江岸边装船外运，逐渐形成埠头，窑埠之名由此而得。

"水南窑埠，朝穷晚富。"曾经流传于柳州的这句谚语，说的正是窑埠一带民众奇特的生活状态——早晨起来身无分文，一天砖瓦生意做下来，到晚上荷包就鼓了起来。

在一位"老柳州"的记忆里，窑埠码头南面峭壁上曾经生长着一棵古榕，冠盖如大伞，遮天蔽日，由此形成柳州著名一景——"榕荫古渡"。

这一说法，在徐霞客日记中可以找到佐证。徐霞客在沿石阶登上蟠龙山陡峭崖壁时，曾经"穿榕树根中，透其跨下"，并将这棵古榕和桂林南门那棵古榕作了一个对比——两棵榕树巨大的根部都有穿透的孔洞。只是桂林那棵跨在城门上，柳州这棵斜倚在山崖边。

从明代开始，窑埠形成村落。明万历七年（1579年），人们在窑埠渡口铺设石板，将其打造为柳州城郊一座颇具规模的码头。清乾隆二十七年（1762年），典史李定业捐出俸禄，在窑埠"添置渡船一只，增加船夫二名并重修码头"。

战火纷飞的1940年，幽静的窑埠突然热闹起来。每天一大早，军号声、军人操练的口令声、往来马匹和汽车的喧闹声在这里响成一片。以张发奎将军为首的第四战区长官部从广东韶关转移到广西柳州,驻地就在蟠龙山山脚下。两家兵工厂也随之搬迁到了蟠龙山。

窑埠,成为广西抗战指挥中心。

在第四战区工作的中共党员方夸,曾经满怀激情撰写《我们的特别支部——战斗的熔炉》一文,追忆在窑埠的那段火热的抗战生活。

时光如流水般行进到21世纪,随着水路运输逐渐被陆路运输取代,随着一座座大桥跨越柳江,守着东门渡码头的窑埠逐渐陷入沉寂,成为过往行人眼中一座陈旧的"城中村"。

2005年,与柳江相伴千年的窑埠迎来历史性机

仰望蟠龙山

遇。为彻底甩掉"酸雨之都"帽子,让柳江不再因工业排污而成为"纳污之江",柳州全面启动"百里柳江"市区河段综合治理工程,改善柳江沿岸景观和生态环境,构筑沿江景观文化产业链。

2006年,蟠龙山下烟囱高耸、浓烟滚滚的工厂被迁走,山脚下一排排工业废水排污口变为清丽的人工瀑布。

濒临柳江的窑埠,以"窑埠古镇"之名跻身"柳州十大重点工程"之列,投资者决意将其打造为"坐拥一线江景、拥有四十万平方米风情古镇"的城市"江滨会客厅"。

热火朝天的建设热潮之后,历经10年风雨的窑埠古镇如今面对的是"冷热两重天"。这座耗费10亿元打造的仿古古镇"白天似空城",夜晚却摇身一变成为满血复活的"餐饮不夜城"。

网络上探讨"窑埠古镇"项目成败得失的文章不少。作为"霞客行·山水寻踪"探路者,置身于一排排仿古建筑之间的我,最大的遗憾是没能寻找到徐霞客笔下那个"坡上密箐蔽空,连麓交荫"的幽静清雅的窑埠。

经由窑埠登山的徐霞客,不顾山中有"蛇穴""晚辄有虎"的警告,在夕阳照射下穿过竹影森森的山坞,登上陡峭的石阶,终于在幽暗的岩洞前找到了王氏山房。

当年徐霞客见到的那座"小楼三楹"的王氏山房,早已在清康熙末年荒废倾圮。此后登上蟠龙山的人们,只见山洞不见山房。直到1995年,一座飞檐翘角的山房才再度在山崖间现身。

步入后人重建的王氏山房，凭栏四望，不得不感慨王氏真是挑了个读书、揽胜的好地方！

徐霞客当年在王氏山房举目四望，只见"北临绝壑，西瞻市堞纵横，北眺江流奔衍，东指马鹿、罗洞诸山，分行突翠，一览无遁形"。如今，绝壁依然陡峭，江流仍在奔涌，马鹿、罗洞诸峰更显苍翠。只是，那座原本蛰伏于对岸的柳州城早已发展起来，林立的高楼大厦不仅密密麻麻占据了沿江两岸，还将一座座山峰包围起来。过去的柳州，城在山边；如今的柳州，山在城中。

夕阳西下，从蟠龙山下来，再度步入窑埠古镇，街灯已然闪亮，街头人流明显增多。嗅着满街飘荡的螺蛳粉特有的酸爽气味，眼前突然闪现380多年前曾经出现在此地的一幕——看天色已晚，徐霞客便在窑埠解决晚餐。此前出行时经常带着龙眼、糕饼等干粮充饥的他，在窑埠"索餐"时得到4盅稀粥。徐霞客满意地感叹"饭与茶兼利之矣"——吃饭、饮茶的需求一并解决了。

如果徐霞客来到今天的窑埠，一定会兴致勃勃走进街边彩灯闪亮的店铺，品尝扬名全国的螺蛳粉吧？

貴港
玉林

步入桂东南腹地，徐霞客在贵港、玉林之间来回穿行。领略了大藤峡之险，感受了白石山之峻，品味了水月岩之幽，体验了勾漏洞之曲，观赏了都峤山之秀，见识了罗丛岩之妙。一条条黄金水道，一座座佛道奇山，一个个幽深洞穴，让置身其间的徐霞客尽享大自然神奇魅力。

大藤峡,位于黔江下游。河道狭窄曲折,江流湍急,危岩奇突,暗礁四伏。传说,古时有大藤横越江面,供人攀附渡江,大藤峡由此得名。山高滩险的大藤峡,自古便是兵家必争之地。发起于明洪武初年的大藤峡起义,历时长久。崖壁上『敕赐永通峡』石刻,正是那段烽火岁月留下的印记……

广西的三峡

贵港
玉林

又南十里,两岸山渐合,又五里为横石矶。有石自江右山麓横突江中,急流倒涌,遂极溯洞之势。盖两崖皆连山逼束,至此为入峡之始。

摘自徐霞客崇祯十年七月二十日日记

徐霞客乘坐的客船于七月二十日清晨放舟，沿黔江顺流而下。路过武宣县城，进入桂平地界时，两岸山崖渐渐合拢，河道逼仄。抵达横石矶时，只见礁石"横突江中，急流倒涌"，极尽汹涌无际之势。划船人告诉徐霞客已经进入大藤峡水域了。

如今的大藤峡，早已"高峡变平湖"。所以，我们只能通过徐霞客的文笔感受当年大藤峡的险境了——"两岸山势高耸，独冠诸峰，时有石峰悬峙"，"有小溪自北破壁而出，其内深峻屈曲，如夹堵墙"，"大江南北两崖，俱有石突江中"。滩险浪大，舟行迅疾，让徐霞客连刻在江边崖壁上的"敕赐永通峡"五个大字都没能看清楚。

大藤峡险滩

江边"敕赐永通峡"石刻

徐霞客日记里提到的"敕赐永通峡"石刻，刻于明正德十一年（1516年）。简简单单5个字，记载的却是明代发生于大藤峡的一段历时长久、战况惨烈的史实。

史料记载，从明洪武四年（1371年）开始，聚居于大藤峡一带的民众不堪当地官府、豪强压榨，不断举行起义。高潮时，民众首领侯大苟率起义军凭借大藤峡易守难攻的险要地势，以"官有万兵，我有万山；兵来我走，兵走我还"的策略与"进剿"官军巧妙周旋，队伍不断壮大，威慑力一度直逼广州。

震惊之下的朝廷，于明成化元年（1465年）十二月派遣"才气无双"的名臣韩雍率16万大军分五路"进剿"大藤峡。起义军"于山南各立寨栅自固，用棍木、垒石、标枪、药弩凭险抗战"。官军"则用团牌、扒山虎等器仗鱼贯而进"。在山羊尾巴上系上爆竹，驱赶上山以壮声势。同时，强令士兵组成"敢死队"一路冲到绝顶，"举炮为应"。跟在后面的大部队则"缘木、扪藤、猿攀、蚁附而上"，"连日鏖战至百数十合"。

腹背受敌的起义军最终寡不敌众，丢失营盘，死伤惨烈。侯大苟带领100多人马拼死突围，最终在江边被官军围歼。

获得胜利的韩雍立即下令斩断越江大藤，将大藤峡更名为"断藤峡"。

明正德十一年（1516年），左都御史陈金继续"清剿"大藤峡起义军残部，奏请明武宗赐名"永通峡"，并将"敕赐永通峡"题字刻于江岸石崖上，以昭显"围剿"功绩。

徐霞客于明代末年过大藤峡时，感受到的是"两江晏然"的太平景象。然而，战事平息，江滩险情却一直伴随着大藤峡。

2006年，《南国早报》记者前往大藤峡探路时，曾采访长年在黔江大藤峡河段行船的老船长彭寿柏。在经验丰富的彭寿柏眼里，大藤峡之险，尽在弩滩；弩滩之险，尽在暗礁。

弩滩之名，源于这一带江流迅疾，犹如弩射之箭。船到弩滩，只见急流中漩涡一个接着一个，令人防不胜防。稍有不慎，卷入漩涡，轻则触礁搁浅，重则船沉人亡……

面对大藤峡，人们会自然而然联想到举世闻名的三峡。早在南宋年间，诗人曾几在广西为官时，就曾经充满感慨地写下《大藤峡》一诗，将大藤峡之险与三峡相提并论：

一洗干戈眼，舟穿乱石间。

不因深避地，何得饱看山。

江溃重围急，天横一线悭。

人言三峡险，此路足追攀。

破除大藤峡航道之险，成为古人、今人共同的心愿。

清道光二十六年（1846年），桂平城厢（今桂平西山镇）一位叫周溯贤的读书人中举后相继前往安徽、江西等地出任知县，此后又升任江西吉安知府、督粮道道员和按察使等职。在江西任职期间，熟悉水利的周溯贤曾三次倡议在赣江拦河筑坝，疏浚河道，以利农桑，成效显著。

清同治三年（1864年），周溯贤因母亲去世回桂平守制，居家两年。闲适中，周溯贤对黔江、郁江进行周密考察，结合自己在江西从政时兴修水利的经验，写成《弩滩马流滩开渠议》一文，建议浔州府官员"在黔江之弩滩、郁江之马流滩各开筑石渠一道，引大河之水分流于小河，而于小河之下筑石闸储水，以旁通各乡"。

文中，周溯贤预言：如果这一工程得以实施，则"春夏水涨，闸门不闭，任水宣泄；天旱时齐上闸板，使水盈满，旁引而支分之，则无处不利，无田不滋。如此，二里（姜里、军陵里）之田皆可变瘠为利，其利可胜言哉"！

遗憾的是，这个既大胆又极具科学性的设想未能得到当地官府响应。

20世纪初，孙中山先生在《建国方略》中提出"改良西江"、建设西江水利枢纽设想，也涉及大藤峡的治理。

1959年，珠江流域规划设计人员曾拟出"大藤峡水利枢纽轮廓性规划"，水利电力部为此邀请苏联水电工程专家赴现场考察。因资金、技术力量缺乏等原因，方案最终搁浅。

1980年，国家水电部门规划于红水河建造10个梯级电站建设工程，大藤峡水电站赫然在列。

2014年11月，广西大藤峡水利枢纽工程建设动员大会在桂平市南木镇坝址附近召开，大藤峡水利枢纽工程正式进入建设阶段。

2023年9月2日，随着工程负责人一声"大藤峡水利枢纽全部机组投产发电"号令，大藤峡水利枢纽工程全面开启防洪、航运、发电、水资源配置和灌溉功能。

"高峡出平湖，险滩变通途"的心愿，终于成为现实。

如今，乘船由武宣往桂平方向行进，只觉江流平缓，水面辽阔，再也见不到徐霞客描绘的礁石"横突江中，急流倒涌"的险境了。

刻于明正德年间的"敕赐永通峡"石刻，已然淹没在上涨的江水之中。在明代石刻上方40米的崖壁高处，人们依照拓本重新刻字，并将字体放大6倍，刷上红漆。如今，即便轮船行走得再快，也不会像徐霞客那样因为"舟疾"而看不清字体了。

原本刻于崖壁高处的毛泽东手书"大藤峡"题字，因为水位抬升看得更为清晰了。

越过风平浪静的大藤峡，越过气势磅礴的大藤峡水利枢纽大坝，桂平城遥遥在望……

俯瞰大藤峡水利枢纽

『桂林山水甲天下，更有浔城半边山。』在前人这一名句里，『浔城半边山』指的便是桂平西山。南朝梁天监年间，主政者相中黔江、郁江、浔江三江交汇口水路交通枢纽的地理优势，在西山脚下设桂平郡。一座山伴着一座城，西山的人文气质自此愈加浓厚。

抵达桂平的徐霞客望西山而未登，不免令人惋惜……

西山佛缘

贵港 玉林

循埠西行,望西山屼嵲出云表,下瞰城隅,上有石纵横,土人指其处有寺,当即《志》所称三清岩也。

摘自徐霞客崇祯十年七月二十一日日记

穿越大藤峡的急流与暗礁，徐霞客在雨夜中抵达浔州城（今广西桂平）。七月二十一日，离船上岸的他沿着浔州城墙往西走，一抬头，便看到了城外高耸云天、岩石纵横的西山。当地人告知，山上有寺院。徐霞客想，那一定是《浔州府志》里提到的三清岩。

此时，住宿的旅馆还没有定下来，病重的静闻又落在后面不见人影，徐霞客没有顾得上登西山游览。

第二天一早，徐霞客便匆匆上路，前往著名的"道家第二十一洞天"——白石山，把西山甩在了身后。

沿徐霞客足迹抵达桂平的我，经过一番思量，还是把西山定为此次桂平之行的第一站。历史文化底蕴厚重的西山，是认识桂平、解读桂平绕不过去的一座大山！

俗话说，天下名山僧占多。西山，自然也不例外。

跨入西山山门，我便留意寻找徐霞客在日记里提到的三清岩。三清，乃道家尊崇的三位高神——玉清元始天尊、上清灵宝天尊、太清道德天尊。三清岩，自然是一座道观。

首先见到的是始建于唐朝末年的李公祠。当地史料记载，这是西山乃至桂平留存至今年代最为久远的一座庙宇。

祠堂中供奉的李公，字明远，是唐乾宁年间一位官员，以清正廉明著称。眼见唐朝末年政治、经济衰败的情形，忧心忡忡的李明远向朝廷上"谏草"针砭时弊，"欲救残唐于水火"。结果，反被贬至偏远的岭南，出任浔州刺史。

唐哀帝天祐四年（907年），腐败的唐王朝终于走到尽头。面对战火纷飞的乱世，报国无门的李明远只能无奈地寄情于山水，隐居于西山吏隐洞。

在浔州百姓心目中，李明远这样的勤政爱民、政绩昭著的"父母官"永远是民生的希望。李明远去世后，一个"李公羽化成仙"的神奇传说在民间广为流传。心怀感念的人们在山间立祠造像，供奉香火，期待成为仙人的李公显灵，护佑一方百姓。西山的别名思陵山也因此改为思灵山。

李公祠显然不是徐霞客提到的三清岩。出祠堂，步入一片幽静的古树林，洗石庵悠然现身。

每次登西山面对这座远近闻名的尼姑庵，我总会想起那位从桂林幽深的院落走向社会的著名佛教大师——释宽能法师。

释宽能法师俗名龙六纬，她的父亲便是桂林那位与康有为有着莫逆之交的维新派人物龙泽厚。年轻时的龙六纬，怀抱以知识报国的心愿，先后入广州女子师范学堂、北京民国大学求学。不料，在纷繁复杂的社会现实中屡遭不幸，世态炎凉，情感受挫，战火纷飞。心灰意冷的龙六纬渐渐心生遁入空门意念,在《高阳台·梧州西竺园寄概》一词中,发出"名园我欲袈裟挂,伴青灯,对影成双"的感慨。最终,龙六纬在广东曲江南华寺受戒出家,法号宽能。

"长辈盛情难却,西山风景勾人。纵是频频称老朽,心底犹思不让仁,云帆挂海滨。"1949年夏,54岁的释宽能法师应邀出任桂平洗石庵住持,以词明志,开启人生一段全新的旅程。

住持洗石庵期间,释宽能法师最耀眼的成就是弘扬佛教"农禅并重""一日不作,一日不食"优良传统,使一度濒于绝迹的西山茶得以恢复生机。

1989年9月27日,94岁高龄的释宽能法师在洗石庵佛堂圆寂。在洗石庵一侧山林间,宽能法师的灵骨塔永远地伴随着她生前料理的翠绿的茶园。

始建于清顺治三年(1646年)的洗石庵,与三清岩同样没有关联。

沿盘曲而上的石阶继续登山,一路上树龄高达百年的马尾松随处可见。抵达清代女才子崔娟娟当年挥笔作画的画亭时,周边几棵树龄高达500余年的马尾松更是奇异,圆润的鳞片层层叠叠酷似龙鳞。

龙鳞松周边,奇形怪状的巨石或卧或立。这里,大概就是徐霞客当年在城里远远望见的"有石纵横"的地方了。

乳泉古井

一座座造型奇异的巨石激发古人灵感,石壁上便留下一方方寓含诗意与哲理的石刻——"碧云天""摩青""觉路""揽胜""灵源浩渺"……

一路琢磨着摩崖石刻的寓意,我不知不觉便到了乳泉古井旁。伸头往井中探望,只见"深不过尺许"的泉水相当清冽。

清澈的泉水,何以取名"乳泉"?

对此,清同治年间出版的《浔州府志》有这样的解释:此井"清冽如杭州龙井,而甘美过之。时有汁喷出,白如乳,故名乳泉"。

乳泉会喷出如乳汁一般的泉水吗?在立于古井旁的标示牌上,我看到两张照片,真实地记录了2010年

4月8日11时和2011年2月13日上午井中喷出乳白色泉水的情景。

桂平一位长者曾经撰文绘声绘色描绘了1981年夏天亲眼见到的情景：一场滂沱大雨过后，泉中忽然冒出一串串乳白色泡沫，犹如一锅煮沸的牛奶。泡沫持续三四分钟后逐渐消散，井水恢复清净。

有意思的是，当地不少老人曾经将"乳泉喷汁"视为不祥之兆。科研人员化验后得出结论：这不过是地下水中氡气含量突然增多造成的现象。西山遍布花岗岩，岩体中氡气含量较高。经雨水浸泡后，氡气便容易从井水中渗透出来。

乳泉一侧的花岗岩石壁上，刻有清同治年间广西候补道张荣祖撰写的《乳泉铭》，文中感慨："山有仙兮则名，水有龙兮则灵。乳泉涓涓兮不竭不停，可以洗心兮可以鉴形。照山间之石壁，对江上之峰青。持心如水，守口如瓶，汲斯泉兮念常醒。"同时明确表示："不学赤松兮不读黄庭，不近帝座兮不犯客星。吾寻吾之本原兮，吾养吾之心经。"

赤松和《黄庭经》，是道家尊崇的仙人和经典。心经，则为佛家经典。身为官员的张荣祖如此明确地表明自己敬佛的态度，西山上道家三清岩的衰落乃至消失也就不奇怪了。

与乳泉相邻的龙华寺，高高地立在岩石平台上。寺院殿堂并不宏大，却红墙金瓦，富丽堂皇。门前石柱一副对联满含禅意：

尘外不相关　几阅桑田几沧海

胸中无所得　满泉乳水满灵山

在清代《浔州府志》绘图中，如今龙华寺所在的位置标注为"三宝观"。这个三宝观会不会和三清岩有关联呢？

在龙华寺殿堂前，我与一位僧人相遇，便向他打听三清岩的所在。僧人沉吟片刻，答道：三清岩早已不存。据寺中前辈所述，当年的三清岩就在如今龙华寺上方姚翁岩的位置。

出龙华寺偏门，在巨石与古树间往上攀缘，过幽谷亭，与当年李明远隐居的吏隐洞不期而遇。这是一个由3块崩塌花岗岩巨石相互支撑架空形成的洞穴，洞口犹如一轮弯月，洞内深达十余米。阳光从石缝中透泄而入，将宽敞的洞室映照得十分明亮。

"竖起眉峰存正史，放平心地即神仙"，前人题刻在洞壁上的诗句，形象地描绘了李明远为人处世的刚正与洒脱。

出吏隐洞来到姚翁岩，眼前情景令人震撼——从山崖上崩落的一块巨型花岗岩滚落至此，被一棵粗壮的古樟拼死抵住。巨岩锋利的岩角深深嵌入树体，受伤的树干相应地冒出两个硕大的树瘤，像是一对奋力

姚翁岩

抵岩的厚实的臂膀。

前人刻于石壁上的"天地正气"4个圆润大字，将古樟中流砥柱般的气概描绘得淋漓尽致。

姚翁岩的来历，在《浔州府志》中有这样一段记载：北宋淳化初年（990年），姚垣出任浔州知州，勤政廉洁，社会安定。公务之余，姚垣常常登西山游览，与寺院高僧唱和于山间石岩下。久而久之，人们便把这片石岩定名为姚翁岩。

面对姚翁岩"古樟顶巨石"的壮观景象，不由得联想到抗战年间住持龙华寺的大法师——巨赞。

1931年在杭州灵隐寺出家的巨赞，于战火纷飞的1942年出任龙华寺住持。从周恩来"上马杀贼，下马学佛"题词得到启迪的巨赞法师，在西山积极投身抗战事业，主持悼念抗日阵亡将士水陆法会，激发民众抗战斗志。同时，提出佛教学术化、生产化主张，在西山设立读书学艺处所，开辟茶园……

　　"身在佛门，愿不惹人间是非；国有大难，今显出炎黄本色。"题于龙华寺的一副对联，尽显巨赞法师清雅的人生态度，深沉的家国情怀。

　　始建于1924年的姚翁岩飞阁亭，早已青苔蔓柱，青草覆瓦。步入亭中，凭栏眺望，只见桂平城高楼林立，江流蜿蜒。当年徐霞客在浔州城里望西山而未登，令人遗憾。倘若西山有知，一定也会感觉遗憾吧？

在一马平川的桂中大地，白石山异峰突起。东面一峰，峭拔孤悬，一枝独秀；西面一峰，圆润雄浑，连绵起伏。传说，晋代道家大师葛洪曾在此修炼，白石山由此成为『道家三十六洞天』中『第二十一洞天』。远离桂平市区的白石山处于待开发状态，慕名而来的登山者络绎不绝……

攀缘白石洞天

贵港
玉林

千秋之鹤影纵横,
非有栖霞餐液之缘,
谁得而至哉……惟是倚筇卧石,
随枕上之自寐自醒,
看下界之云来云去。日既下舂,
炎威少退,乃起。从岩右蹑削崖,
凌绝顶……

摘自徐霞客崇祯十年七月二十三日日记

眺望白石山

来到以盛产荔枝闻名的桂平麻垌，远远望见"独秀挺峙"的白石山，我才理解徐霞客当年为什么会在抵达桂平第二天便冒着"淋漓不休"的雨水独自出城，奔白石山而来。在徐霞客眼里，最具魅力的旅程永远是登奇峰探险境。

在西山，曾经显赫的三清岩早已销声匿迹。在以道家"第二十一洞天"闻名的白石山，三清观气派的殿堂依然以相当强势的姿态矗立在陡峭的山崖下。

步入供奉玉清元始天尊、上清灵宝天尊、太清道德天尊三位高神的殿堂，惊喜地发现徐霞客当年见到的"卧可为榻，坐可为几"的平整大石依然躺在原地。

因为外形有几分像乌龟，后人便在石头上刻下"会仙龟"三字。

据传，早年的"会仙龟"每日都会吐出珠米，供观内道士和进香的善男信女食用。后来，有贪心者嫌龟嘴太小，吐米太少，便凿宽龟嘴。不料，一阵烟雾喷出，龟嘴从此再无米出。

倡导清静无为的道家，是在以这个"龟吐珠米"的神奇传说告诉世人知足常乐的道理吧？

相比于三清观的气派，被徐霞客称为"大寺"的寿圣寺观音堂依然保有着简朴的旧模样。令人遗憾的是，明万历年间建造的那座由朱砂岩雕砌而成的典雅的石牌坊，已经在20多年前轰然坍塌，留下一堆刻有雕像的断石横七竖八躺在寺前。

告别寿圣寺，开启登山之旅。

如今攀缘白石山，走的依然是徐霞客当年那条经典登山路线——入苍玉峡，沿"两峰中剖，上摩层霄，中裂骈隙，相距不及丈"的"一线天"峡谷往上攀缘。

当年，"一线天""时有巨石当关"，徐霞客只能靠着木梯往上爬。如今，巨石依然在峡道中"当关"而立。当地民众在巨石上凿出一级级台阶，攀登起来方便多了。

穿越"一线天",山风扑面而来,圆润的莲花峰、峭拔的独秀峰赫然立于眼前。然而,更险峻的山路依然盘旋在前方起伏的山脊上。

徐霞客在日记里描述了这段小路的险峻:"其外乃万丈下削之崖,其内即绝顶漱根之峡。"如今,越过这段犹如"天梯"的狭窄山道,险况依旧。只是,当年徐霞客见到的茂密的"乔松丛木"消失了。行走在稀疏的树木之间,完全感受不到徐霞客赞叹的"日影下坠,如筛金飏翠,闪映无定"的意境。

终于抵达蛰伏于岩穴前的会仙岩。低矮的寺院与普通民房没有多大差别,门口一副对联却颇有气势:"何必天上寻佳会,但有人来便是仙。"

遥想当年,徐霞客一路艰辛攀缘至此,面对眼前"五里之云梯杳蔼……千秋之鹤影纵横",由衷感慨:"非有栖霞餐液之缘,谁得而至哉!"

是的,倘若没有登高探险的意志,又怎么能够登

会仙岩

临人迹罕至的异境，观赏到常人观赏不到的美景呢！

时过正午，一路"栖霞餐液"的徐霞客独自一人在房门紧锁、"灶无余火"的会仙岩前倚竹而卧，悠悠然"随枕上之自寐自醒，看下界之云来云去"，进入飘飘欲仙的意境……

380余年过去了。如今白石山上的登山石阶，依然只开凿到会仙岩。若要登顶莲花峰，须得像徐霞客一样手脚并用，抓踩着峭壁上凸出的卵石，弓身攀上陡峭光滑的崖壁。面对这一险境，绝大多数游客都明智地"知难而退"。

沿徐霞客足迹一路攀缘的我，又岂能在此地功亏一篑？于是，踩着前人踏出的凹坑，弓着身子一步步往上攀缘，终于越过险境，登临莲花峰峰顶。

"一劈万仞"独秀峰，近在眼前。

登上绝顶的徐霞客，曾经饶有兴致地将白石山独秀峰与桂林、阳朔、柳州融水等地类似的独秀峰作对比。此前所见的独秀峰虽然"尖耸高峻"，却都属于

莲花峰与独秀峰

石灰岩地貌，山上有凸出的石窝、石缝供登山者踩踏、攀缘。眼前这座独秀峰却是经典的丹霞地貌，赭红色的岩体如同斧劈一般，"四面耸削如天柱"。为此，徐霞客感慨"非羽轮不能翔其上"——除非插上翅膀，否则绝不可能凌空登临独秀峰峰顶！

然而，下山来到卧于山脚的洞天村，我却从村民口中得知：当年村里不少人都有徒手攀崖的高超本领，曾经一次次冒着生命危险登上白石山独秀峰，为的是采集生长在陡峭绝壁上的珍贵药材——铁皮石斛。如今，崖壁上的铁皮石斛资源日益枯竭，登山高手也就越来越少了。

回到桂平，当地朋友又告诉我这样一个真实故事：白石山下，有一位名叫陈流容的铁皮石斛种植能手。为了恢复白石山自然资源，陈流容只身攀上独秀峰绝顶，将一棵棵铁皮石斛种植在山崖峭壁的石缝中。

当年的采药人，如今变成了种药人。

途经玉林的徐霞客有一段奇遇：在玉林城郊一个叫松城墟的地方，行走了一天的徐霞客在路旁一家旅舍住了下来。夜晚，忽听得马蹄声急骤响起。店主人开门探看，只见一群官兵提着「贼匪」首级凯旋。半夜，一个探者前来投宿，交谈中告知实情——原来这群官兵一直与贼匪勾结，此次奉命「出剿」，事先已向贼匪通报信息。贼匪闻讯逃入山中，走前随意斩了一人，将首级留给前来「追剿」的官兵报功。

当年徐霞客留宿的松城墟，如今又是怎样一番景象呢？

高山村『第一游客』

玉林 贵港

又三里,抵松城墟。墟舍旁有逆旅一家,遂停宿焉。时日色尚高,而道多虞儆,逆旅主人出视之,则麻兵已夜薄贼巢,斩一级,贼已连夜遁去。

摘自徐霞客崇祯十年七月二十六日日记

沿大容山南麓行走的徐霞客，听说前方有贼匪作乱，便绕道改走玉林城。临近州城时，看到路上有许多候守警戒的官兵，气氛十分紧张，便在松城墟一家旅店住了下来。

18年前，第一次追寻徐霞客足迹的我，曾经和同事一起抵达玉林，为寻找松城墟费尽周折。当时，一听到松城墟这个地名，当地人无不茫然摇头。当我们进一步提示"那是徐霞客当年走过的地方"时，一位老人说："在玉林，只听说徐霞客到过高山村呀。"

我翻阅徐霞客日记，逐字逐句查找，却根本找不见"高山村"3个字。疑惑间，决定先找到高山村再说。

在熟悉玉林历史的朋友带领下，我们找到了家住高山村的骨科老医生牟甲诩。谈起徐霞客在玉林的游踪，牟甲诩肯定地说："他确实在高山村住过。"

再问松城墟所在何方，牟甲诩笑道："那就是高山村村头一个圩市啊！"

原来如此！真是踏破铁鞋无觅处，得来全不费功夫。

我第一次到高山村采访时，面对的是一座荒寂的古村落。如今的高山村，早已华丽转身，成为远近闻名的中国历史文化名村。

来到高山村村头，抬头便见高大的老宅院墙面上悬挂着一块村况简介牌，上面写着：《诗经》有"高山景行"之言，《列子》

有高山流水之语。高山村坐落于玉林城北5公里，所处丘陵地带，并无高山。只因史上一场特大暴雨袭来，周边一片汪洋，而村庄位于小山包上，幸免于难，遂定名"高山"。

村中一位牟姓老人见来了游客，立即兴致勃勃为我充当导游。在牟老记忆中，松城墟位于高山村村口玉林通往浔州的古驿道旁，店铺之间松林茂密。

熟悉玉林历史的梁隆榜先生曾撰文描述记忆中的松城墟："笔者少年时来城区读书时，经常往返其间，那种'松涛鸟韵'的情景，记忆犹新。时过境迁，人事已非，乔松古趣，荡然无存，杳无踪影。400多年树龄的乔松古树，一种生态奇观，在大砍乱伐浪潮中毁于一旦。"

讲罢松城墟的来龙去脉，牟老开始推介高山村光彩的历史文化成就：早年出版的《玉林地名志》里，就有"高山文人辈出"的记载。明天顺四年（1460年），牟氏始祖最早从山东栖霞迁至此地定居。到清朝末年，800多人的村子就出了进士4人、举人19人、副榜3人、拔贡2人、秀才219人。

"现在村里的孩子还是那么能读书吗？"我笑问。

牟老立即如数家珍般回答："据统计，民国至今，高山村上大学的达400多人，其中留学生18人。玉林第一个北大、清华的学生，都出自我们高山村！"

说话间，我们来到一座老宅院前，宅院门口挂着写有"牟承

牟家宗祠

绪楼"字样的牌匾。据牟老介绍，这是高山村现存面积最大的一座老宅院，始建于清代同治年间。宅院占地面积3250平方米，内置10个天井、11座厅堂、58间房屋。

我走进二厅中堂，一抬头便看到醒目的"朱子治家格言"牌匾。按牟家规矩，逢年过节，全家老少都要汇集于此，由长者带领齐声朗读格言："黎明即起，洒扫庭除，要内外整洁。既昏便息，关锁门户，必亲自检点。一粥一饭，当思来处不易。半丝半缕，恒念物力维艰……"

如今，已经有30多名大学生从"牟承绪楼"走向社会。牟家，由此成为高山村书香门第典型户。

建于清嘉庆年间的李拔谋"进士第"，是一座气派的三进两廊四合院。厅中悬挂着一块"进士"牌匾，两块"文魁"牌匾，彰显主人当年显赫的政治地位。

不经意间，我发现厅中墙壁一角还贴着一张手抄纸，抄录的是李拔谋当年撰写的打油诗《偶然》：

偶然偶然又偶然，偶然飞上九重天。

世间几多偶然事，为何君又不偶然？

牟老兴致勃勃谈起这首诗的来历——李拔谋自幼刻苦读书，清嘉庆二十三年（1818年）中举，道光六年（1826年）又以优异成绩考取二甲进士第70名，受到皇帝赐封。有人嫉妒李拔谋的成就，说不过是"偶然得中罢了"。风凉话传到李拔谋耳朵里，这位才子淡然一笑，随手写下《偶然》一诗作答。

牟老笑道：后代子孙将《偶然》诗抄录下来，贴于厅堂，为的是勉励自己老老实实读书做人，不要存投机取巧之心。

据说，玉林第一个考上北京大学的学生、第一个清华大学毕业生均出自高山村李家。这，显然不可能是偶然现象！

庭院一角

类似"牟承绪楼""李拔谋进士第"这样的大型四合院落,高山村共存4座,其他规模较小的院落则多达60余座。

分布于村中的12座宗祠,是高山村人聚会和进行道德文化教育的神圣场所。

"牟思成祠"建于清雍正甲寅年(1734年),是牟思成后代安放祖先牌位、举行节庆仪式及家族议事的地方。走进祠中宽阔的厅堂,周游一圈,突然发现奇特之处——两根立于厅中的立柱一方一圆,中段还被刻意锯开,凿出榫头后再拼接在一起。如此大费周章地折腾一根立柱,究竟有何寓意?

牟老指着厅中一副对联让我细读——上联"兄弟不分二座屋",下联"子孙同点一炉香"。经牟老解释,我方才明白:方柱表示人品须堂堂正正,圆柱寓意生活要圆圆满满。将立柱锯开再拼接起来,则包含兄弟要"团结同心""和睦(合木)相处"的意思。

高山村人建屋造房,真是煞费苦心!

在村中气派的宅院、宗祠之间,立着一座显得有些陈旧的清代老屋。老屋中间有宽阔的厅堂,左右两边各设一间厢房,墙上挂着一块醒目的"日语学堂"招牌。

说起这座日语学堂的来历,牟老很是自豪。这是玉林第一家外语学堂,创办于清道光六年(1826年)。当时,李拔谋的儿子李选瑞出任刑部湖广员外郎,耳闻目睹国外经济繁荣的状况,深感必须让后代走出去学本事，便在家乡率先开办了这座日语学堂。

在科举兴盛的年代，高山村任何一家出了进士，便立即成为全村的学习榜样。村中牟、李、陈、易、冯、钟、朱等姓氏人家为让子孙后代出人头地，竞相举办启蒙馆、学馆、私塾、书房。各姓氏宗祠均制定奖学办法，每年从"蒸尝"收入中拨出经费资助族内学子读书、升学、赶考。村里人家不论贫富，每个孩童都有机会进馆读书。清代末年，村中各类学馆多达15家。每天早晨日出之时，村里琅琅读书声便响成一片……

路过一条狭窄、幽暗的小巷时，牟老停下脚步，津津乐道地介绍起来：这条巷叫企岭巷。别看它狭窄、阴暗，村里第一个进士牟廷典就在这条巷子里出生，牟廷典的后代中又出了6位举人、15位秀才。此后，不断有大学生从这条巷子里走出去。于是，村里人取成语"平步青云"之意，为企岭巷起了一个别名——青云巷。

分手时，牟老指着村口老榕树下一座陈旧老屋，说那很可能是当年徐霞客路过时住宿的旅舍，村里人已经把它视为"古迹"保护起来。

虽然这处"古迹"的真实性难以证实，但徐霞客的的确确可以称为高山村"第一游客"。

水月岩,是徐霞客玉林之行考察的一个重要景点。然而,在策划『霞客行·山水寻踪』之初,我曾经将水月岩排除在考察行程之外。因为,当年前往水月岩采访时,就痛惜地看到一座座石峰被炸得满目疮痍的情景。在我的印象中,徐霞客赞叹的水月岩早已面目全非,不堪回首。然而,当我看到当地媒体《玉林水月岩:浴火重生绽放新颜》的报道后,不由得心头一动。如今的水月岩,又会是怎样一幅景象呢?

水月静静淌

〔玉林 贵港〕

前后两门,一望通明,是为明洞。水贯其中,石蹲其旁,夹流突兀,俱作狮象形。洞顶垂石夭矫,交龙舞螭,缤纷不一……崖之右,又有一小水,南自支洞出,是为阴洞。左侧沿溪笋乳回夹,上亦裂门缀穴。层阁之上,又汇水一池为奇。

摘自徐霞客崇祯十年七月二十七日日记

在郁林（今广西玉林）城中吃过早饭，徐霞客便兴冲冲朝着水月岩的方向走去。

位于玉林、北流、陆川交界地带的水月岩，以经典的喀斯特地貌闻名。一路上，徐霞客看到"石峰森森，自北而南，如列旗整队"的壮观景象，由衷感慨此地景观"别成一界"。

上岩，是临近水月岩的一个岩洞。徐霞客在这里止步观察，发现环绕在这一带的石峰均为光润的青色岩体，唯独岩洞裂开处呈现耀眼的赭红，色彩灵妙变幻。上岩洞穴一层套着一层，洞顶一个天然石窗映照天空，透射着耀眼的光影。坐在洞中歇息的徐霞客，感觉如身处"小西天"一般惬意。

在水月岩考察时，徐霞客发现这里有前、后两个洞口，分别为明洞、阴洞。前洞通明透亮，水流贯穿洞中。一座座岩石蹲踞在溪流边，有的像狮子，有的似大象。洞顶下垂的岩柱屈曲盘绕，龙盘蛟舞，缤纷繁杂。石崖右侧，又有一条小溪从旁洞中流出，幽深阴暗。阴洞中又分出水、陆两洞，洞中之水穿过山腹，与明洞之水汇合。

生性喜爱探洞的徐霞客沿地下河逆流而上，进入阴洞考察。行走不过半里，只觉"洞渐沉黑，崖益陡，水益深"。于是，"结筏积炬"，"匍匐下穿"。爬过一段窄道，眼前豁然一亮——洞壁岿然隆起，上下垂挂、耸立的石柱环绕在身旁，"诡状百出，升降其中，恫心骇目"。探望前方，洞道深邃曲折，感觉难以穷尽。

最终，徐霞客先后5次点燃火炬，才完成"崇宏幽奥，森罗诸诡"的阴洞探险之旅。

探过明洞、阴洞，徐霞客用简洁、形象的语言概括了水月岩的整体状貌："是山石峰三支，俱锋棱巀削，由东北走西南"，"仰瞩东西两界，峰翔石耸，队合层分"。棱角锋利、险峻陡峭的石峰犹如起伏飞翔、层层耸峙的队列。这样的奇山幽洞，实在令人神往。

然而，后来者在水月岩见到的又是怎样一幅情景呢？

早在1982年，广西著名徐霞客研究专家刘英曾专程前往水月岩考察。在《水月洞的眼泪》一文中，刘英沉痛地描述了自己见到的情景：

从上岩开始往南的几十个山头，都成了采石场。公社、大队、生产队都有采石的专业队伍，在这里开山打石。森森石峰，有的被砍掉了头，有的断了手，有的去了皮，满目疮痍。山灵有知的话，它也会垂泪的……

2006年6月，时为《南国早报》记者的我和同事一起前往水月岩采访，驱车驶过由玉林、北流、陆川前往水月岩的几条道路，每条路上都能听到开山炸石的轰隆声，每条道路都撒满尖利的碎石，坑洼难行。

道路难行尚可以忍受，景色难看却实在令人不忍目睹。下车站在"水月岩风景区"石碑旁，举目望去，感觉再用刘英先生所描述的"掉头""断手""去皮"等词语来形容眼前的山景，已经不适用了。大部分石峰都被炸得完全没有了山的形状，变成一堵堵残缺的石壁。

在一片被炸平的山坡上，我们看到北流市公安局、国土局设立的阻止拉石车辆通行的水泥墩，墩上用油漆写着"禁止在水月岩风景区范围内开采石灰石，违者依法从严处罚"标语。然而，在不过百米之外的玉林地界，几台碎石机依然故我，无所顾忌，作业不止。

向一位过路的村民询问炸山取石的"成果"，村民指着我站立的一片平地笑道："你站的地方原来就是一座山。"

来到水月岩所处的石峰脚下，徐霞客当年见到的"石峰三支"早已被炸得仅剩"半壁江山"。山脚下，一个扁平的洞口悠然现身,一条小溪缓缓流入洞中。这便是徐霞客当年举着火炬探险的阴洞的一个洞口。

好奇地走进洞穴,眼前赫然出现一个宽阔的石厅。清澈的溪水绕厅而过,岩壁上密集地分布着马蹄状凹坑。突然,阴暗的大厅角落发出一声长哞,把大家吓了一跳。

定睛一看,原来是一头水牛!再一细看,大厅幽暗的角落里竟然卧着大大小小七八头水牛。显然,这里已然成为当地村民的天然牛栏。

顺着溪流望向黑幽幽的洞壁深处,手中没有照明设备的我们不敢贸然进入。退出阴洞洞口,绕过被炸开的山壁,只见一条小河在山脚静静流淌,河中清水潺潺,两岸绿树成荫,与周边被炸得一片狼藉的乱石堆形成鲜明对比。

河水由附近龙塘村流来,徐霞客当年在日记中称之为龙塘水。顺着龙塘水往前行走不过一百多米,便见到了水月岩明洞洞口。

走进洞中,我欣喜地看到——除了洞口一些摩岩石刻被炸毁,洞中景致与徐霞客当年描述的情景基本相同,"水贯其中,石蹲其旁,夹流突兀,俱作狮象形。洞顶垂石夭矫,交龙舞螭,缤纷不一"。

水月岩明洞

从洞口一端顺着弯曲的龙塘水往前望去,可以看到另一头洞口的水中倒影。恰如徐霞客所言:"前后两门,一望通明。"

据说,水月岩之所以得名"水月",是因为阳光从洞口透射入洞时,湿润的石壁闪现一片清晖,犹如皎洁月色。"月色"与龙塘水清澈的水面交相辉映,便构成一幅"水月交融"的佳景。

顺洞中龙塘水行至出口,只见石崖右侧又有一洞,一股溪流从洞中流出。这便是此前所见阴洞的另一个洞口了。顺着溪水边的石崖进入暗洞,很快便感觉光线幽暗,寒气逼人。没带照明设备的我们只能遗憾地停下脚步,想象着前方"崇宏幽奥,森罗诸诡"的奇景。

带着沉痛的心情离开水月岩,眼看着一堵堵被炸得不成山形的石壁从车窗外闪过,一行人默然无语。途经与陆川县珊罗镇田龙村相伴的龙珠湖时,不禁精神一振——眼前与湖水相伴的"九山十八峰",不正是徐霞客在前往水月岩途中赞叹的那一列"石峰森森,自北而南,如列旗整队,别成一界"的石峰吗?

下车来到龙珠湖边,惊喜地发现这一带的喀斯特地貌依然基本保存完好。群山环绕着面积300余亩的龙珠湖,湖水碧波荡漾,岸边杨柳垂阴。湖中散布着7个小岛,当地人形容为"七星伴月"。最大的一岛,有桥相通。村民在岛上卖茶鬻酒,为幽静的龙珠湖增添一缕生活气息。

饮茶之际,听店家得意地介绍着龙珠湖的奇妙——赏龙珠湖,最佳的时间是在夜晚,那时山峰倒影入湖,明月星光也投入湖中,恰似满湖龙珠。在环绕龙珠湖的众多石峰中,还隐藏着大大小小10多个岩洞。其中,龙岩洞有珠光玉亮的"龙床",半山洞有巨大的钟乳石支撑洞中"大厦",一线天洞位于山顶,登临其上,便是海阔天空。最为神奇的是大坑寨东面山里的"鬼洞",幽深的洞穴没有几个人敢进去。当地村民在洞口劳作时,时常看见有鸭子从洞中漂流而出,于是又称其为"鸭洞"。

龙珠湖周边壮美的景观得以幸存,陆川民众功不可没。早在20世纪90年代,就有人看好这一方山水,投资开发旅游,立志要将龙珠湖建成陆川的"天然大盆景"。每到节假日,陆川、玉林、北流三地的民众都喜欢来这里休闲游乐。当地人还计划将湖中一个岛命名为"霞客岛",在岛上建霞客亭,立霞客塑像。

转眼之间,18年过去了。如今的水月岩景区又是怎样一番景象呢?

旧地重游的我再次驱车来到水月岩景区。一路上,炸山碎石的机器响声和轰鸣声早已销声匿迹。历经多年保护性改造,水月岩的生态环境正在逐渐恢复自然形态。

龙珠湖

明洞洞口溪水静淌，"水月"依旧。原本幽暗的阴洞，修建了游客通道，安装了彩灯设施。游客用不着像徐霞客那样举着火炬匍匐前行，便可以悠然观赏"诡状百出"的石乳、石笋了。岩中更为深邃的狮子洞，则还保留着徐霞客所惊叹的"崇宏幽奥，森罗诸诡"的原始状态。

龙珠湖已经成为远近闻名的3A级景区。曾经依赖滥采石山资源赚钱的村民们，开始尝到"绿水青山就是金山银山"的甜头，正在齐心协力营造现代版"桃花源"家园。

离别水月岩时，回望耸立在景区门口的几座石峰，当年炸山的痕迹依然清晰可见。伤痕累累的石崖，仿若一座被人们用炸药塑成的纪念碑，无声地诉说着一段令人叹惋的岁月……

以道家『第二十二洞天』闻名的勾漏洞，距北流市区不过几公里路，传说道家大师葛洪曾在此炼丹，有『仙丹』遗留洞中。由宝圭、白沙、玉阙、桃源这几个幽深岩洞组成的勾漏洞，洞道勾连相通，曲折迂回。古人以『勾、曲、穿、漏』形容勾漏洞的特点，的确十分形象。徐霞客当年在洞中识别『丹砂』『仙人米』的一段趣事，至今依然值得回味……

「勾曲穿漏」勾漏洞

玉林·贵港

乃爇炬先入南穴，两旁壁起如峡，高而不广。入半里，左壁有痕横亘，曰仙床，悬地丈许。其侧垂柱裂窍，皆短而隘。窍腹宕如臼，以手探之，中有磊磊之粒，方圆不计，姑扫置筐中……然此亦砂粒之常，岂真九转之余哉？

摘自徐霞客崇祯十年八月初一日日记

离开玉林的徐霞客,一进入北流地界,远远看到前方"丛尖簇翠"的一列石峰,以为勾漏洞就在那里,结果认错地方,空欢喜一场。又走了几公里,抵达北流县城。"街市颇盛"的北流城,对徐霞客没有多大吸引力。在沙街吃过午饭,便立即启程前往勾漏洞。

如今的勾漏洞,已经成为令北流人倍感骄傲的重要景区。进入景区大门,只见一座衣裾飘飘的古人雕像醒目地立在山前广场上。起初以为是徐霞客的雕像,走近细看,才知雕刻的是那位传说曾在此炼丹的道教大师葛洪。

穿过一片凉风习习的树林,景区导游指着草地间依稀可见的一段墙基说:"这里原来是个道庵,好多年前就成废墟了。徐霞客当年到勾漏洞游览、考察时,就住在这里。"

徐霞客是在雷声轰鸣中抵达勾漏洞的。他看到的道庵,前庭扶桑盛开,花团锦簇;中堂分别供奉着如来佛、关帝和葛洪的坐像;后庭则粉墙环护,竹桂森然,十分雅致。

岩洞前,清道光十五年(1835年)在明代䌽尘亭基础上改建的碧虚亭,光绪二十九年(1903年)在碧虚亭前增建的葛仙祠,依然保存完好。

穿过亭阁进入勾漏洞,只觉入口狭窄,毫不起眼。然而,深入其中,在曲折迂回、忽左忽右、忽上忽下、忽高忽低的洞道间穿行,不由得深深赞叹古人的智慧。以"勾、曲、穿、漏"四字形容此洞,实在精妙!

勾漏洞洞口

来到当年徐霞客为暗河所阻的宝圭洞，河水依然静静地涌在洞穴中。徐霞客用这样的词句形容自己面对的景象："峡忽下坠成渊……两崖俱危峭无可着足，南眺其内，窅黑无尽。"虽然前方一片幽暗，但面对崖壁间钟乳、石柱盘绕林立的情景，徐霞客不甘就此回头，想从钟乳石缝隙间攀越过去，却终于"渐入渐束，亦无余窍"，只得遗憾地退了出来。如今，暗河上架起一座水泥桥，游客可以轻松自在地往来过河了。

有意思的是，当地仍有不少人将这条暗河视为"上通桂平白石山、下通容县都峤山的通天河"。在桂平、北流、容县一带，一直流传着白石山、勾漏洞和都峤山之间有暗河相通的说法。而勾漏洞中暗河时涨时落、数洞勾连相通的现象，更显得这一传说有根有据。

徐霞客此前游览桂平白石山时，就开始留意并考察这一传说的真实性。他在观察白石山岩体特征和山脉走势时，提出疑问：

其岩西向，横开大穴，阔十余丈，高不过二丈，深不过五丈，石俱平燥，惟左后深入而东，然低庳不逾尺，所云南通勾漏者即指此。余谓山脉自此与勾漏南接，若此洞高峙山半，而其山四面孤悬，谓穴道潜通，夫谁入而谁试之耶？

白石山那个相传与勾漏洞相通的岩洞，位于山腰高处，四面均为悬崖峭壁，怎么可能有暗道通往勾漏洞呢？徐霞客认为，没有经过实地考察的所谓"潜通"之说，不过是故弄玄虚的猜测罢了。

站在勾漏洞通天河上，还能看到这样一个奇特景观——在石块崩落形成的洞厅顶端，出现一个井口大的圆洞，阳光从洞口射入，状如"天窗"。

记得，地质专家曾经描述过"天坑"形成的过程——在石灰岩岩溶地带宽大的溶洞里，洞壁上的石块不断崩落，崩落的石块不断被湍急的地下河水带走，久而久之，当溶洞顶端岩体彻底坍塌，整个溶洞得见天日时，天坑就形成了！

勾漏洞中通天河上这个"天窗"，应该说刚刚见天。不知还要经历多少年风雨冲刷，才会最终成为天坑？

当年，徐霞客先探宝圭洞、白沙洞，出洞后又攀上危岩峭壁寻找其他洞口。攀登山崖时，当地人警告他：昨天黄昏，有两人带狗过崖，老虎从崖上扑跃而下，把狗叼走了，"虎穴其上，不可往"。

徐霞客听后，一笑置之，拨开荆棘，踏着刺丛继续攀爬，终于在蔓草丛生的隐蔽处找到一个洞口，俯瞰洞内，"有溪自北而南贯其底，水声潺湲，崖势峻削"。于是，"以双手握内柱"，"临深越险"，"过栈达西崖"。在洞中点亮火把四处照射，尽情观赏"垂乳列柱"奇异景观。

如今，景区开发者将四洞打通。游客从宝圭洞洞口进入，便可沿着曲折的洞道逍遥自在地在四洞之间穿行，不必像当年徐霞客那样冒险攀崖寻找洞口了。遗憾的是，悠哉游哉之间，"勾、曲、穿、漏"的魅力也随之大减，很难再体验到徐霞客当年那份"临深越险"的刺激了。

穿过宝圭洞地下通道进入白沙洞，面对灯光照射下五彩缤纷的岩穴，瞬间想起徐霞客和勾漏庵道士当年在这里寻找"仙丹"的趣事——轰鸣雷声中，徐霞客跑进勾漏庵躲雨，一直等到天黑雨停，才见道士愁眉苦脸地回来。一问，才知北流县令接到上司指令：进勾漏洞寻找葛洪当年在洞中修炼时遗下的"丹砂"和"仙人米"。县令将这一任务交给了道士。

道教大师葛洪当年果真有过在勾漏洞中修炼的经历吗？

遗存于勾漏洞石壁上的古人诗文，有不少涉及葛洪与勾漏洞密切关系的内容。其中，北宋熙宁八年（1075年）出任广南西路

洞中丹炉

提点刑狱的许彦先的一首诗颇有代表性：

葛翁仙去仅千年，水远云深一洞天。

无限灵砂人不识，空余丹灶石门前。

绝大部分游览勾漏洞的文人墨客都认定：葛洪确实在勾漏洞炼过丹。然而，熟读史书的徐霞客对此则另有看法。他认为：葛洪想到勾漏洞炼丹，不过是他"一时乘兴之言"。葛洪人生最后的旅程是在广东罗浮山炼丹、采药，最终"蝉脱罗浮"，并没有到过勾漏洞。

既然葛洪没有来过勾漏洞，又怎么会有"丹砂"和"仙人米"遗留于此呢？

第二天一早，徐霞客满怀兴趣地请人用竹子扎成火把，和"忧形于色"的道士一起进洞，一探究竟。

穿过钟乳石林立的弯曲洞道，眼前突然出现一个宽40多米的洞厅。洞顶及四周布满钟乳石，地面却是平坦的石板。徐霞客了解到，白沙洞中原本堆满砂石，因前人不断进洞采集"丹砂"，早已将洞中砂石扫荡得一干二净了。

徐霞客和道士在白沙洞中见到了犹如石臼的石槽、石龛。道士大喜道："此丹穴也!"立即伸手在石槽、石龛里摸索，果然淘出一些或方或圆的"磊磊之粒"。

道士兴奋异常，以为终于找到了葛大师当年遗落的"丹砂"。而徐霞客在观察后笑道："此亦砂粒之常，岂真九转之余哉"，"所为砂者，非丹砂，乃砂粒如丹"。在经验丰富的徐霞客眼里，这不过是平平常常的外观像丹砂的砂粒罢了。

20世纪80年代，曾有地质专家就所谓"丹砂"问题专程进勾漏洞考察，得到结论是：所谓"丹砂"，不过是一种"穴珠"，即以砂或泥粒为核心形成的洞穴化学沉积物。在干旱季节，洞中积水蒸发量大于裂隙渗入洞中的水量时，水中碳酸氢钙的浓度增高，日长月久便会沉积出众多滚圆的"穴珠"来。

对于道士所说的生长于勾漏山上的"仙人米"，徐霞客经观察也得出自己的结论："所谓'米'者，乃山洼中菰米，土人加以'仙人'之名耳。"

求真求实的徐霞客，在这一路考察行程中破解了多少人虚幻的信仰与追求!

鬼门关，一个令人恐怖的名词，却并非出自传说中的阴曹地府，而是广西北流与玉林交界处的一个地名。『一去一万里，千之千不还。崖州在何处？生度鬼门关。』唐大中年间，曾经贵为宰相的李德裕被贬至海南崖州，路过北流鬼门关时满怀感慨写下这首五言诗。透过诗中词句，能够真切感受到作者悲凉的心境与赴死的预感。

曾经令古人不寒而栗的鬼门关，如今又是怎样一番景象呢？

一 「鬼」值千金

玉林
贵港

鬼门关在北流西十里，颠崖邃谷，两峰相对，路经其中，谚所谓：「鬼门关，十人去，九不还。」言多瘴也。《舆地纪胜》以为桂门关之讹，宣德中改为天门关，粤西关隘所首称者。

摘自徐霞客崇祯十年七月二十九日日记

从北流城区乘车出发，不过十来分钟便可抵达北流、玉林交界处一个被称为鬼门关的隘口。站在公路边，面对眼前宽敞的大道和来来往往的车辆，我丝毫感受不到古人当年途经此地时油然而生的悲凉心境。

徐霞客当年由北流前往勾漏洞游览时，远远望见这个被称为鬼门关的地方，在日记里留下了这样的描述：鬼门关在北流西面，石崖倒斜，山谷深邃，两座山峰相对而立，一条通道穿越其间。同时感慨：谚语所说"鬼门关，十人去，九不还"，说的就是这个地方瘴气弥漫啊！

曾经令人闻之胆寒的鬼门关"颠崖邃谷"，在开通玉容一级公路时早已被炸得面目全非。公路边残存的两座南北相向的山岭，北面一座叫龙狗岭，南面一座叫天门山。

龙狗岭被炸成低矮的丘冈，山坡松树间立着一座碑刻，告诉过往行人：此处曾经有过一段令人感慨的岁月。天门山虽然低矮了很多，却还依稀显露着一股险峻之气。

同行的一位北流朋友指着残存的石壁感慨道："山崖石壁上曾经镌刻着许多名人路过鬼门关时留下的诗词，在开通公路时被炸得荡然无存。如今，石壁上只剩下明代刻下的'天门关'三字了。"

登上杂草丛生的山崖，在半山腰一片裸露的石壁上果然见到了"天门关"3个石刻大字。石壁下方有个状如裂口的狭窄石洞，洞口斜立着如刀削般平直的巨石。探头往洞内张望，眼前一片幽暗。

遗存的石刻

鬼门关上怎么会刻下"天门关"三字呢？

徐霞客在日记里告诉我们：南宋年间地理总志《舆地纪胜》认为，鬼门关是"桂门关"的讹称。明代宣德年间，又改名为天门关。

如今遗存在石壁上的"天门关"三字，据考证刻于明代宣德四年（1429年），旁边原来还刻有一首诗：

行行万里度天关，天涯遥看海上山。

剪棘摩崖寻旧刻，依然便拟北流还。

据考证，鬼门关这一称谓最早出现在唐代。当时，岭南在中原人眼里是经济落后的僻远之地。鬼门关以南地区，更是荒芜凄凉，瘴疠肆虐，人烟稀少，是流放"逆臣"的理想场所。

在《辞海》里，对"鬼门关"一词作了这样的解释：

古关名，在今广西北流市西南。界于北流、玉林二市间，双峰对峙，中成关门，古代为通往钦、廉、雷、琼和交趾的交通冲要，因"其南犹多瘴疠，去者罕得生还"（《旧唐书·地理志》），故名。唐李德裕

《贬崖州》诗："崖州在何处，生度鬼门关。"《舆地纪胜》作"桂门关"；明宣德中改名"天门关"。

当年的鬼门关究竟荒凉恐怖到何种程度？明末诗人邝露在杂记《赤雅》一书中做了这样的描述：

鬼门关两峰对峙，中成关门。谚云："鬼门关，十人去，九不还。"日暮黑云霾合，阴风萧条，苍鹒啼而鬼镖合，天鸡叫而蛇雾开。唐宋诗人谪此而死者踵相接也。行数十武（疑为步之误），有一大石瓮中，有骷髅骨，五色肠，皆石乳凝化。予大书四字其上，曰"诗人鲊瓮"，见者毛骨倒竖。黄鲁直诗："人鲊瓮中危万死，鬼门关外更千岑。"

历代被流放的官员名士，处于人生旅途最低潮的时刻，心情沉重的他们一旦经过这"黑云霾合，阴风萧条"的鬼门关，又有谁能够抑制得住从心底喷涌而出的无边的凄楚与绝望呢？

唐神龙元年（705年），唐代诗人沈佺期得罪权贵，被流放至如今越南境内的驩州。途经北流时，情绪低落地写下《入鬼门关》一诗：

昔传瘴江路，今到鬼门关。

土地无人老，流移几客还？

自从别京洛，颓鬓与衰颜。

夕宿含沙里，晨行冈路间。

马危千仞谷，舟险万重湾。

问我投何地，西南尽百蛮。

在写诗描述过鬼门关心境的历代名士中，最有名气的人物当属宋代文学家苏东坡。宋哲宗年间，因政治纷争、权贵陷害被贬斥的苏东坡经广西北流前往海南儋州，自感"垂老投荒，无复生还之望"。经过北流鬼门关时，面对关口崖壁上前人留下的饱含哀伤之情的诗赋，心情愈加沉痛。《过鬼门关》一诗，十分形象地描绘了苏东坡当时绝望的心境：

自过鬼门关外天，命从人鲊瓮头船。

北人堕泪南人笑，青嶂无梯闻杜鹃。

在海南儋州生活三年后，宋徽宗继位，苏东坡的命运有了转机，受命内迁廉州（今广西合浦）。刚到廉州上任，又再次接到好消息，被任命为舒州（今安徽潜山）团练副使。苏东坡立即从廉州启程，经博白、玉林、北流前往梧州。再次经过鬼门关的苏东坡，在悲喜交集中再度赋诗，慨叹"天涯已惯逢人日，归路犹欣过鬼门"，"养奋应知天理数，鬼门出后即为人"。

失意时过鬼门关，难免悲切绝望。一旦有幸遇赦，走出鬼门关，自然欣喜万分。明洪武年间诗人朱綝的《出鬼门关》是其中的代表作：

北流仍在望，喜出鬼门关。

自幸身无恙，从教鬓总斑。

昔人多不返，今我独生还。

回首琼山县，昏昏瘴雾间。

在诸多过鬼门关的古人中,最能以平和、冷静心态面对这座关隘的人物,当属元代曾任两广廉访使的伯笃鲁丁。他的《过鬼门关》一诗别有一番风味:

雷阳任满玉林还,过了千山及万山。

但愿人心平似水,不须惆怅鬼门关。

清代的北流,经济日渐繁盛,鬼门关周边人烟密集,不再荒凉、恐怖。北流一位名叫曹振宸的士绅有感于此,欣然赋诗:

石势如门壁削成,郁葱佳气瘴烟平。

苔封古碣难寻字,云锁群峰不辨名。

榛莽构除无虎迹,烟村辐辏有鸡声。

畏途转盼成周道,车马熙攘接两城。

20年前,古人期盼的"车马熙攘接两城"成为现实。一条宽阔平直的一级公路穿过鬼门关,将相距仅20公里的北流、玉林连接起来。

记得,早在20多年前玉林人就自豪地宣布:率先在区内形成"半小时经济圈"。从玉林市区出发,驱车沿一级公路行走,可以在半小时内到达所辖任何一个县市。

当年大刀阔斧拓展公路的玉林人,如今面对自己"大干快上"造就的成果,不免又生出遗憾——往来交通方便了,自古闻名于世的鬼门关却被炸得早已没有了关隘的气势。

古人谈"鬼"生畏,今人则经历了由恨"鬼"避"鬼"到爱

"鬼"的历程。据说，玉林、北流为了把鬼门关划入自己的地界，曾经发生过争执。当年开路时，恨不得将鬼门关炸平。如今意识到"鬼门关"蕴含的深厚历史文化价值时，这座关隘却早已名存实亡。

面对鬼门关，同样留下深深遗憾的还有徐霞客。当年由玉林前往北流时，徐霞客走的是另一条小路。当时，他的注意力完全被称为"仙区"的勾漏洞所吸引，没有留意到这片著名的"鬼域"。待到离开北流，回顾自己此前游览、考察的行程时，徐霞客才猛然发觉自己错过了一个极有名气、极有价值的关隘。于是，在日记里大发感叹：

鬼门关在北流西十里，当横林之北，望之石峰排列，东与勾漏并矣。北流而县中峙，乃东者名仙区，西者称鬼域，何耶？余初是横林北望，心异山境，及抵北流，而后知其为"鬼门"。悔不能行其中，一破仙、鬼之关也！

徐霞客因自己错过鬼门关而后悔不迭。生活在北流的一群当代诗人却笑称自己整天"在鬼门关穿来穿去，像在时光隧道中进进出出"。在这群充满创作激情的诗人眼里，鬼门关已然成为北流一份丰厚的文化遗产，是文学之旅的出发地，文学之舟的始发港，文学创作取之不尽的源泉。

山体色泽灿若红霞的容县都峤山,被列为道家『第二十洞天』。徐霞客当年游览时,曾留宿山中灵景寺。如今,沿曲折的石阶小道盘旋上山,随处可见被徐霞客形容为『张吻裂唇』的崖壁裂穴。裂穴中,遗存着一堵堵用黄泥、砂石垒砌的土墙,围成一间间房舍。在那遥远的年代,是什么人出于什么原因在这陡峭的山崖上筑巢而居呢?

结茅都峤与仙邻

玉林 贵港

盖都峤之形,其峰北穹高顶,南分两腋,如垂臂直下,下兜成坞,而清塘一方当其中焉。两腋石崖,皆重叠回亘,上飞下嵌,若张吻裂唇。

摘自徐霞客崇祯十年八月初四日日记

都峤山距离容县县城究竟有多少里路?

从容县县城出发时,徐霞客查阅当地志书,书中说都峤山"在城南二十里"。然而,走到街上问路人,都说去都峤山不过"七八里"。为了抄近路,徐霞客按路人指点"出南门渡江","望山而趋"。来到都峤山北面山脚时,才发现走错了路。这里"削崖悬亘,无级可阶"。望山兴叹的徐霞客只得绕到南面,过石寨村,由石嘴铺登山。走这条路,确实长达"二十里"。

以经典的丹霞地貌远近扬名的都峤山,早在两千多年前的汉代就被道家相中。著名道士刘根、华子期,道姑滇媪、陀妪等都曾上都峤山修道,山中圣人岩随之闻名。随后,佛家弟子也看中这方宝地。唐代,山中已然拥有"九寺十三观"。其中,由皇上御封住持的灵景寺名扬天下。

宋代的都峤山,在古人眼里简直就是一座"仙山"。宋开宝七年(974年),容州知州张白欣然赋诗歌咏都峤山:

都峤山头一望赊,仙乡乘兴莫知涯。

云中别有岐路上,象外更无尘土遮。

鸾鹤不栖凡世界,松萝偏占好烟霞。

可能寻到长真境,不向人间老岁华。

如今登都峤山游览,已经不用像徐霞客那样左弯右绕了。从容县县城出发,驱车不过10多分钟便到了都峤山庆寿岩景区。举目四望,只见一座座紫红色砂砾岩石峰轰然而立,陡峭的崖壁经长年累月风化剥离、流水侵蚀，形成一个个巨大的壁洞，一座座寺院镶嵌在壁中。远远望去，的确有"仰望仙乡"的感觉。

庆寿岩景区开发于 1999 年。记得，景区开放时我曾应邀登山采访。当时，在光秃秃的山崖间顶着烈日攀爬，十分辛苦。如今的庆寿岩，早已升级为国家 4A 级旅游区。山间绿树成荫，花草飘香，徜徉其间，相当惬意。

景区导游得知我此行目的，提醒道："徐霞客当年来时，庆寿岩这边还没通路，他是从云盖峰主峰西面翻山越岭爬上去的，在山里兜兜转转花了两天时间哩！"

抬头仰望眼前陡峭的云盖峰，我突然意识到：自己所处的位置应该就是徐霞客当年感叹的"削崖悬亘，无级可阶"的地方。好在如今阶梯石道早已四通八达，完全可以反其道而行之。

沿山间石阶绕行没有多远，便遇见一处崖壁裂口，形状正如徐霞客所形容——"若张吻裂唇"。几堵用黄泥、砂石混合谷糠、木条垒成的土墙，立在张开的岩穴巨嘴中，格局和普通的农家房舍差不多。步入其中，能清楚地看出哪间是厅堂，哪间是卧室，哪间是厨房。

都峤山庆寿岩

崖壁上有许多卵石崩落后形成的小圆洞，有的圆洞还有人工开凿痕迹，像是一个个存放神像或用品的"壁橱"。

这便是史料中记载的都峤山云盖峰七十二房井中的一座房井。在山崖间行走不过100多米，便能遇到三四处类似的房井遗址。

《容县县志》对七十二房井的记述相当简单：都峤山有大小岩洞三百余个，许多岩洞都建有岩房。其中，集中于云盖峰一带的岩房达72间之多，俗称"七十二房井"。

关于七十二房井的来历，民间曾经流传着"为远古仙人所筑"的说法。如果确为仙人所筑，那么这些"仙居"也未免太过简陋了！

查阅容县相关史料，基本可以断定：这些房井是当年佛、道修行者和一些读书人的修行、居住场所。

废弃的房井

徐霞客当年沿石阶攀缘而上,抵达灵景寺时,只见"大岩倚东崖,其门西向,中无覆架,而外有高垣,设莲座于中,明敞平豁"——这不正是一座经典的建于岩穴之中的房井吗?

站在庆寿岩残存的房井泥墙前,遥望对面陡峭崖壁上刻凿的由赵朴初先生撰写的那个高108米、宽88米的巨大的"佛"字,不由得联想到我国西北丝绸之路上开凿的一孔孔供佛、道修行者研习经文的洞窟。都峤山一座座遗存于崖壁间的房井,和西北荒漠上那一孔孔废弃的洞窟何其相似。

据徐霞客描述，分布于山崖间的房井除佛、道寺院外，有的还是儒家弟子读书的场所——"其北有三岩，皆西向而差小，亦有环堵为门者，皆读书者所托，而今无人焉"。

遥想当年，众多修行者和读书人在崖壁房井中或静坐悟道，或潜心苦读，诵经声、读书声环绕山崖，那是怎样一种令人震撼的盛况呀！

沿山间小道继续向上攀爬，来到一片相对平坦的台地。苍劲老树旁，莲花岩悠然现身。

和此前见到的房井一样，莲花岩同样建在"张吻裂唇"的崖壁裂穴中。不同的是，莲花岩的岩墙粉刷着耀眼的白灰，门楣上彩绘莲花和龙凤图案栩栩如生，让人顿生清雅秀逸之感。

2006年，我和《南国早报》同事初访莲花岩时，在岩房中和修行的二姑有过一段令人难忘的对话。记得，当时的二姑已经是98岁高龄的老人。如今，莲花岩又会是怎样一番情景呢？

步入岩房中，只见中厅台座上依然供奉着元极圣母、地母、观音和孔子塑像。细读岩中"文字简介"，得悉当年静坐在岩房"清居"前和我们交谈的二姑，已经于2010年仙逝。

房中空无一人。然而，井然有序摆放的生活用品依然让人感觉到勃勃生机。当年二姑谈笑风生讲述的莲花岩的前世今生，又浮现在眼前。

1938年，黄瑾柱、李善华几位修行者登上都峤山，在山崖岩穴间建造岩房,初名鲤鱼岩。1949年10月以后,莲花岩由俗称大姑的李善华担任住持。

李善华于1994年12月仙逝,二姑李琼芬接手莲花岩住持一职。

祖籍岑溪樟木乡的二姑,出生于1908年。年轻时丈夫外出当兵,10多年杳无音信。1944年,二姑跟随同村大姐李善华上莲花岩出家。

20世纪五六十年代,都峤山莲花岩划归石寨乡石寨村管理。"文革"期间,二姑被要求下山参加生产劳动,按劳计酬。每日辛勤劳作,生活相当清苦。但二姑觉得:和山下村民们一起靠劳动谋生,是"十分应该"的事情。

20世纪80年代初期,农村实行联产承包责任制。没分到土地的二姑回到莲花岩,重新过起修行生活。

交谈间,我们曾经好奇地走进厨房,揭开竹罩,只见饭桌上摆着中午吃剩的一碟豆腐、一碗咸菜,不由得感叹:"二姑,您的生活蛮清苦啊!"

二姑笑答:"自从1944年上了莲花岩,就一直按出家人的规矩生活,坚持吃斋,从来不吃鱼肉。养的鸡下了蛋,也全部卖给山下人。平时饮食除了青菜,还经常到山下买些蘑菇、木耳、腐竹和豆腐改善生活。平时饮用的全部是山上的山泉水,清甜得很哩!"

谈起一天的饮食起居和修行生活,二姑掰着手指头如数家珍——每天清早5点起床,梳洗、冲茶;6点开始念经;7点吃早餐;7点半到岩外散步一小时;8点半开始接待上山参拜和祈祷的信众;11点半吃午饭,然后休息;下午4点半到5点半念经,然后吃晚饭;傍晚6点半准时睡觉。

当年都峤山众多房井里修行者的日常生活,应该也和二姑差不多吧?

18年前,游览都峤山庆寿岩景区的我,最大的遗憾是没能翻越云盖峰,前往当时尚未开发的"南山肚",错过了徐霞客当年留宿的灵景寺。

此次"山水寻踪",自然不能再留遗憾。于是,绕路由虎头关抵达灵景寺。

这座在徐霞客笔下"高三丈五尺,深五丈,横阔十余丈"的寺院,曾经是都峤山最气派、名声最为响亮的一座佛家岩房。

徐霞客到访时,灵景寺是这样一幅情景:"大岩倚东崖,其门西向,中无覆架,而外有高垣,设莲座于中,明敞平豁。""门外竹光旁映,岩中霞幄高张。"

留宿灵景寺的徐霞客"见佛座下有唐碑一通,宋幢一柱,刻镌甚古",立即向寺中僧人要来纸张,在石头上磨墨,撕衣袖、扯裹脚布沾墨,着手拓印碑刻。

如今的灵景寺,唐碑、宋幢早已没了踪影,残旧的岩房焕然一新。好在老树林立,环境依然幽雅。

第二天,徐霞客继续在都峤山游览。他兴致勃勃"盘磴而上",抵三清岩,过宝盖岩,翻越云盖峰峰顶,这时才真切感受到都峤山的奇伟——"横突一崖""旁插一峰""峭削特甚"。

挑行李的脚夫嫌累,停步不前,徐霞客则坚持"循危崖北行"。随即,一处处美景在眼前次第展现——"夹径藤树密荫,深绿空濛,径东涧声唧唧,如寒蛩私语;径西飞崖千尺,轰影流空,隔绝天地"。原本想偷懒的脚夫,身处如此佳境,也顿时忘记了"跋履之劳"。

来到山脚石背村时,村里人告诉徐霞客:"此处东有婆婆岩。"同时又提醒他:"岩高路绝,可望而不可到。"

这时,已是落日西垂。仰头望着陡峭崖壁,徐霞客不得不放弃那可望不可即的"婆婆岩"。

石背村村民所说的"婆婆岩",正是位于都峤山中峰之巅的娑婆岩。始筑于宋代的娑婆岩,因为与大文学家苏东坡的一段缘分而声名远扬。

北宋绍圣四年（1097年）五月，被贬往海南儋州的苏东坡途经容州。曾经与苏东坡结为知己的邵彦肃此时正在都峤山娑婆岩隐居修道。得知好友到来，邵彦肃立即盛情接待。此时的苏东坡心情沮丧，自然无心赏景，在容州稍作停留便凄然而别。

元符三年（1100年）正月，宋徽宗登极，大赦天下。获得新生的苏东坡立即由海南启程，前往廉州任职。不久，苏东坡又得"恩宠"，前往舒州出任新职。

元符三年（1100年）九月，路过容州的苏东坡再度与邵彦肃相会。这回，苏东坡心情大好。两位好友在容州、都峤山游览数日，邵彦肃乘船将苏东坡一路送到藤州（今广西藤县）。分别之际，苏东坡乘兴挥写五言排律《藤州江上夜起对月赠邵道士》，吟咏"江月照我心""独醉还独醒""取琴月下弹""夜下苍梧滩"等名句。

感觉一首诗还不足以表达自己对老朋友的情谊，苏东坡又抄写佛家经典《楞严经》并题跋赠予邵彦肃。题跋原文被后人工整地抄录在娑婆岩墙壁上：

身如芭蕉，心如莲花。百节疏通，万窍玲珑。来时一，去时八万四千。此义出《楞严》，世未有知之者也。元符三年九月二十一日，书赠都峤邵道士。

卧于中峰之巅的娑婆岩

位于中峰之巅的娑婆岩，因位置高峻、通道崎岖，在漫长岁月里人迹罕至，倍感清冷。然而，恰如古人所言："祸兮福所倚，福兮祸所伏。"得益于岩房的高冷，得益于路途的艰险，娑婆岩成为都峤山众多岩房中保存最为完好的一座寺院。

随着都峤山景区的不断拓展，一条现代化索道从山脚直达中峰之巅。曾经令徐霞客望而兴叹的娑婆岩，如今乘坐缆车即可飘然而至，真的让人有一种做神仙的感觉了！

只是，来去匆匆的游人，很难享受到古人"卧看日垂地，俯闻风入松""结茅都峤与仙邻"的闲情逸致了。

因为走错路,从白石山上下来的徐霞客错过了罗丛岩。然而,在玉林、北流、容县等地游览一圈后,徐霞客又折转回来,探访罗丛岩。如今并不出名的罗丛岩,当年凭借怎样的魅力让见多识广的徐霞客难以割舍?

回访罗丛岩

[玉林][贵港]

盖兹岩前有东西两门，内有东西两洞。

西洞之内，倏夷倏开，倏穹而高盘，倏垂而下覆，顶平若幕，裂隙成纹；至石形之异，有叠莲盘空，挺笋森立者，亦随处点缀，不颛以乳柱见奇也。西洞既穷，道者复携炬游东洞。

摘自徐霞客崇祯十年八月十一日日记

徐霞客在七月二十四日这天离别白石山，远远便看见"罗丛岩在三十里外"。白石山以"道家第二十一洞天"著称，罗丛岩则凭借"道家七十二福地"之"天南福地"扬名。

徐霞客决定：先游罗丛岩，然后再转往玉林等地游览。不料，在路上左转右绕，竟走到了麻垌墟（今麻垌镇），距罗丛岩越来越远了。徐霞客怅然之下，只得决定将罗丛岩"留为后游"。

这一留，便留到了八月十一日。相继游罢水月岩、勾漏洞和都峤山的徐霞客又转回桂平，专程游览罗丛岩。

罗丛岩所处位置，属于莲花山脉岩溶残丘地带。在一片平坦的土地上，静静地卧伏着九座低矮的石山。一眼望去，仿若点缀在大地上的9座天然盆景。其中一座高70余米，形状酷似倒扣之船，山脚贯通着地下水和好几个溶洞。游走其间，犹如置身龙宫。这，就是被道家称为"天南福地"的罗丛岩。

其实，早在7000年前，罗丛岩就已经是人类的"福地"了。1980年，考古人员在罗丛岩一个岩洞里发掘出大量夹砂陶片、磨光石斧和螺蛳、兽骨等遗物，确认在遥远的新石器时代，这里就已经是人类理想的家园了。

当地史料记载，北宋皇祐年间，著名理学家程颐、程颢兄弟俩由洛阳到龚州（今广西平南），探望在此为官的父亲。其间，程颐、程颢曾随同老师周敦颐一起"遍游浔郡诸名胜"，并在罗丛岩筑室为居，读书讲学。

罗丛岩

徐霞客抵达罗丛岩时，曾经抄录当地士绅描绘罗丛岩周边环境的一段话："东南望白石洞天，西北接狮子、凤巢之秀，艮案峙其前，太平拥其后。"

罗丛岩，的确是一方奇山环绕、历史文化底蕴深厚的宝地。

明代末年的罗丛岩是怎样一幅景象呢？让我们细读徐霞客在日记里的描述吧——点燃火把的徐霞客，在当地一位道士引导下兴致勃勃入洞游览。他们首先进入洞口刻着"天南福地"4个大字的风岩。

在风岩洞道中，徐霞客发现前方又有东、西两个洞口。进入西洞,洞道忽而狭窄忽而开阔,忽而高高隆起,忽而低垂下陷。洞顶则平坦得犹如筛幕,一道道裂隙组成密集的网纹。洞中石柱众多,有的像堆叠的莲花盘结在空中,有的像挺拔的石笋森然排列,奇异的形状完全可以和钟乳石媲美。

游罢西洞,换上火把再游东洞。经过洞中一处隘口,只见西面是幽深的峡谷,北面透射着天光。峡谷石壁上的纹路犹如翻涌的水浪,流线型的岩石恰似伸展欲飞的翅膀,莲花状的石柱和钟乳石笋随处可见。这时,几束火把均已燃尽,不可能再顺着原路返回,两人便干脆从狭小的后洞"匍匐出洞"。

吃过午饭,徐霞客和道士捆扎火把又去游览水洞和龙洞。水洞位于罗丛岩西南角,徐霞客伸头往洞中探视,只见"中宽数亩,潭水四际,潴而不流,其深不测"。潭水深处"渊碧如黛",浅处"紫碧浮映"。徐霞客分析,这是日光照射导致的结果。沿着洞中崖壁走到潭水边,前方的路被水淹没,徐霞客没能探到水洞的尽头。

龙洞在罗丛岩西北角,洞中同样积蓄着幽深的潭水,水上"片石东西交叠,成天生桥焉"。往前行走,越过一座天生桥,点燃火把往西穿过石柱,眼前峡谷变得宽阔起来。转而向南深入,很快路就断了,眼前一片漆黑。两人迅速点燃几束火把,眼前又出现一池深潭,积水深不可测,面积超过了水洞。徐霞客捡起一块石头投入水中,只觉水声沉闷,宁静无波,不由得感叹:这深潭实在是"神龙之渊宅也"！

接下来出现了有趣的一幕——当火把燃尽时，徐霞客和道士望向潭水南面，突然发现幽暗的水面上有亮光浮动。道士大感奇异，惊叹神怪之光显灵。徐霞客则一笑置之，认为不过是附近洞穴光影映射造成的现象。

道士反驳道：从前村里人编了木筏进洞中探察时，到过那个地方，并没有见到其他洞穴，哪里来的映射光影呢？

岩下水洞

见多识广的徐霞客笑道：这地方深凹低伏，虽然距洞顶相当遥远，但由洞口往南出去，估计离水洞不远。水洞中的光，完全有可能映照过来。

被道家视为"天南福地"，令徐霞客赞叹不已的罗丛岩，为何如今名声并不响亮？

2006年6月，《南国早报》记者曾经沿着徐霞客的足迹前往现场探访，见到的却是一幅凄凉景象。

罗丛岩东洞的形状，依然如徐霞客所形容，"内夹而不宽，高而无岐"。但是，徐霞客在洞中见到的莲花状石柱和钟乳石笋已经所剩无几。栖息于洞内的蝙蝠在黑暗中不时掠过游人脸前，发出凄厉的叫声，让人倍感荒凉。

幽深的西洞，情景更令人叹息。徐霞客描绘的"叠莲盘空，挺笋森立"的景观，早已荡然无存。

陪同记者入洞的当地文物管理人员痛惜地讲述着西洞一件件珍稀石钟乳遭破坏的情形：那处"乌龟爬壁"景观，原本惟妙惟肖的乌龟头早在民国年间就被人敲掉了；那根叫"石钟"的钟乳石，敲起来声音如铜钟一般洪亮，在20世纪60年代中期被人敲断，现在已经发不出响亮的声音了；洞中一组名为"孙悟空被压五指山"的石钟乳，"五指山"只剩下"一指山"，"孙悟空"手里的"定海神针"也在20世纪八九十年代被盗窃者偷割；洞中一根类似华表的体型巨大的石柱，在1976年9月因不明原因轰然倒下……

西洞中幸存的一座名为"五谷丰登"的巨型钟乳石，蹲于其上的"绵羊""公鸡"等牲畜、家禽造型十分逼真。来自南宁的一位企业老板一眼相中，提出以10万元价格购买该座钟乳石。当地管理部门毫不犹豫予以拒绝。因为，"西洞已经被破坏得够严重了，再不保护就真的没什么东西可看了"。

水洞与龙洞则依然如徐霞客所言，"潭水四际，潴而不流，其深不可测"。雨水多的时节，河水漫延上来，游人只能面对被水淹没的洞口，想象洞中深潭"渊碧如黛"的情景了。

原本打算在"山水寻踪"行程中忽略罗丛岩的我，抱着一种眼见为实的心态，从桂平来到罗丛岩。在"状如覆舟"的石峰前意外地看到——原本一片荒寂的风洞前，立起一座气派的道家殿堂。殿堂门额上，"天南福地"4个大字十分耀眼。

过殿堂，入洞门，立即感觉到飒飒凉风扑面而来。风洞之名，果然名副其实。沿幽暗的洞道一路走去，洞道旁一座座仙人塑像取代了原来挺立在洞中的钟乳石和石柱。来到另一侧洞口，只见一束强烈的光线从圆形洞口透射而入。古人赞叹的"罗丛岩月"景观，依然光彩照人。

只可惜，徐霞客津津乐道的"叠莲盘空，挺笋森立"的奇异洞景，再也见不到了。

雄踞西江中游的贵港,是一座因水而兴的城市。凭借一条黄金水道,这片南疆热土自古便成为繁华之地。有意思的是,也正是由于当年倚仗于水路交通,途经此地的徐霞客无奈放弃了他极为向往的一处名胜——南山。

望南山

〔贵港〕〔玉林〕

先,余拟一至贵县,即往宿南山,留顾仆待舟,令其俟明晨发。及余至,而舟且泊南门久矣。余别欲觅舟南渡,舟人云:『舟且连夜发。』阻余毋往。

摘自徐霞客崇祯十年八月十三日日记

乘船抵达贵县（今广西贵港）的徐霞客事先做足了功课，知道位于城区南郊的南山是当地最值得游览的名胜。由桂平一路走来，"遥望南山数点"，对远远能够望见的那片"青青前列"的山峰充满向往。在路上，徐霞客便做好计划：一到贵县，自己立即前往南山游览、住宿，让客船停泊在县城南门码头过夜，等第二天一早自己返回再开船。

不料，不通情理的船夫坚持要当天连夜发船。不愿放弃南山之旅的徐霞客又向船夫提出一个彼此兼顾的办法：西江水路曲曲弯弯，我游览南山后抄近路赶到前头某个码头等你。

怕耽误自己行程的船夫以不熟路为由摇头拒绝。碰到这么一个不通人情的船夫，徐霞客只得遗憾地放弃南山之旅，随船出发。

结果，客船行走不过十多里水路便停了下来，一直停泊到第二天上午。徐霞客见此情景，不免叹息：早知如此，我昨天完全可以先去南山游览，然后赶到这个地方来登船。叹息之余，客船挂帆起航，南山渐行渐远……

当我沿徐霞客足迹来到贵港南门码头时，欣喜地看到此前仅存残墙的南门城楼经修复再显雄姿。贵港，终于拾回一段悠远的城市记忆。城门下，礁石突兀的南门码头停泊着几艘庞大的货轮。

我站在码头礁石旁，遥想当年徐霞客在这里和船夫磨嘴皮的情景，不禁感慨连连，同时提醒自己：此行绝不可放弃霞客当年无奈放弃的南山之行！

明清年间距城区不远的南山，如今已然纳入贵港港南区范围。傍水而居的贵港，由此成为一座名副其实的有山有水的城市。

来到城南这片新城区，才知道南山不过是一个总称。这里，星罗棋布耸立着24座石灰岩山峰。所谓"山明水秀本从来，云水光中廿四峰"，正是古人对南山风光的形象写照。

在24座山峰中，山形如雄狮的狮山体态最为高峻。与都峤山寺院密布的情形不同，卧于狮山脚下的南山寺在此地堪称一枝独秀。徐霞客当年如果来到南山，落脚住宿的地方恐怕就是这座寺院了。

南山寺的历史可以追溯到遥远的唐代。清光绪年间编纂的《贵县志》有这样的记述："南山寺在南江，离城十里。唐武后赐经五千卷，建楼贮之。"

南山寺遗存一块刻于清康熙二十一年（1682年）的石碑——《重修佛像碑记》。碑中记载："邑之江南二十四峰中，有寺曰景祐，上溯汉唐，下迄宋明，高僧至止，代不乏人。"

景祐禅寺，是南山寺早期的寺名，据称名称为宋仁宗所赐。北宋景祐元年（1034年），宋仁宗整顿寺院，下令"毁天下无额寺院"。同时，以新年号为名，亲书"景祐禅寺"匾额，赐予南山脚下这座得到官方认可的寺院。

鉴于南山的名气，近千年时光里，几乎每位途经贵港的名人都会慕名拜访南山寺。

南宋高宗建炎四年（1130年），流放海南的名臣李纲得到赦免，抵达贵州（今广西贵港）时，兴致勃勃写下《移居南山寺》一诗：

倚山高阁仰觚棱，洞穴嵌空屐可登。

丹灶旧传留祕药，仙岩今已属闲僧。

数峰削玉青如髻，群木参天翠作层。

小驻未妨幽兴发，野禽嘲弄醉薯腾。

南山寺古迹大多汇聚于狮山石佛洞。穿过寺门进入高大的洞厅，立在石壁前的一块"御书"石碑十分醒目。碑上刻着"南山寺"3个颜体大字。这块石碑，与元朝一位颇具传奇色彩的帝王——孛儿只斤·图帖睦尔有着密切关系。

元至治三年（1323年），因皇族之争被流放至海南琼州的亲王图帖睦尔奉召返回大都，返程途中专程探访南山寺。在寺中祭拜祈福之余，这位以"落笔过人"闻名的书法大家乘兴挥笔，题写"南山寺"三字赠予寺院。

五年后，图帖睦尔登基称帝。留存于南山寺的这块碑刻，也就成为名副其实的"御书"碑。

拜访南山寺前，就听当地朋友谈起过"南山不老松"的故事。据说，清代光绪版《贵县志》曾把这棵"不老松"以"南山古松"之名列为"南山七景"之一："在南山寺洞门峭壁间，数百年来高

"御书"石碑

仅尺余，四时常秀，人谓之'不老松'。"

心里暗自称奇的我，一到南山寺洞门附近就刻意寻找，除了石壁上刻写的"不老松"三字，遍寻不见松树踪影。询问寺院管理者，才知它已经被移至寺中一处僻静院落存放。

走进院中，果然在院墙边石盘上见到一盆奇石，奇石缝隙间生长着一束酷似松枝的植物，翠绿的针叶发散开来，却无枝无干。

这果然是松科植物吗？

拍下这棵"不老松"的照片，回南宁向植物专家咨询。专家辨认一番后，感觉很像松叶蕨，一种小型蕨类植物。

据《民间常用草药汇编》一书介绍，松叶蕨味甘辛，性温，入心、肝、胃三经，具有活血通经、祛风湿、利关节等功效。这种植株秀丽、茎叶翠绿的植物常被人们种植在假山盆景之间，极具观赏价

与殿堂为伴的菩提树

值。由于过度采挖和生态环境变化,松叶蕨在许多地方已经处于濒危状态。

和"不老松"同样有着神奇传说的,还有那棵挺立于寺院甘液池边的菩提树。

原产于印度的菩提树,据说是随佛教一起传入中国的。在我国,树龄达到数百年的菩提树大多生长在幽静的寺院里。

据测定,生长在南山寺的这棵菩提树已然历经350多年风雨,至今依然生机勃勃,遒劲、碧绿的枝叶与朱红色的殿堂交相辉映。

南山寺这棵菩提树的来历,有一段久远的传说。

南朝梁天监元年(502年),印度高僧智药三藏乘船漂洋过海来到广州。驻锡广州光孝寺传教时,智药三藏将随船携带的一棵菩提树种植在寺内大殿前。这是目前史料记载中最早移植到中国的菩提树。

菩提树生命力旺盛，既可以取种子培育，也可以折枝条扦插。于是，僧人们将光孝寺菩提树的枝条移植到广东曲江南华寺。南山寺这棵菩提树的移植，据传也和光孝寺那棵菩提树有关。

史料记载，南山寺僧人曾将大如手掌的叶片摘下来，用水浸泡数日，去除青绿色汁液，制成一片片脉络清晰、轻薄如纱的"叶脉纸"，在上面抄写经文。这些"叶脉经文"既有情趣，又可避虫，很受民众喜爱。

"行看池畔菩提树，灵鸟枝头学梵音。"清康熙二十五年（1686年），当地文人曾绍箕《南山即景》中的诗句常被后人引用，以印证南山寺菩提树年岁的古老，意境的幽雅。

出南山寺石佛洞，沿石阶蜿蜒而上，穿过山腰间的北极洞，登临狮山山顶，举目四望，只见峰峦起伏，山环水绕。

如今的南山寺，大雄宝殿、天王殿、法堂、钟鼓楼等气派的楼阁相继崛起，寺院面积拓展到300多亩，成为广西一座气势宏大的寺院。与南山寺相伴的山水休闲、民俗风景、主题娱乐、植物文化等园区也在山峰之间初现雏形。扩建后的南山公园景区，面积将达到2472亩，堪称贵港一大名胜。

380多年前，徐霞客在江边客船上望南山而兴叹，叹的是错过一处令人向往的名胜；如今，站在狮山顶上的我面对南山也不免心生感慨，感慨的是这片喀斯特石峰正在经历凤凰涅槃一般的华丽转身。

南宁
崇左

徐霞客在南宁游览、考察将近一个月。通过幸存的日记，能够探知他的游走路线：青秀山、豹子头、罗秀山、望仙坡……邕城的风土人情、山脉走势，在徐霞客笔下栩栩如生，清晰明了。

沿左江逆流而上前往西南边陲，由太平府至安平、恩城、下雷、归顺、向武等州府。在土司管辖的地区，徐霞客一路邂逅雄奇秀美的山水，见证动荡不安的边关风云。

乘船沿郁江逆流而上前往横州的徐霞客,途经滩高水急的乌蛮滩时,行船十分艰难。船夫们纷纷停船登岸,入伏波庙烧香祭拜,祈求平安。

如今,位于下游的贵港水利枢纽大坝高高矗立,郁江水位抬升,乌蛮滩水深波平,不再险恶。古朴典雅的伏波庙依然立在岸边,看江水静静流淌,看船只来来往往。

乌蛮滩头祭伏波

[南宁] [崇左]

五鼓挂帆行。

晨过乌司堡,已二十里矣,是为横州界。

东风甚利,午过龙山滩,又四十里矣。滩上即乌蛮滩,有马伏波庙。滩高溜急,石坝横截,其上甚艰。

摘自徐霞客崇祯十年八月十四日日记

农历八月十四日，临近中秋佳节。

正在广西游走的徐霞客，会不会在异地他乡悠然想起远在江苏江阴的家人？日记里没有给我们答案。

能够看到的是，意气风发的徐霞客在这一天"五鼓挂帆行，晨过乌司堡"，"午过龙山滩"。随即，乌蛮滩出现在眼前。

徐霞客眼里的乌蛮滩"滩高溜急，石坝横截，其上甚艰"，滩上立着"马伏波庙"。抵达此地的船夫们不约而同停船上岸，入庙敬香祭拜，祈求平安，然后继续往横州进发。

往来船夫对乌蛮滩的畏惧、对伏波庙的尊崇，源于这一河段险峻的地势。前人曾留下这样的描述："未至横七十里，地名古江，有古江巡检司并乌蛮驿在焉。其地有乌蛮滩，甚险，过此未有不心骇魂夺者。"

徐霞客笔下的伏波庙，如今依然沉稳地立在郁江岸边。钟鼓楼、牌坊、前殿、回廊、祭坛亭、正殿、后殿，面对江面依次排列。前殿正脊使用的是经典的石湾陶塑，一个个民间故事中的人物栩栩如生。正殿面阔5间，呈四楹抬梁式木构架结构。殿内墙壁上，绘制于清代道光年间的壁画依然相当清晰。

在广西，许多濒临江河的地方都能见到伏波庙。在幸存至今的众多伏波庙中，立于横州乌蛮滩的这座建筑总面积达到930多平方米的伏波庙，不论是规模、气势，还是古朴典雅的建筑特色，均堪称经典。

和此前一样，抵达横州的徐霞客仔细查阅了当地史料。在当地志书中了解到乌蛮滩这个地名的来由——"昔有乌蛮人居此，故名"。

对这一说法，徐霞客持怀疑态度。他认为，乌浒蛮的居住地在贵县北部，地域和这里并不相连。

所谓"乌浒蛮"，《后汉书·南蛮传》里有这样的解说："灵帝建宁三年（170年），郁林太守谷永以恩信招降乌浒人十余万内属，皆受冠带，开置七县。"

相关专家经考证认为："乌浒"之称，由"瓯骆"转化而来，是古骆越民族的一个支系。

然而，立在乌蛮滩伏波庙前的一块石碑，却似乎在印证着被徐霞客质疑的说法。这是南宁知府王贞吉于明嘉靖二十九年（1550年）立的一块碑，碑上刻有"起敬滩"3个正楷大字。大字一侧，刻着一行说明文字："此滩昔名乌蛮，今更起敬，往来士民请再勿呼旧名。"

原来，管辖横州的南宁知府王贞吉得悉乌蛮滩之名来自乌浒蛮，认为用这样一个带有蔑视性的称呼作为滩名，亵渎了立在这里的神圣的伏波庙。为此，将乌蛮滩改名为起敬滩，并立碑于庙前，希望往来士民从此不要再称呼"乌蛮滩"这个旧名称了。

了解到《起敬碑》立碑的原委后，徐霞客不由得感慨："大碑深刻，禁人旧称，而呼者如故。"大权在握的王贞吉把"起敬"

"起敬滩"石碑

二字深深地刻在石碑上，禁止人们再用旧名称，可是，当地民众并不觉得"乌蛮"含有亵渎古代圣贤的意思，依然使用旧名称。

"遍观庙中"的徐霞客，又见到了宋代庆历年间横州知州任粹刻写的一块石碑，碑文谈到"乌蛮"之名的另一个来历——赴横州上任时，友人所赠诗歌里有"乌岩积翠贯州图"之句。到任后，任粹四处寻找乌岩这个地方，却遍寻不见。向当地父老乡亲打听，才知道伏波庙倚靠的乌蛮山原来就叫作乌岩山。唐朝灭亡后，刘䶮占据岭南一带建立南汉国。刘䶮原先的名字叫刘岩。为了避讳，人们才将"乌岩"改为"乌蛮"，一直沿用至今。任粹主张将乌蛮滩更改为乌岩滩。

在当地人的记忆里，江水上涨前，乌蛮滩一带岩石颜色确实暗黑如墨，"乌岩"之名很可能来源于此。

"乌岩"也好，"起敬"也罢，虽然得到官员的极力主张，但最终都没能得到民众普遍认同。于是，乌蛮滩之名沿用至今。这，就是"民意不可违"的道理吧！

伏波庙正殿里，供奉着伏波将军马援的塑像。

如今的人们，听到马援这个名字可能会感觉陌生。然而，对"马革裹尸""老当益壮"这两个成语却一定相当熟悉。两个成语均为马援名言，出自范晔《后汉书·马援传》，表达的是这位不服老的名将胸怀为国捐躯志向的感人精神。

史料记载，马援，字文渊，汉成帝永始三年（公元前14年）出生于扶风茂陵（今陕西兴平）。一生戎马、南征北战的马援，于东汉建武十七年（41年）奉诏南征交趾，受拜伏波将军，两年后

乌蛮滩伏波庙

平息动乱。建武二十四年（48年），以六旬高龄披甲出征的马援病逝于出征途中。出师未捷身先死，最终马革裹尸还。

在中国历史上，曾有不少具有"降伏波涛，平叛靖乱"才干和功勋的将军被授予"伏波将军"称号。然而，随着岁月流逝，随着时光淘汰，至今依然以"伏波将军"闻名于世的将帅只有几位，马援是其中最出名的一位。在与水相伴的地方，人们纷纷盖庙立祠，虔诚祭拜，敬佩的并非仅仅是马援所向披靡的武功。史料记载，南征北战的马援每攻取一县一郡，便废止苛政，修缮城郭，抚境安民，在民族聚居地区实施民族和解政策，深受民众拥戴。

当年，马援率十万大军乘楼船行进到乌蛮滩一带时，发现此地山涧深、浪急滩险，而且时常有盗匪出没，便下令就此安营扎寨，率将士清除礁石，疏浚河道。同时，进山"清剿"匪盗，实施怀柔政策，使"为善者益勉于善，为恶者不复为恶"。在横州一带民众心目中，马援不仅是一位武功卓著的大将军，还是一位安抚民心的"父母官"。

为感念马援的政绩，求得心灵安慰，早在东汉末年，人们便在乌蛮滩头马援率军驻扎的这片土地上建造庙宇，供奉伏波将军。

平日里香火不断的乌蛮滩头，每到马援将军诞辰日更是热闹非凡。人们自发地从四面八方赶来参加庙会盛典——上至广西左江、右江沿岸，下至广东珠江口；既有终年在江河里漂泊的船民，又有虔诚祈福的城乡居民。民间山歌、师公戏、龙狮舞和道巫法事等众多饱含地方民族文化特色的习俗，因每年一度的"伏波庙诞"得以传扬。

像徐霞客一样"遍观庙中"的我，最后在斗拱密集、檐脊飞翘的牌坊前驻足。这座2021年经过修缮的牌坊，竟在2023年5月突然坍塌。据说，坍塌原因是柱底遭白蚁蛀蚀。

新修复的牌坊上，嵌上了"风静波平"4个大字，这是当年旧桂系首领陆荣廷来此祭拜时题写的。如今的乌蛮滩，因水位抬升早已风静波平。然而，如果凡事漫不经心，让蛀虫钻了空子，就随时有可能像伏波庙这座牌坊一样出现突然坍塌的恶果吧！

这，是不是伏波将军传递给我们的一个警告呢？

坐落于横州城南面的宝华山,海拔不高,但在史学界却颇有名气。它的名气,来自山间一座寺院——应天寺。应天寺本名寿佛寺,之所以改名『应天』,是因为传说中它曾和一位遭难的帝王结下不解之缘。据传,明建文年间,在『靖难之役』中被篡夺帝位的建文帝朱允炆由京城辗转潜逃至此,留下诸多故事……

藏龙卧虎应天寺

其寺西向,寺门颇整,题额曰『万山第一』,字甚古劲。初望之,余忆为建文君旧题,及趋视之,乃万历末年里人施怡所立……后询之僧,而知果建文手迹也。

摘自徐霞客崇祯十年八月十五日日记

这天是中秋佳节。上午，徐霞客所乘之舟逆水而上抵达横州城南门。安顿好患病的静闻和顾仆，徐霞客便独自一人乘船渡江，前往"秀出城南"的宝华山，探访当时还被称为寿佛寺的应天寺。

抵达寿佛寺，却见寺门紧闭，敲了半天门才得以进入。首先映入徐霞客眼帘的便是寺中那块题有"万山第一"四字的匾额。据传，这是建文帝当年亲笔题写的匾额。

徐霞客仔细观赏后，感觉匾额"字甚古劲"，认为应该是建文帝当年的题字。向寺中僧人参一询问匾额的来由后，徐霞客进一步确认："果建文手迹也。"

被史学家称为"明史第一悬案"的建文帝失踪案，究竟有着怎样的来由？遭遇靖难之役的建文帝到底是生是死？他在横州应天寺避难的传说是真是假？

史料记载：明洪武三十一年（1398年）闰五月，朱元璋病故，皇太孙朱允炆在南京即位，改元建文。当时，镇守北部边疆的诸王拥有极大权势，燕王朱棣更是握有"节制沿边士马"的重权。

忧心忡忡的建文帝上台不久便听取大臣建议着手削藩，先后将齐、湘、代三位藩王废为庶人。燕王朱棣见势不妙，决定先发制人，诱杀前来执行监视任务的使臣，于建文元年（1399年）七月以"清君侧"的名义起兵"靖难"。

建文四年（1402年）六月，朱棣之军攻破京城。宫中燃起大火，皇后等众多皇室成员死于火中，建文帝则下落不明。

自此，有关建文帝下落的种种传说便在社会上风云四起。有的说建文帝于宫中自焚而死，有的说建文帝趁乱逃脱。最经典的说法，出自《明史》："宫中火起，帝不知所终"，"或云帝由地道出亡"。

关于建文帝出逃后的具体去向，更是众说纷纭。多数说法，都围绕着"落发为僧，萍踪不定"八字展开。

梳理流传于各地的有关建文帝在当地避难的传说，可以理出这样一条"出逃"路线：出江苏，入湖北，下湖南，到广西，去云南……

被徐霞客认定为拥有建文帝题词匾额的横州应天寺，又是怎样一座寺院呢？

初夏时节，沿徐霞客足迹一路走来的我由横州江南渡口乘船过江，再转乘三轮车前往宝华山。车子在稻田、村庄和山林间七拐八绕颠簸40多分钟，远远望见山腰若隐若现的寺院大门时，我不由得心生感慨：这里果然是个避难的好地方！距城区不过8公里路程，供给方便却又相当静谧隐蔽。

来到应天寺新建的寺院门口，顿时被眼前赫赫的"皇家气势"所震撼。两只威严的石狮子，一左一右守护着镶嵌于屏墙上的"万山第一"4个金光大字。绕过屏墙，穿过天王殿，气势雄浑的大雄宝殿耸立在眼前。殿堂周边还环绕着藏经楼、地藏殿、弥陀殿、居士楼、斋堂。

记得18年前《南国早报》记者初访应天寺时，面对的是黛瓦灰墙的破旧屋舍和几块残碑。当时，寺中房屋经检测、评估被列为危房。守寺人还告诉记者一个月前发生的一件奇事：一场豪雨过后，寺中主殿摇摇欲坠，观音殿屋顶更是哗啦啦塌下一大片，唯有观音坐像上方的屋顶保持完好。一时间，应天寺"观音显灵"的传言不胫而走。

面对重建后焕然一新的景象，一位僧人很是自豪地向我介绍寺院的历史：明代《横州志》记载，寺院始建于唐会昌六年（846年）。当时，有两个外地僧人云游至此，见山势雄奇，林木苍翠，泉水甘甜，便在此结茅为庵，定名龙兴寺。北宋年间，又有鹿、虎两位禅师到宝华山梵修，聚集众多信徒。南宋绍兴年间，因为在此地修炼的僧人大多高寿，横州人深感其德，纷纷捐资扩建寺院，寺院名称更改为寿佛寺。后来，随着建文帝隐居寿佛寺的说法传扬开来，寺院又更名应天寺。

如今，重建的寺院将两个名称合为一体，定名为应天寿佛寺。应天寿佛寺于2013年建成开放，占地面积17800平方米。

面对气派的应天寿佛寺，我更关心那座明清年间老寺院的遗迹。结果，除在门口看到刻有"南山不老"4个苍劲大字的巨石外，已然寻找不到老寺院的任何痕迹了。

如今的人们倡导破旧立新。然而，在立新的同时非得将旧的遗物扫除干净吗？

找不到旧寺院，我便转而寻找建文帝避难于此的资料。

在广西全州、上思等不少地方，都曾流传着建文帝在当地避难的传说。相比之下，建文帝在横州宝华山藏身15年的传说依据最为周详，可信度也比较高。

最早记载建文帝在宝华山隐居修行行踪的，是横州判官王济。

王济于明正德十六年（1521年）在《君子堂日询手镜》中谈道："横人相传，建文庶人遇革除时，削发为佛徒，遁至岭南，后行脚至横之南门寿佛寺，遂居焉，十五余年，人不之知……今存其所书'寿佛禅寺'四大字在焉。"

另一位记述建文帝与寿佛寺关系的横州人叫邓士奇，是一位知县。他在明万历三十四年（1606年）所写的《应天禅寺记》中，描述了建文帝隐居应天寺及题字刻匾的经过："建文帝卓锡城南寿佛寺，一十余年，尝访师山中，亲额'万山第一'四大字于寺额。"

明崇祯八年（1635年），兵部侍郎郭巩被贬谪廉州，途经横州时慕名登上宝华山。当得知"万山第一"匾额真迹已被横州守吏

寺院遗址与茶山

藏龙卧虎应天寺

取走时，愤而感叹道："粤西横州之南山刹门'万山第一'四字，建文帝御笔也。州守何心，竟尔携去！"

徐霞客在日记中以肯定的语气确认自己见到的"万山第一"匾额为建文帝手迹，也成为当代研究者认定应天寺确为建文帝藏身之所的一个重要依据。

然而，当我向寺院管理者打听那块"万山第一"匾额的最终去向时，听到的却是一声叹息——寺中"万山第一"匾额早就消失无踪了。

据横州当地史料，"万山第一"匾额字体为行楷，以檀香木雕制，长约1.5米，高约0.5米。20世纪50年代尚存于寺中，其中"万"字因木质腐朽缺失左下角。20世纪60年代中期，匾额在"破四旧"风潮中失踪。

应天寺还曾经留存两块古碑，碑上题有两首诗，据称皆为建文帝所作：

其一：

流落江湖四十秋，归来不觉雪盈头。

乾坤有恨家何在，江汉无情水自流。

长乐宫中云影暗，昭阳殿里雨声愁。

新蒲细柳年年绿，野老吞声哭未休。

其二：

阅罢楞严磬懒敲，笑看黄屋住团瓢。

南来瘴岭千寻险，北望天门万里遥。

款段久忘飞凤辇，袈裟已换衮龙袍。

百官侍从归何处，惟有群鸦早晚朝。

专家学者们关注匾额、碑刻的去向，居住在寺院附近的六旺村村民津津乐道的却是建文帝在当地种植白毛茶的故事。

村民们认定，曾经挺立在老寺院后院的几棵老茶树，正是建文帝当年隐居于此时亲手所栽。老茶树所产茶叶背面灰白有毛，其口味"品胜武夷"。1915年，宝华山所产白毛茶曾荣获巴拿马国际农产品博览会二等奖。如今，宝华山白毛茶已成为横州远近闻名的特产。

宝华山上的白毛茶果真与建文帝有关吗？茶树下果真曾经徘徊着一位流亡帝王寂寥、失落的身影吗？

种种传说犹如缭绕于宝华山山顶的云雾，扑朔迷离，真假难辨。

匾额丢失了，老寺院拆除了。徘徊于寺院院墙之间的我，悠然想起徐霞客在此地度过中秋之夜的情景——

"日落西陲"时"风吼不息"的宝华山，"云痕忽破，皓魄当空"。参一法师取出自己珍藏的美酒和黄蕉、红柚，款待远道而来的徐霞客。

在"空山寂静，玉宇无尘"的山间寺院里，"一客一僧，漫然相对"。那是怎样一种幽静、空灵的浪漫意境啊！

青秀山，是徐霞客乘船抵达南宁时首先关注的一座山。龙象塔，是徐霞客在日记中难得提到的一座塔。为南宁镇守『东南水口』的青秀山，经历了怎样的风风雨雨？挺立在青秀山上的龙象塔又曾遭遇怎样的生死抉择？

「绿肺」青秀

南宁
崇左

舟上滩,
始转而西,
渐复西南。二十里,
有土山兀出北岸,
是为青秀山。
上有浮屠五级,出青松间,
乃南宁东南水口也。

摘自徐霞客崇祯十年八月二十二日日记

青秀山上龙象塔

终于抵达南宁！乘船沿邕江溯流而上的徐霞客，刚一进入南宁地界，目光立即被巍然挺立于邕江北岸的青秀山所吸引。

在"霞客行·山水寻踪"行程中，我曾经反复阅读《徐霞客游记》。印象中，详细描述广西之行所见所闻的徐霞客，很少在日记里提到沿途所立之塔。查阅相关资料，明代末年的广西已经建起不少佛塔。然而，情注山水的徐霞客对佛塔似乎兴趣不大。对挺立在青秀山上的龙象塔，徐霞客只记了一句话："上有浮屠五级出青松间。"这，已经很难得了！

让我感到疑惑的一个细节是：史料记载，龙象塔本为九层，明天启四年（1624年）遭雷击后顶端两层坍塌。因此，徐霞客抵达南宁时，龙象塔应该是一座七层佛塔。为何徐霞客却只见到"浮图五级"呢？

细细琢磨，唯一的解释是——龙象塔周边环绕着青松，站在江面客船上的徐霞客仰头望去，只见到五级塔身从青松遮掩中显露而出。

此后，在长达29天时间里，徐霞客一直在南宁游览、考察。

喜欢登山的他，一定上过青秀山，也一定会在日记里对青秀山上的景致做过更为详细、更为生动的描述。然而，令人万分遗憾的是，从八月二十四日到九月二十一日的南宁之旅日记几乎全部丢失！

这是徐霞客的遗憾，更是南宁的遗憾！

如今上青秀山游览的游客，走的是陆路。然而，在水路更为便利的古代，登青秀山游览的最佳路线是乘船由城区抵达青秀山山脚下，然后沿山脚石阶步道上山。

为了更深切地感受徐霞客当年登山的情景，我决定沿着山林中遗存的那条开辟于明代的幽静古道走上一遭。

来到静立于山腰的水月庵门前，在老树、灌木丛中找到那条由石板、青砖铺设的古道，在树林间顺道而行，没走出多远，古朴、雅致的董泉亭便出现在眼前。

董泉之名，源自明代嘉靖年间刑部主事董传策。

明嘉靖三十七年（1558年）十月，因上疏弹劾奸相严嵩遭贬谪的董传策来到南宁。为排遣胸中郁闷，失意的董传策经常乘船来到青秀山，寄情于山水之间。一天，在山崖密林间游走的董传策偶尔发现一股清冽的山泉在岩石缝隙间流淌，大感新奇，流连良久。随即，想起孟子名言"源泉混混，不舍昼夜，盈科而后进，放乎四海"，便为这股清泉取名"混混泉"。

有人不解"混混"之义，董传策的解释是："混混"可喻"学之有本"。

董传策重得重用离开南宁后，人们为追念这位对青秀山有着独特情感的名臣，便将混混泉更名为董泉。

在董泉池水一侧石壁上，至今遗存着一首追念董传策的古诗：

一脉甘泉泻石涌，石龙暂卧此山中。

滴霖自是苍生泽，祗令邕南忆董公。

从遥远的明代到当代，董泉一直汩汩流淌着。然而，20多年前任职《南国早报》时，曾经接到读者报料——董泉断流了！

记者到现场采访后得到的结论是：董泉附近山坡新建商店、停车场等服务设施过多，原始生态环境被人为改造，导致泉水断流。文章见报后，"董泉断流"成为南宁人热议的话题。

如今，不断拓展森林覆盖面积的青秀山已然成为名副其实的"南宁绿肺"。青秀山景区持续推行的地表"海绵化"改造工程也收到明显效果，断流多年的董泉终于再见"滴霖"……

由董泉起步，沿蜿蜒迂回的古道继续前行，沿途不时可见摩崖石刻。细心品读，发现石刻多出自现代人手笔。古人当年游览青秀山时留下的石刻在哪里呢？

在董泉下方一条分叉路上，通往山脚的石板路被茂密的灌木丛封堵起来，难以通行。据说，前方不远便是撷青崖，古人石刻大多遗存于撷青崖岩洞周边。那里，有明嘉靖四十年（1561年）

龙象塔旧照

左江兵备佥事欧阳瑜所题"明阳先生过化之地"石刻，还有独孤寺、青山寺等古庙遗迹。

史载，明嘉靖六年（1527年）五月，两广总督王阳明受命赴南宁"平乱"。"平乱"期间，这位著名的思想家、教育家不尚杀伐，热衷教化，在南宁创办敷文书院，倡导以"文德感化民众"，并亲自登堂讲学，留下一段令南宁人感念至今的佳话。

掉头沿古道继续上行，很快便到了龙象塔脚下。

身为媒体人的我，曾经上桂北、下桂南，走桂东、奔桂西，探究古塔历史，挖掘古塔人文内涵，却一直没有动笔写过近在身旁的这座龙象塔。因为，作为重建之塔，龙象塔已经不属于严格意义上的古塔了。

当然，龙象塔曾经也是一座历史悠远的古塔。筹资建塔之人，便是那位出生于南宁淡村、素有"南宁才子"之称的萧云举。

明万历十四年（1586年），高中进士的萧云举奉旨赴京出任翰林院庶吉士，一路春风得意，官至礼部尚书、太子太保。

明万历四十六年（1618年），朝政大权落入宦官魏忠贤之手，官场风雨如晦，贪腐之风盛行。身居高位的萧云举既不想得罪奸臣，又不愿与之同流合污，便以年逾七旬、体弱多病为由辞官回家。

回到南宁当年，萧云举便筹资在青秀山上建造佛塔。建塔的动机，如今流传着两种说法。

一说萧云举祖坟位于青秀山最高峰凤凰岭。有风水先生提醒他：凤凰是会飞的，若想保佑子孙后代永享荣光，须设法将凤凰留住。于是，在凤凰岭一侧凤翼岭建塔。凤凰翅膀被压，自然也就飞不走了。

另一说法，涉及古时风行的在当地"水口"建塔以镇风水的习俗。据徐霞客观察，青秀山所临邕江江段为"南宁东南水口"。在古人的观念里，在水口建塔，可阻当地财源外流，保一方兴旺发达。

最初建成的佛塔八角九层，重檐飞翘。取佛经"陆行象力大，水行龙力大"之义，定名为龙象塔。

明天启四年（1624年），龙象塔在暴雨中遭雷击，顶端两层坍塌。这座坍塌两层的残塔一直挺立到民国抗战年间。

1937年8月，入侵广西的日军在北部湾一带集结兵力，战火阴云笼罩南宁。当时的邕宁县县长管辖青秀山一带地盘，担心高耸于青秀山上的龙象塔过于显眼，会成为敌机轰炸南宁的导航目标，便下令将塔拆除。

龙象塔自此销声匿迹。

1984年，伴随着旅游热潮的兴起，南宁市着手打造青秀山风景区，在凤翼岭上重建龙象塔也提上议事日程。

1986年6月，重建龙象塔工程正式开工。施工期间，我曾有幸和单位同事一起到青秀山参加义务劳动，为龙象塔运砖送瓦。

再度立起的龙象塔仍为9层，高约51米。因为遗存至今的残塔照片未能显示龙象塔原貌，重建龙象塔的外观、构造参照的是桂平那座著名的明代古塔——东塔。

辞别龙象塔，由凤翼岭往最高峰凤凰岭方向前行。不久，便听到山脚下孔庙"叮当"作响的钟声，立于凤凰岭的箫台牌坊出现在眼前。

古道之行，就此抵达终点。细读立于路旁的木牌，得知蜿蜒于茂密山林间的这段古道全长约3公里。

筑于明代的这条古道当然不可能是青秀山最早的通道。早在20世纪60年代中期，考古人员就在青秀山古道附近发现新石器时代贝丘遗址，出土大量螺蚌壳和磨光石器、夹砂陶片。可想而知，早在上万年前的新石器时代，青秀山便已经是人类的宜居家园了！

一片片闪着银光的蚌壳,被人用心切割、打磨、钻孔,化身为锋利的蚌刀。这些造型酷似鱼头的蚌刀,出土于邕江之滨一个叫豹子头的地方。它们的制造者——豹子头人,生活于距今一万年前的新石器时代。

蚌刀闪闪豹子头

_{南宁}
_{崇左}

又西五里,上一滩,颇长,有石突江西岸小山之上,下有尖座,上戴一顶如帽,是为豹子石。舟至是转而北,又十里过白湾,山开天阔,夹江多聚落,始不似遐荒矣。

摘自徐霞客崇祯十年八月二十二日日记

船过青秀山，徐霞客便看到一处奇特的景观——有岩石突立于江岸小山之上，下面有尖形底座，上面戴着像帽子一样的顶盖。向船夫询问，得知这地方叫豹子石。

被徐霞客写作"豹子石"的地方，如今南宁人称为豹子头。

历经"百里秀美邕江"改造工程，邕江两岸风光发生了翻天覆地的变化。如今去豹子头，相当便捷。然而，在2006年，要找到豹子头还真不是一件容易的事情。

记得，那年10月，《南国早报》记者为寻找徐霞客在南宁留下的足迹，曾经专程顺着青秀山脚下的邕江沿岸一路探访。记者首先寻找的是徐霞客过青秀山后见到的"私盐渡"。

在青秀山一带问了许多人，无不茫然摇头。最终，才在当地一位船民口中得知："青秀山附近有个思贤渡。"显然，来自江苏的徐霞客被本地人口音误导，将"思贤渡"错写成"私盐渡"。

那么，"豹子石"又在哪里呢？

记者到青秀山景区询问。几位对景区古迹相当熟悉的工作人员听后一头雾水，他们从来没听说过豹子石这个地方。

记者灵机一动，又找经常巡游邕江的南宁渔政监督管理人员。见多识广的管理人员立即以肯定的语气说："柳沙半岛江岸边有个豹子头贝丘遗址，周边岩石很多，豹子石应该就是那个地方。"

来到豹子头贝丘遗址，只见邕江在这里绕了个"S"形大弯，形成东西两个对峙的半岛，东岸半岛称柳沙，西岸半岛叫白沙。

临江而立的豹子头

柳沙半岛顶端即为豹子头。

记者与江边老船民交谈时得知：豹子头这一名称的由来，不是因为江岸石峰高，而是因为造型狰狞。这一带礁石密布，人称柳沙滩，又叫柳沙娘滩。过去，船过柳沙滩，一不留神就有可能触礁搁浅或沉没，感觉像是被豹子一口吞掉，所以才有了豹子头这个名称。

老船民清晰地记得，从前船到滩浅水急的柳沙滩，不论顺流而下还是逆流而上，都十分艰难，船夫必须跳下河滩埋头拉纤。为此，南宁曾经流传着这样一段谚语："柳沙娘，柳沙娘，有屎拉出屎，没屎拉出肠。"1962年，下游西津大坝建成蓄水，抬高了邕江水位，柳沙滩才被深深地淹没在了水底。

18年前那次寻找徐霞客足迹的策划活动，让"豹子头贝丘遗址"这个名称深深地印刻在我的脑海里。豹子头人在那里留下了什么？考古人员又在那里有哪些新的发现？

趁着此次"霞客行·山水寻踪"之旅,我又一次前往豹子头。

曾经一派荒凉的柳沙半岛临江地带,如今早已被打造成鸟语花香的柳沙公园。绕过宽敞的绿地和运动球场,来到江边一片绿草如茵的缓坡上,几块刻有"豹子头遗址"字样的石碑默默地立在坡地高处。

静静流淌的邕江在这里拐了个180度的大弯。崖壁高耸的豹子头,就立在江湾拐点上。一座挂着"游天府"匾额的庙堂,沉稳地立在江岸高处。由庙堂一侧阶梯小道来到江边,抬升的水位已经将豹子头淹没大半。崖壁间,存留着一个浅显的岩洞。

抬头朝豹子头顶端望去,徐霞客当年见到的像帽子一样盖在上面的岩石已经荡然无存。在豹子头遗址周边搜寻,除了江岸泥土中密集的螺蛳壳,没有什么特别的发现。

转而往广西壮族自治区博物馆采访,得知著名考古专家蒋廷瑜先生不仅是当年发掘豹子头贝丘遗址的领队,还撰写文章详细描述了从发现到发掘的整个过程。

据蒋廷瑜先生描述,1964年春季的一天,广西医学院(今广西医科大学)一群师生响应号召到柳沙园艺场种树。在江边一个叫豹子头的地方挖树坑时，他们发现地下螺壳、蚌壳层层叠叠，其间还夹杂着石器和陶片。

参与植树的副院长方中祜是一位知识渊博的教授，立即向从事考古工作的朋友传递了这个信息。

考古人员随即由南宁市区乘船来到豹子头。他们详细观察周边地貌，发现高约20米的豹子头东北面是低矮的山丘，东南面有一片开阔地，地势背风向阳。从古人讲究的宅居风水看，这里确实是理想的宜居之地。

在临近江面的坡地上，散布着大片粉白色螺壳、蚌壳。稍加发掘，便有刃口光亮的石斧、石锛和破碎的磨石露头。再细心搜寻，土层里又出现了用动物骨头磨制的精巧的骨锥、骨针，以及夹着粗砂的陶器残片。

现场采集的蚌壳被送往中国社会科学院考古研究所做放射性碳素年代测定，得到的结果是距今10720年左右。

考古人员由此做出初步判断，留下这些遗物的豹子头人生活于一万年前，已经迈入以使用磨制石器为标志的新石器时代。

1973年9月，蒋廷瑜带领考古训练班学员正式进驻豹子头，进行初步发掘。2016年，考古人员又一次对豹子头遗址进行抢救性发掘。

在相继出土的各类螺壳、蚌壳中，一种用三角帆蚌壳制成的蚌刀让蒋廷瑜大感兴趣。他依据自己细密的观察，设想着豹子头人制作这些蚌刀的工艺流程——先切割蚌壳壳体，修磨成三角形形状。以圆润厚实的一面为手柄，将轻薄的一面磨成锋利的刃口。同时，在蚌壳上钻出酷似鱼眼的圆孔，在齿窝处敲出恰似鱼嘴的凹口。

在上万年前工具十分粗糙的状况下，豹子头人如此用心地依照鱼头的模样制作出一片片蚌刀，除了用于切割肉食和植物，是否还寄寓着更深一层的审美嗜好和精神追求呢？

蒋廷瑜猜测：这些精心制作的蚌刀，很可能兼有豹子头人"鱼崇拜"的图腾功能。

鱼，是生活在江边的豹子头人最熟悉的水生动物，是他们赖以生存的主要食物资源。豹子头人对水中之

鱼头形蚌刀

鱼有着强烈的依赖感和亲切感。因此，在制作生产工具和生活用具时，便刻意仿照鱼头的模样，使之成为一件既有实用价值又可以慰藉心灵的工艺品。

如今的豹子头贝丘遗址绿树成荫、鲜花盛放。鸟语花香的园林间，一群群衣着时尚的游客在漫步、拍照、嬉戏，满目温馨浪漫。遥想上万年前，同样追求时尚与浪漫的豹子头人也曾经在这片草木茂密的土地上来来往往。他们身佩银光闪闪的蚌刀，手握光滑锋利的石斧，脖子上佩戴着硕大的蚌壳项圈。

倘若，没有豹子头人当年对美的极富想象力和创造力的追求，今天的人类又怎么可能生发如此丰富多彩的美的灵感呢！

徐霞客在南宁游览、考察持续一个月。明代末年南宁的地理状貌、风土人情，形象地印记在他的脑海里。正当我们对徐霞客的南宁之旅充满期待时，他的绝大部分南宁日记却神秘丢失了。徐霞客眼里的南宁，究竟是怎样一番情形？幸存的九月初九重阳节这天的日记为我们留下了颇为丰富的信息。

「罗峰晓霞」风光不再

南宁之脉,自罗秀东分支南下,岗陀蜿蜒数里,结为望仙坡,郡城倚之。又东分支南下,结为青山,为一郡水口。青山与马退东西对峙,后环为大围,中得平壤,相距三十里。边境开洋,曾无此空阔者。从顶四望,惟北面重峰丛突,万瓣并簇,直连武缘……

摘自徐霞客崇祯十年九月初九日日记

八月二十三日这天，徐霞客在日记里只写下简简单单一行字："昧爽行，五里，抵南宁之西南城下。"显然，刚刚抵达南宁的徐霞客忙于安顿病重的静闻和同样生病的顾仆，没有更多空余时间记述自己的所见所闻。

在这一天日记的末尾，受徐霞客委托为其整理日记散稿的季梦良写下一段满怀感慨的批注："自此自九月初八日纪俱缺……计其时俱在南宁。嗟嗟！南宁一郡之名胜，霞客匝月之游踪，悉随断简销沉。缮写至此，安得起九原而问之！"一座南疆郡城的名胜，一个月的游踪，全部随着散失的日记消失了。季梦良恨不得把好友从九泉之下叫回来，问个究竟……

不幸之中的万幸，季梦良在杂乱的日记遗稿中偶尔找到一篇徐霞客游览南宁罗秀山的日记。虽然这篇日记没有注明日期，但结合徐霞客重阳日《独登罗秀》一诗，可以推测这篇日记记述的是九月初九重阳节那天的行程。

在这篇日记里，徐霞客形象描述了自己登罗秀山游览的经过，并结合此前的考察与发现，对南宁的山脉特征和走势做了十分形象的描绘。

日记里，徐霞客并没有谈到当天过重阳节的情形。然而，正如季梦良所感慨："若云登高作赋，不负芳辰，则霞客无日非重九矣！"

的确！对于徐霞客来说，在多山的广西游览、考察的每一天都是登高的重阳节。

让我们透过这篇幸存的日记，看看徐霞客是怎样在南宁度过1637年重阳节的吧！

这天一大早，徐霞客便独自一人往西出南宁城，过镇北桥关帝庙，抵达横塘。在这里，徐霞客回首东望，望仙坡遥遥在目。继续往西行走，远远便望见了并不高峻的罗秀山。于是，他加快步伐，越过水流潺潺的小溪，绕过名为"赤土"的村庄，跨越一道溪涧，一片平坦的田峒出现在眼前。越过田峒来到山脚下，只见路边立着一座"殿阁两重"的寺庙。寺庙建筑相当规整，殿堂里却空无一人。

此时的徐霞客，感觉相当劳累。然而，已经来到罗秀山山腰，岂可功亏一篑！于是，他鼓起干劲沿着荒凉的山路继续行进。

走到一个岔路口时，徐霞客犯难了，凭肉眼观察，很难分辨哪一条才是通往山顶的路，只能坐在路边松树浓密的树荫下等待过路人指路。一直等到下午，寂静的山路上竟然见不到一个人影。徐霞客只得凭借感觉顺着右边那条幽深僻静的路往北走，走出山坳，才发现这是一条下山的路。

此时，日已西斜，天色渐暗。徐霞客心里拿定主意——既然已经来到这里，"峰顶不可不一登"。于是，折返回头，沿着另一条路奋力向上，最终如愿登临罗秀山山顶。

立于山顶，西看马退山，东望宾州（今广西宾阳），一道道山脉历历在目。结合此前在青秀山、豹子头、望仙坡等地游览、考察的发现，徐霞客此时对南宁的山脉走势有了一个清晰的认识：

南宁之脉，自罗秀东分支南下，岗陀蜿蜒数里，结为望仙坡，郡城倚之。又东分支南下，结为青山，为一郡水口。青山与马退东西对峙，后环为大围，中得平壤，相距三十里，边境开洋，曾无此空阔者。从顶四望，惟北面重峰丛突，万瓣并簇，直连武缘，然皆土山杂沓，无一石峰界其间，故青山、豹子遂为此巨擘。

这段对南宁山脉走势及特征的描述，至今依然堪称经典。

读罢徐霞客重阳日登罗秀山日记，我不免心生惭愧。在南宁生活长达50余年，此前的我竟然从来没有产生过前往罗秀山探寻历史文脉的念头。

查阅相关史料可知，如今默默无闻的罗秀山曾经有过辉煌的历史。早在清康熙年间，罗秀山便以"罗峰晓霞"之名列于"邕州古八景"之首。追根溯源，萦绕于罗秀山的人文历史与南宁的建制史同样悠远。

早在1600多年前的晋代，南宁一带就流传着道家大师葛洪与罗秀山结缘的传说。《晋书·葛洪传》记载，东晋咸和五年（330年），葛洪"闻交趾出丹，求为勾漏令……遂将子侄俱行"。

携子侄一同出行的葛洪究竟行走到了哪里呢？

在明代《南宁府志》中有这样一段记述："葛洪仙……闻交趾出丹砂，遂游于邕，访罗山寺。寺后有潭，景甚清幽，遂居焉，置丹炉，昼夜修炼。时有飞来树，四月八日开花，花盛兆丰年，嵩山禅师谓为粉昙花，山常有红霞夕照。洪丹成，复游勾漏，历罗而去，遗山石边若欤表迹。嘉靖八年，副总兵张佑建亭其上，名'仙迹亭'。"

罗秀山名称的来由，同样充满"仙气"。宋代《方舆胜览》记载："罗秀山，在州西。昔有罗秀隐于此，后升仙。"南宁人熟悉的望仙坡，所望的正是罗秀山上的"仙人"。

因道家发迹的罗秀山，在唐代又与一位佛教大师结下缘分。宋代地理名著《舆地纪胜》有这样的记述："罗秀山在宣化县（今广西南宁）北。（唐）天宝三载，正恩大师惠昕于此开山。"据史料，惠昕禅师在罗秀山驻锡修行期间，曾潜心编撰佛教经典《六祖坛经》。罗秀山由此成为佛教名山，山间曾经建有惠进禅院、思迎塔院等名寺。

唐宋年间的罗秀山，充满佛道禅意。北宋嘉祐九年（1064年），邕州知州陶弼游览罗秀山时兴致勃勃写下《罗秀山》一诗，形象地描绘了罗秀山幽静、空灵的意境：

寻山入罗秀，旋结草堂居。

花露生瓶水，松风落架书。

闻猿得句后，见月出行初。

此夕云林下，无因梦使车。

明代，曾经风光无限的罗秀山逐渐冷清、衰落。被贬戍南宁的董传策于明嘉靖四十年（1561年）五月登罗秀山游览，写下游记《罗秀山记》。文中，董传策描述自己见到的情景："古废寺基在焉，有镛塌卧草间。"荒废的寺庙只剩下基座，洪亮的大钟也倒伏在杂草丛中。

徐霞客登罗秀山考察时，在寺院里、山路边连一个人影也见不到，可见当时的罗秀山有多么寂寥。

如今的罗秀山，又是怎样一番景象呢？

盛夏时节，我驱车来到距市区不过20公里的罗秀山山脚下，沿山间小道步行上山，只见当年青松荫盖的山坡，如今已遍布速生桉。

站在山坡高处回首望去，只见一片绿色菜地静静躺在罗秀山山脚下。这，大概就是徐霞客当年"越涧登山"时见到的那片田垌吧？不远处，高新开发区林立的楼房正在步步进逼，不知道这片菜地还能存在多长时间？

登上山腰，一座嵌着"罗山古寺"四字的寺院悠然而立。并不宽敞的寺院里分别供奉着真武大帝、弥勒佛、观音菩萨、雷神、龙王、十八罗汉、送子娘娘，以及轩辕黄帝、孔子、关公等诸多塑像。将道、佛、儒诸教融于一院，倒也显得相当和谐、融洽。

翻阅当地《心圩乡文史》，得知明清年间罗秀山上最著名的寺院是感果寺和罗山寺。感果寺位于罗秀山山顶，罗山寺位于半山腰，香火一度十分旺盛。

如今，感果寺仅余残碑、莲花座，罗山寺除残碑、基座和瓦

罗山古寺

当等遗物外，还保留着一口古井。20世纪90年代，当地村民捐资重建罗山古寺。寺院规模不大，却也终日香火袅袅。简朴的寺院里，寄寓的是周边民众对未来幸福生活殷切的期盼。

穿过山间茂密的桉树林，登上海拔137米的罗秀山山顶，举目眺望南宁城，林立的高楼早已将望仙坡、青秀山绿色的倩影遮挡得无影无踪。

遥想当年，董传策曾经将青秀、罗秀两座山峰赞誉为邕城"巨丽"。如今，两位"巨丽"早已不在同一个档次。青秀山越发清秀、美丽，成为南宁人最感自豪的名胜风景区。罗秀山则早已风光不再，默默无闻。

两相对比，青秀山何其荣耀，罗秀山何其落寞。

然而，徐霞客当年游览青秀山的日记仅存只言片语，登临罗秀山的篇章却得以完整遗存至今。由此看来，罗秀山又是何其幸运！

九月二十四日这天,徐霞客乘船由南宁出发,溯江而上前往太平府(今广西崇左)一带游览。船至三江口时,天色已暗,靠岸停歇。出行前,徐霞客查阅相关史料,得知这地方有个合江镇,以为一定有个热闹的集市。结果除了一座『聚落颇盛』的村庄,徐霞客什么也没看到。史料中记载的合江镇果然存在吗?

守望三江口

[南宁] [崇左]

又南一里,是为大果湾。

前临左江,后倚右江,乃两江中夹脊尽处也。

其北有小峰三,石圆亘如骈覆钟,山至是始露石形。其东有村曰宋村,聚落颇盛,而无市肆。

摘自徐霞客崇祯十年九月二十四日日记

左江，由崇左奔涌而来；右江，自百色流淌而至。一左一右两条江，在如今南宁江南区同江村一带"聚首相会"，合为邕江。于是，人们为这地方起了一个十分形象的名字——三江口。

驱车抵达三江口，留心观察左右江两岸地貌，我惊奇地发现——这一带江岸地势竟然和380多年前徐霞客见到的情景没有太大变化！

当年，乘船抵达三江口的徐霞客"由右江口北望，其内俱高涯平陇，无崇山之间；而左江南岸，则众峰之内，突兀一圆阜，颇与众山异矣"。

如今，右江一侧，江岸地势依然平缓，见不到高耸的山峰。左江一侧，则群峰连绵起伏。其间，一座顶部平滑的山岭，被当地人形象地称之为"砧板岭"。看形状，它应该就是徐霞客描述的那座"突兀一圆阜"的山岭。

三江口

宋村门楼

在日记里，徐霞客提到距江口不远的一座村庄："其东有村曰宋村，聚落颇盛，而无市肆。"

为什么要特别强调人居兴盛的宋村没有集市店铺呢？原来，徐霞客此前在查阅、考证南宁相关史料时曾产生过误解："余夙考有合江镇，以为江夹中大市，至是觅之，乌有也。征之土人，亦无知其名者。"

因为在史料里看到这里有个叫合江镇的地方，徐霞客想当然以为合江镇一定是个大集市。结果到现场一看，什么也没有。再向当地人打听，也没有人知道这个地方。

合江镇果然子虚乌有吗？如果没有，它又怎么会出现在史料记载中呢？

据考古资料和当代相关人士考证，在左江、右江汇合的"江口嘴",早在宋代就曾经有过一座镇江楼。

宋仁宗景祐二年（1035年），为抵御来自西南边陲的军事威胁，邕州（今广西南宁）周边地带相继设立昆仑关、大峡岭、合江镇等关隘。其中，合江镇的位置处于扼左江、右江汇合口的三江口。

在此后漫长岁月里，合江镇时废时立。明朝末年，朝廷日益羸弱，社会动荡不安。当徐霞客来到三江口时，合江镇早已踪迹难寻。然而，进入清代，随着社会秩序逐渐稳定，经济恢复繁荣，合江镇又一次立了起来。

清代合江镇最显著的标志性建筑，便是立于江口码头边的镇江楼。在宋村一些老人记忆里，镇江楼高约四丈，楼顶四周护墙有瞭望口和射孔，面向邕江一面墙上嵌有"镇江楼"青石匾额。背面墙上同样嵌有牌匾，上书"合江镇"三字。

清道光年间，南宁当地邑庠生（秀才）宋衡有诗赞咏镇江楼：

合江镇又镇江楼，迎风沐雨越春秋。

巧悬四柱坚如岱，妙压万重稳似钩。

绣水环楼飘玉带，青山随阁伴春游。

壮哉波涵光景远，宁镇三江冠邕州。

在以水路交通为主的时代,位于三江汇合之处的合江镇历来便是统治者心目中的交通枢纽重地。清代,三江口附近文钱滩一带河滩商船汇集,形成圩市,人称厘金圩。南来北往的货物在这里转运、交易,滇商、黔商闻风而至,粤商、湘商逐浪而来。合江镇也由一座军事关隘逐渐转化为管控过往船只、征收税费的市集管理关卡。

清代末年,随着集市向南宁转移,合江镇地位日益弱化,关楼日渐萎败。

20世纪30年代,三江口下游地段修建大同圩亭、老口圩亭,急需建筑材料。决策者决定就近取材,破败的镇江楼被彻底拆除。

2009年10月,考古人员专程赴"江口嘴"探察、发掘,发现众多陶器、瓷器残片和清代乾隆、道光年间通宝钱币。

我循着徐霞客足迹来到江风劲吹的"江口嘴",巧遇当地村民老宋。虽然年过七旬,老宋却一直保持着每天到江口一带"叹风景"的雅兴。交谈中,热情的老宋滔滔不绝谈起明代洪武年间宋伯满由山东到广西为官,隐退后携家带口在三江口这片"风水宝地"安家落户建立宋村的历史;谈起被清军追杀的南明永历皇帝辗转至南宁避难,与宋村人结下情缘,最后将嫡母王氏皇太后葬于村后"皇姑坟"的往事;谈起村子被改名为三江坡后,村里许多人并不认可,依然沿用宋村这个老名称……

镇江楼消失了,在徐霞客眼里"聚落颇盛"的宋村却延续至今。

登上山坡高处俯瞰宋村,古今和谐的生态情景清晰地呈现在眼前——成片的清代、民国年间老宅院,错落有致地分布于左江沿岸;村民们陆续建造的或新或旧的楼房,则聚集在右江一侧。

左江沿岸的老宅院大多已无人居住,穿行其间,一种穿越历史的空灵感油然而生。一座座彰显桂南地区硬山顶砖木结构建筑风格的宅院,四平八稳地卧在江边。青砖黛瓦的院落,或三进两天井,或两进一天井,宽敞大气。

曾经的交通要道,因水路衰落而沉寂。在漫长的沉寂岁月中,一座座寄寓着主人浓郁的乡愁和宗族情怀的老宅院幸存至今。

2013年,凭借着保存相对完好的69座传统建筑和浓郁的历史人文风情,宋村跻身"中国传统村落"名录。2019年,宋村凭借丰厚的历史文化底蕴入选"中国历史文化名村"名录。儒礼堂、花脊屋、合隆屋、亮鸿屋、齐眉居、辉烘屋、宰善屋、上曾屋、体祥屋……一座座气派的老宅院再度焕发荣光。

在整修一新的齐眉居院子里,陈列着出生于宋村的文化人宋多河整理的一组有关三江口的图文资料。早在2006年,主编《南国早报》副刊的我就和宋多河有过接触。这位始终扎根乡村的南宁本土作家，数十年来锲而不舍挖掘、整理三江口历史文化史料，不断撰文、著书，立志促成三江口再度复兴。《南宁三江口　神仙也来游》，是宋多河最得意的一篇散文。在这篇散文里，宋多河由衷感慨：

> 生在邕江头，长在三江口。在儿时的记忆中，家乡的美丽和辉煌是绿油油的香葱、大蒜，是堆成座座金山的稻谷，还有青年男女傍晚时分泛舟左江、右江和邕江河面，放喉唱响的情歌。渐渐地长大了，渐渐地我知道——家乡的美丽，远远不只是蔬菜、稻谷和情歌，生活在三江交汇口的一代代人，脚踏的是一块历史文化沉积丰厚的土地……

是的，拥有着如此独特的山水风光，拥有着如此丰厚的历史文化底蕴，拥有着如此执着的热心民众，三江口怎么可能永远与寂寥相伴呢？

乘船由邕江进入左江的徐霞客,在日记里为我们描绘了一幅极为形象的『地貌过渡图』——由丘陵地带进入喀斯特山区。古镇扬美,正处在这幅『地貌过渡图』的节点上。

扬美赏石

南宁 崇左

自南宁来至石埠墟，岸始有山，江始有石；过右江口，岸山始露石；至杨美，江石始露奇；过萧村入新宁境，江左始有纯石之山；过新庄抵新宁北郭，江右始有对峙之岫。

摘自徐霞客崇祯十年九月二十六日日记

乘船过扬美，徐霞客并没有上岸，只是站在船上兴致勃勃地观赏江岸景致的变化："曲折转西南十五里，复见有突涯之石，已而舟转南向，遂转而东。二里，上长滩，有突崖飞石，娉立江北岸。崖前沙亘中流，江分左右环之，舟俱可溯流上。又三里，为杨美，亦名大湾，盖江流之曲，南自杨美，北至宋村，为两大转云。"

此前，徐霞客在南宁沿江两岸见到的都是土山。过了三江口，岸边的山才开始露出岩石。到了扬美，江岸岩石开始显出奇异的形态。进入新宁（今广西扶绥）境内，江岸才开始出现像笔架山这样的"巍临江潭"的石峰。

这一段水上旅程并不漫长，徐霞客却直观地观察到一幅从丘陵地貌到喀斯特地貌的"过渡图"。

盛夏的南宁，雨水尤其多。当我沿徐霞客足迹兴冲冲来到扬美古镇金马码头，打算乘船出游，一睹出现在徐霞客笔下的那些奇形怪状的江岸岩石时，却遗憾地看到——由于连日大雨，左江水位大涨，江岸众多岩石景观大多浸泡在江水之中。叹息之余，突然想起18年前策划"重走霞客路"时，《南国早报》记者专程到扬美探访奇石景观的情景。

那是2006年12月，正值左江枯水时节。早报记者随同扬美古镇导游梁上政搭乘渔船由金马码头出发。梁上政是扬美小学的教师，对古镇的历史、文化和风土人情了然于胸。

渔船刚一启动，梁上政就指着江边两块岩石介绍起来：这叫"神鸟喂雏"，那叫"金龟回故里"。记者定眼一看，果然形神兼备。

随着梁上政绘声绘色的讲解，"姜太公钓鱼""孔雀开屏""猴子望江""海豚吻海狮""大象嬉水"等岩石景观一一亮相。江岸边一座座岩石仿佛被注入生命活力，瞬间灵动起来。

渔船经过一块孤零零冒出水面的岩石时，梁上政指着岩石上一棵黄葛榕笑道："看，这叫'蓬莱小景'。记得，小时候这棵树就这么大。这么多年过去了，它好像一点也没有长。"

与"蓬莱小景"临近的是扬美"古八景"中著名一景——"龙潭夕影"。所谓龙潭,是江水流经此地形成的一处幽深江湾。江湾边蛰伏着一块长石,形似探身入水的鳄鱼,人们便称之为"鳄鱼石"。

船行不远,又见一片怪石卧在江岸边。岩石旁挺立着一棵笔直的老木棉树,犹如立在江边的航标。梁上政介绍道,这块巨石叫"烟墩石",古时人们曾在这里建起烽火台,和三江口的烽火台遥相呼应。一旦有外敌入侵,守望者便会立即燃起烟火通风报信。

始建于北宋熙宁八年(1075年)的烽火台,如今早已踪迹难寻,唯有"烟墩石"还矗立在原地,仿佛在默默回忆着那段遥远的烽火岁月。

渔船驶过金滩后,原本波平如镜的江水忽然如发脾气一般扬起浪花,船速随即减缓。梁上政扶着船帮告诉记者,这段江面水底有许多平铺石,地势明显增高,水流被岩石阻挡,很容易掀起浪花,当地人把这段水面称作"巨蟒拦江"。

渔船抵达大敢洞时,一行人离船登岸。在梁上政

"龙潭夕影"

指引下，记者看到洞顶布满被洪水冲刷形成的小拱洞，有的拱洞成了燕子的安乐窝。

距大敢洞不远，扬美"古八景"中"雷峰积翠"一景横亘于眼前。一堵铜墙铁壁般的石壁临江而立，崖壁上绿树竞秀，崖壁下倒影清幽。远远望去，犹如一幅巨大的山水屏风。前人有诗赞叹这一奇景：

雷峰积翠美名扬，千古长河伴艳装。

借得彩霞添秀色，雄姿倒影胜漓江。

当年，行色匆匆的徐霞客"自扬美西向行十五里"，抵达"鱼英滩"（今鱼鹰滩）时，听船夫讲起一个故事："滩东南有山如玦，中起一圆阜，西向迎江，有沙中流对之。其地甚奇。询之舟人，云：'昔有营葬于上者，俗名太子地。乡人恶而凿其两旁，其脉遂伤。'今山巅松石犹存，凿痕如新也。"

"雷峰积翠"

徐霞客提到的鱼鹰滩，在扬美"古八景"中被称为"滩松相呼"。在当地老人们的记忆里，往来船只行走到这段江滩时，湍急的水流声与岸边山坡上的松涛声遥相呼应，令人精神为之振奋。遗憾的是，随着左江河道的疏浚和水位的抬升，"滩松相呼"奇景早已消失在幽深的江水中……

未能乘船出游的我，离开金马码头，穿过耸立在江边的门楼，沿铺满石板的临江街一路走去。铺设于清道光十四年（1834年）的临江街，长不过300余米，却联结着四座老码头。幽静的街道两旁，排列着一座座经典的明清年间民居。

沿小湾码头悠长的石阶来到江边，突然发觉自己不知不觉走进了"龙潭夕影"江岸景观地带。虽然江水漫延淹没了众多奇石，却依然可以感受到龙潭怪石嶙峋的情景。

一棵棵体态苍劲的老树，将龙爪般的根须牢牢扎入石缝之中。浓密的树荫，遮掩着简朴的三界庙。刚劲挺拔的木棉树，犹如将军一般守护在庙堂前。聪明的扬美人顺应这一带怪石嶙峋的地势，建造凉亭，铺设石阶，把龙潭打造为一座幽静的临江公园。

站在龙潭奇形怪状的岩石旁，看江面上一条条轮船来来往往。遥想380多年前徐霞客乘船途经此地时，向岸边岩石投来惊鸿一瞥，赞叹"江石始露奇"的情景，我不免心生感慨：倘若徐霞客当年能够登岸畅游，又会为扬美留下多少足以荣耀后世的文字呢？

古时的人们为什么称崇左为『壶城』？徐霞客在这里有着怎样的奇遇？新建的『太平古城』气派、华丽，明代那座『太平府故城』又是怎样一番景象？

一座故城叫『太平』

崇左
南宁

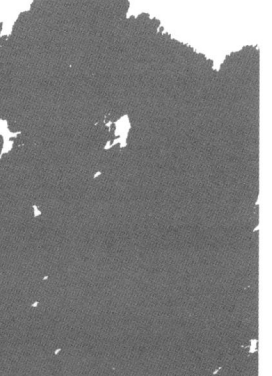

壶关在太平郡城北一里余。丽江西自龙州来,抵关之西,折而南,绕城南,东转而北,复抵关之东,乃东北流去。关之东西,正当水之束处,若壶之项,相距不及一里。属而垣之,设关于中,为北门锁钥。其南江流回曲间,若壶之腹,则郡城倚焉。

摘自徐霞客崇祯十年十月初四日日记

乘船沿左江逆流而上的徐霞客，一进入土司管辖的地界，经典的喀斯特地貌又在眼前展露神奇风采。

十月初二日这天，客船临近驮朴（今崇左驮柏村）时，徐霞客对眼前景致有一段经典描述："舟中仰眺，碧若连云驾空，明如皎月透影，洞前上下，皆危崖叠翠，倒影江潭，洵神仙之境，首于土界得之，转觉神州凡俗矣。"

阅读这段文字，我眼前浮现这样一幅画面——站在船上的徐霞客仰面眺望，只见江边石峰仿若凌空耸立在云彩之中，明丽的山水美如皎洁月光透射的光影。山洞周边危崖重叠，满目青翠。石峰倒影在清澈的江潭水面上，这简直就是人间仙境啊！为此，徐霞客由衷感慨：在土司管辖的偏僻境域首次见识如此美景，相比之下转而觉得中原神州大地的景致显得平庸了。

在驮朴离船登岸，走陆路前往太平府。风尘仆仆抵达距太平府郡城仅一里多路的壶关时，徐霞客停下了脚步。

壶关，因所处独特地理位置而得名。古时，崇左一带民众对太平府郡城的状貌曾流传着"丽水（左江）四折，环其三面，其形若壶，故名壶城"的说法。流经太平府的左江，绕着郡城拐了一个"凹"字形大弯，形如一把大肚茶壶。太平府郡城蛰伏在壶的腹部，壶关则处于壶颈的位置。在这里，回环的两段江流相距很近，人们便在江流之间筑起城墙，设立关隘，使之成为进出太平府郡城的"锁钥"。

明代末年的壶关人烟稀少，除"守关第舍四五间"外，民间建筑只有一座映霞庵。徐霞客便留宿庵中。

在徐霞客眼里，年逾六旬的映霞庵住持菜斋实在是一位令人赞叹的奇人。出生于北方的菜斋云游四方，"参访已遍海内"，有着丰富的阅历。身为住持，每餐饮食却简单到只有"淡菜二盂"，不吃一粒米饭。

自己的生活如此节俭，却因为"此地荒落"，专门腾出庵房接待南来北往的流浪者。平日里，"憩食于庵者数十人"。日复一日，年复一年，菜斋从来没有对那些终日在庵中白吃白喝的人流露过嫌弃的神色。

十月的太平府，"雨色霏霏，酿寒殊甚"。因行李滞后未到，衣裳单薄的徐霞客冷得瑟瑟发抖，不敢出门。菜斋见状，立即脱下自己的夹衣让徐霞客穿上，让身处偏远异乡的徐霞客倍感温暖。

十月初六日，又一位奇人出现了。

这天，徐霞客为自己下一步行程走归顺（今广西靖西）还是南丹犹豫不决，便到太平府镇边门（大西门）外班氏神庙求签。见庙中有几位儒生正在祭神，徐霞客便向他们打听去归顺的路怎么走。交谈之间，一位名叫滕肯堂的年长者表示：自己和归顺土司很熟，可以为徐霞客写一封推荐信。徐霞客自然是感激连连。

有过一段在外地为官经历的滕肯堂为人豪爽侠义，看徐霞客谈吐不凡，便热情邀请徐霞客到府上做客，同时提醒：若想顺利地走过归顺地界，必须得到当地参将提供的调马兵符。

徐霞客立即按滕肯堂的意思向参将写了一封自我推介信。滕肯堂看罢书信，暗自赞叹这位远道而来的客人实在是个人才，便召集身边几位儒生当说客，邀

太平府镇边门

左江归龙塔

请徐霞客留在太平府开办学馆。志在山水的徐霞客婉言谢绝了滕肯堂的盛情邀请。

细读徐霞客在太平府及周边地区游览的日记，会发现他曾经"独渡归龙"，前往白云岩考察。返程时，依然由归龙渡江。

归龙，一个多么熟悉的名字！始建于明代天启元年（1621年）的左江斜塔，正是因为临近归龙村而得名归龙塔。

来到左江岸边，遥望江中鳌头岛上那座远近闻名的归龙斜塔，我心里不禁生起一个疑问——照理说，往来于归龙的徐霞客是能够看到归龙塔的，为何在日记里对这座奇特的斜塔一字不提呢？

疑惑之间，我查阅归龙塔的相关史料，得知明代的归龙塔仅为三层，十分低矮。直到清康熙三十五年（1696年），人们才在原来三层的基础上加建两层，形成如今高大挺拔的形态。也许，是因为当时的归龙塔过于低矮，才没有引来徐霞客关注的目光。

那么，徐霞客眼中的太平府郡城又是怎样一番景象呢？

"城中纵横相距亦各一里，东西南三面俱濒于江。城中居舍荒落，千户所门俱以茅盖。城外惟东北有民居阛阓，余俱一望荒茅舍而已。"徐霞客日记里这段描述，应该会让许多崇左人感觉失落——明代末年的太平府郡城，规模实在小得可怜！整座郡城纵横相距不过一里，城中民居房舍一派荒凉冷清。太平府千户所衙门是一座统兵700人以上的军事机构，竟然也以茅草盖顶，十分简陋。

用今天的话来形容，地处偏僻、土司当政的太平府实在是个"经济极度不发达"的地方。

然而，来到如今的西南边陲重镇崇左市，眼前的城市景观变化完全可以用"天翻地覆"来形容。曾经的城北咽喉"锁钥"壶关，早已消失得无影无踪。一条壶兴街静静躺在当年的关隘与老城之间。

我行走在幽静的壶兴街上，向居住在街上的一位杨姓老人打听壶关所在，老人指着街口一棵茂盛的大榕树说："当年的壶关城门大概就在那个位置。可惜，城门和城墙早就拆掉了。"

由壶兴街来到崇左老城区，这里便是当年太平府郡城所在地，人称"太平府故城"。始建于明洪武五年（1372年）的太平府郡城共有五座城门，东为长春门（朝阳门），南为镇安门，西为镇边门（大西门）、安远门（小西门），北为拱辰门。如今，长春门、镇边门、安远门依然临江而立，与城门相接的一堵长达1360米的城墙也幸存至今。"太平府故城"由此成为广西保存较为完整的明代府治故城。

2020年9月，一座占地面积达1900余亩的"太平古城"在临近"太平府故城"的土地上崛起。走进这座据称耗资18亿元打造的达到4A级景区标准的"太平古城"，在气派的城楼、华丽的烟雨长廊以及仿古亭台楼阁之间行走，不得不赞叹：素来低调的崇左，终于高调张扬了一把！

在气派的"太平古城"转悠一圈，找不到感觉，我又回到幽静的左江边，在"太平府故城"茂密的古树、沧桑的城墙和幽深的城门门洞之间徜徉，遥想380多年前徐霞客在这里进进出出的情景……

徐霞客顺利地从太平府参将手中获得了调马兵符，欣然上路前往恩城、下雷一带游览、考察。一路上，犹如『小桂林』一般优美的山水风光令徐霞客赞叹不已，佳句迭出。进入大新地界时，一条美丽的河流突然闪现在眼前……

邂逅黑水河

〔崇左〕〔南宁〕

又二里,有小水东自土地屯北岭峡中来,西南流去。绝流西渡,登陇行。闻水声冲冲,遥应山谷,以为即所渡之上流也。急见大溪汹涌于路右,阔比龙江之半,自西北注东南,下流与小溪合并而去,上流则悬坝石而下,若涌雪轰雷焉。

摘自徐霞客崇祯十年十月十八日日记

沿太平府官道一路行走的徐霞客，在临近安平州（今广西大新）地界时，越过一条小溪，登上一片土垄，突然听到激烈的水流冲击声在山谷间回荡。起初，徐霞客以为不过是刚才渡过的那条小溪的上游之水。不料，登高一望，眼前赫然出现一条宽度达到左江一半的河流，汹涌奔腾的河水从石坝上倾泻而下，其势如雪花飞涌，似雷霆轰鸣。

徐霞客顿时被眼前激荡人心的情景所震撼，一番探究、观察后，得知眼前这条突然现身的河流发源于归顺，流经安平州，沿途汇合养利、恩城之水，最终汇入左江。

沿着这条河流一路行走，眼前的景色愈加奇异："水之南有层峰秀耸，攒青拥碧，濒水有小峰孤突，下斜骞而上分岐，怒流横啮其趾；水之北，则巨峰巍踞，若当关而扼之者。"

河流南岸，俊秀的山峰层叠高耸，山间青绿凑集，如碧玉堆拥。一座小峰在河岸边孤傲、突兀地耸立着，急流发怒一般咬啮着它的脚趾。河流的北岸，巍然盘踞着伟岸的石峰，犹如扼守关卡、威风凛凛的将军。

在日记里，徐霞客并没有提及这条河流的名字。然而，到崇左、大新一带游览过的游客，面对日记中描绘的熟悉的情景，都会立即联想到那条在幽深大山里盘旋、奔涌的黑水河。

发源于靖西新靖镇环河村大龙潭的黑水河，上游一段称为龙潭河。来到靖西十九渡桥附近，汇合鹅泉河之水继续奔流。河水进入越南境内后，在山峰间迂回曲折，成为中、越两国界河。当它在大新县硕龙镇德天村附近回到祖国怀抱时，人们为它取了一个富于诗意的名字——归春河。

幽幽黑水河

归春河在下雷与逻水（下雷河）汇合后，才开始以黑水河之名向东南方向奔涌。之所以取名"黑水"，是因为幽深的河水在高耸的喀斯特石峰间呈黛青色，看上去幽暗深沉。

曾经让徐霞客叫不出名字的黑水河，如今早已名声远扬。虽然全长不过192公里，却遍布观光景点：国家湿地公园、那榜田园、水上石林、峒那屿湾……

选择哪一个点作为此次"霞客行"的落脚点呢？来到黑水河边的我，为此颇费脑筋。

细读徐霞客日记，发现他邂逅黑水河时，行走不过二里路便抵达一座村庄——"共二里，抵四把村，即石坝堰流处也。盖其江自归顺发源……盘旋山谷，至此凡径堰四重，以把截之，故曰'把'，今俗呼为'水坝'云。"

流经此地的黑水河，翻越了四道水坝。徐霞客在日记里告诉我们，当地人将拦截河水的水坝称为"把"，这便是"四把村"这一名称的来由。

在地图上，根本找不到这个"四把村"。询问当地人，也不知"四把"为何意。一番考量后，我得出这样一个结论：徐霞客在这里很可能又一次误解了当地人的口语，将"四坝村"写成了"四把村"。因为，在黑水河边，如今确实卧着一座叫"四坝"的村屯。

提起崇左市江州区新和镇四坝屯，不少崇左人都会联想到那里出产的水中珍品——沉香鱼和青竹鱼。沉香鱼又名华桂鲮、青衣，形似鲮鱼，肉质十分嫩滑，不论油煎还是做鱼生都十分鲜美，堪称淡水鱼中的珍品。青竹鱼又称倒刺鲃，肉质同样细嫩鲜美。

来到如今的四坝屯，放眼望去，只见绵延数公里的河面上漂浮着一片又一片网箱。"水产健康养殖示范基地"牌匾悬挂在村口显眼的位置。

一位有"黑水河鱼王"之称的养殖者曾经对记者透露：用黑水河新鲜的水草和地里收获的甘蔗尾梢、木薯叶、玉米秆做饲料，是确保鱼肉结实、鲜美的秘诀。

看着河水里游荡的一条条鱼儿，突然想起徐霞客应邀在太平府滕肯堂家品尝当地河鲜的情景："滕复留饭，网鱼于池，池在门前。鱼有大小两种，大者乃白鲢，小者为鲈鱼。鲈鱼味淡而不腥。问所谓'香鱼'，无有也。"

一个多么有趣的情景！徐霞客在品尝了滕肯堂从自家门前池塘里现捞现煮的白鲢、"鲈鱼"后，询问当地有名的"香鱼"，希望能一品其鲜。结果很遗憾，滕肯堂家的池塘里并没有这一美味。

徐霞客所说的"香鱼"，会不会就是四坝屯人引以为傲的沉香鱼呢？

离开"四把村"当晚，徐霞客留宿于太平站。这座官府驿站简陋得令徐霞客忍不住发笑："土颓茅落，不蔽风日，食无案，卧无榻，可哂也！"

如果是今天，来到黑水河边的徐霞客一定会选择在四坝屯落脚过夜。这座仅有20多户人家的村屯，早在2011年便在当地政府扶持下全力打造"农家乐"休闲旅游品牌，利用优美的黑水河风光，相继营造起观赏垂钓区、餐饮区和休闲娱乐区。以"蘑菇屋群"为特色的"在野宿集"民宿群，静静地卧在黑水河边，为四坝的乡野风光增添了一抹亮丽的浪漫色彩。

沿黑水河逆流而上，来到大新县雷平镇安平村。这里，便是当年安平州所在地。在十月二十日和二十一日这两天的日记里，徐霞客描述了自己沿途见到的多条支流相继汇入黑水河的情景：

江水在州之东北，斜骞其前，而东南赴太平州去。又有小水自西而来，环贯州右，北转而入于江，当即《志》所称陇水也……

由安平东一里，即与江遇。其水自西而东，乃发源归顺、下雷者，即《志》所称逻水也。其势减太平之半。盖又有养利、恩城之水，与此水势同，二水合于下流而至太平州，出旧崇善焉。

流经大新县雷平镇安平村的河流，此前被当地人称为安平仙河。这里，是黑水河流域最为奇美的地段——两岸石峰如削，奇石环列，林木茂密，溪流密集。

当地人依据壮语读音，将这一河段称为峒那屿湾。乘船沿峒那屿湾景区一路游去，水上幻境、官田农场、霞客栈道、瀑上圩场、水林迷境、燕子洞、龙碧滩、婆皇岛等景点一一呈现，令人目不暇接。

游船上，年轻的导游身着明代汉服，以"徐霞客门生"自居，滔滔不绝向游客介绍沿途景致，讲述一个个生动有趣的民间传说故事。当一座索桥从头顶掠过时，导游立即挥手一指：快看！这索桥正是电视连续剧《花千骨》最经典的一个取景点。

三水汇合之处，是此次"黑水河之旅"的高潮。举目望去，只见眼前河面飞瀑如雪，水花四溅，轰鸣如雷。啧啧赞叹之余，忽然想到徐霞客日记中一段描写与眼前景致相当切合："碧峤濯濯，如芙蓉映色"，"悬坝石而下，若涌雪轰雷"。

一次邂逅，在黑水河留下一段永远的佳话。

因为大新一带边境动荡不安,徐霞客错过了一道跨国大瀑布。然而,终日跋山涉水的他又幸运地在靖西与一道『极其伟壮』的瀑布不期而遇……

错过德天瀑布

〔崇左〕〔南宁〕

早雾,而日出丽甚……

溯溪上二里,见其溪自东南山峡轰坠而下。盖两峡口有巨石横亘如堰,高数十丈,阔十余丈,轰雷倾雪之势,极其伟壮,西南来从未之见也。

摘自徐霞客崇祯十年十一月初一日日记

一路翻山越岭，十月二十七日这天，徐霞客终于抵达下雷州。刚到行馆落脚，敏感的徐霞客便感觉到了异常的气氛。州城西面大山的那一头，原本为下雷土司管辖的地盘，如今却被境外"莫夷"占据了。

徐霞客与当地人交谈，了解到当时下雷及周边各州动荡的社会状况——土司们各自怀私欲，为了争权夺利，不惜与"莫夷"勾结。结果引狼入室，丢失了不少土地。

在日记里，徐霞客详细描述自己目睹的边境地带乱象后，由衷叹息："诸土司只知有莫夷，而不知为有中国矣！"为了一己私利，各地土司竟然置国家利益于不顾！

在二十八日这天的日记里，徐霞客用"阴霾四塞"四字形容当时的天气。其实，用这四字来形容当时边关的社会状态，也是十分贴切的。

当天夜里，徐霞客做了一个噩梦，梦见"墙倾覆身"。心神不宁的他整天想着走哪条路更安全，已经没有了游山玩水的心情。因此，他也便错过了当地一处深藏在边境地带的胜景——德天瀑布。

记得，最初阅读徐霞客日记时，我曾经全神贯注地在有关大新下雷的章节里逐字逐句寻找，希望能捕捉到日记中涉及德天瀑布的内容。当时，身处下雷的徐霞客距德天瀑布仅14公里路程。对于"朝碧海而暮苍梧"的徐霞客来说，这点路程实在算不得什么。然而，下雷最值得一游的归春河河段当时早已失去控制，危机四伏。因此，在留居下雷的两天时间里，徐霞客除了在州城游览，哪里也没有去。

如今的下雷，是一座宁静的边关城镇。徐霞客当年出下雷州北隘门，在城门外江岸边见到一座巨石："下雷北隘门第二重上，有耸石一圆，高五丈，无所附丽，孤悬江湄。叠石累级而上，顶大丈五，平整如台，结一亭奉观音大士像于中，下瞰澄流，旁揽攒翠，有南海张运题诗，莆田吴文光作记，字翰俱佳。"

如今，徐霞客笔下这座巨石依然孤独地悬卧在江岸边。当地人将这块造型奇特的巨石视为下雷的守护神，巨石周边随处可见民众供奉的香火。沿后人搭建的阶梯登上巨石，果然看到顶上"平整如台"，犹如刀劈斧削一般。立在平台上，往边境方向遥望，那里有一道令人震撼的跨国大瀑布——德天瀑布。

徐霞客当年遗憾地错过了德天瀑布。身为媒体人的我，则曾经两次有幸与德天瀑布结缘。

初识德天瀑布是在1999年。那一年夏天，大新县举办规模空前的龙眼招商盛会。会议期间，举办方为了让来自全国各地的水果经销商见识边关风光的神奇，特意组织大家前往中越边境地带，观赏罕为人知的跨国大瀑布。

随同采访的我，和商人们一起乘车在连绵起伏的喀斯特石峰间颠簸前行。待到归春河出现在眼前时，众人精神顿时为之一振——这条在石峰和绿树丛中恣意流淌的河流实在太富有野性美了!

发源于靖西鹅泉的归春河,在中国境内蜿蜒流淌。进入越南地界后,在异国他乡迂回30多公里又返回中国境内。人们之所以为这条河流起名"归春",应当含有"归国遇春"的寓意吧!

沿途汇集一股股溪流的归春河,水势逐渐浩荡,一路奔涌到德天村附近。德天,在壮语里有"断石"的意思,山崖在这里呈断崖式坍塌。滚滚急流突遇断崖,骤然跌落,冲撞跳跃,发出轰雷般怒吼。其中,处于中国境内宽达120多米的瀑布群,称为德天瀑布。位于越南境内流量较小的瀑布群,称为板约瀑布。两组瀑布组合起来,总宽达208米,规模称雄亚洲。

大开眼界的水果经销商们在德天瀑布前啧啧赞叹后尽兴离去,一位来自广东的民营企业家却悄悄留了下来。这位从事水果进出口贸易的商人,被眼前壮观的跨国大瀑布深深震撼。一个立足德天、转而开发旅游事业的宏愿,在德天大瀑布的轰鸣声中形成。

不过短短几年,企业家便与当地政府携手合作,促成德天瀑布"一瀑惊人"的轰动效应。应约而来的著名作家赵丽宏在《德天瀑布记》一文中发出这样的感慨:

记忆中,中国的瀑布没有一处和它雷同。贵州黄果树瀑布落差比它高,却没有它那么阔大。四川九寨沟的诺日郎瀑布宽则宽矣,却没有它这样雄浑浩荡,没有这样丰富多变的层次。安徽黄山的人字瀑，和它相比犹如小溪面对江河。被李白想象成"九天银河"的江西庐山瀑布，其实只剩下了峭壁上的几道水痕……

2005年5月，一场声势浩大的"选美中国"景观评选活动在全国范围展开。为协助德天瀑布参与"选美"，我第二次前往大新采访。这一次，我对德天瀑布有了更亲切的体验。

驱车由大新县城前往边境地带，即使是再性急的司机也会不由自主放慢速度。一座座突兀而起的石峰，被大自然的神奇之手塑造成一座座"盆景"，奇异的造型令人惊叹连连。从边境小镇硕龙镇到德天村，归春河十里蜿蜒，美不胜收。

在德天一带，中越两国以河为界，隔河相望。一条界河，没有隔断两地边民的亲情。过河竹筏在一条绳索牵引下来来去去，载着走亲戚、做买卖的边民去去回回，欢声笑语回荡在清澈的水面上。如今的边境地带，早已没有了徐霞客当年行走至此时深切感受到的紧张与冷漠。

临近浦汤岛时，河流被突兀的岩石横阻于山间，放浪不羁的水流在乱石间左弯右绕，抵达落差达50多米的断崖之处，便纷纷奋不顾身奔跃而下，连跳三级。一股股雪白的清流像一群顽皮的孩子，恣意撞击着顽石、灌木和树干，在断崖间闹腾得水花四溅，水雾迷蒙……

当我把飞扬的思绪从轰鸣的德天收回幽静的下雷时，徐霞客那踌躇的身影又出现在眼前。

顾虑边境"前途艰阻"的徐霞客,在犹豫不决中求助于巨石平台上供奉的观音大士,求签的结果促使他最终做出借道胡润寨(今广西靖西湖润镇)前往向武州(今广西天等向都镇)的决定。

由湖润一路走来,徐霞客既见到了毫无责任心的驿站奸猾小吏,也遇到了"煮蛋献浆"热情款待远方来客的九旬村野长者。

十一月初一这天,披着晨雾与霞光,徐霞客溯溪而上。走着走着,突然发现前方有急流"自东南山峡轰坠而下"。快步来到山峡前,仰头观赏,只见峡口两侧有巨石如同堤坝一般横亘矗立。流淌至此的溪流由山崖缺口倾泻而下,"轰雷倾雪之势,极其伟壮"。见多识广的徐霞客不由得大发感慨:"西南来从未之见也!"

徐霞客遇到的这道"极其伟壮"的瀑布,在我此前乘车沿"广西最美高速公路"合那高速公路出行采

德天瀑布(毕志彰 摄)

访时，也曾透过车窗远远望见，当时只觉眼前"一道银河挂山间"。问及当地人，才知那便是"靖西古八景"中著名一景——三叠岭瀑布。

此次沿徐霞客足迹寻踪山水，终于有机会专程来到三叠岭瀑布脚下。虽然水流没有达到徐霞客所赞叹的"轰雷倾雪之势"，却依然有一份独特的美感——远眺，如绸带飘荡；近观，似雨雾扑面。

明清年间的三叠岭瀑布，名声比地处僻远边境的德天瀑布更为响亮。早在清代，《归顺州志》便以诗意的语句描绘三叠岭瀑布："飞瀑喷沫，溅玉跳珠，如匹练悬空。常年倾泻，雨季尤甚，声闻数里，蔚为壮观，有'星汉流珠落九天'之誉。"

在大新下雷错过德天瀑布的徐霞客，却在靖西湖润邂逅三叠岭瀑布。这，应该是上天给予徐霞客的补偿吧！

其实，只要像徐霞客那样始终保持着锲而不舍、勇往直前的探索精神，壮丽的风景、美好的前程就一定会出现在眼前！

仰望三叠岭瀑布

明代的向武州，是一座直属广西布政司管辖的州城。镇守此地的州官自然比周边地区的土司更为傲气。徐霞客递上太平府朋友的推介信，受到的是不理不睬的冷遇。当徐霞客打算尽快离开这片山水时，一首诗词改变他的境遇……

盛情留客百感岩

崇左
南宁

向武石峰,其洞甚多,余所游者七:为百感洞,又东洞,又下洞,又后岩水洞;为琅山洞,又下洞;为龙巷东北江流所入之上洞……共十二洞云。所游之最奇者,百感雄邃宏丽,琅山层叠透漏……

摘自徐霞客崇祯十年十一月十八日日记

明代末年的向武州，官府所在地就在如今天等县向都镇。因为直属广西布政司管辖，得到上司赏识的州官黄绍伦同时又获得参将头衔，文武大权在握。收到徐霞客投递的太平府滕肯堂写的推介信，傲气的黄绍伦没有理会。

遭受冷遇的徐霞客又尝试着将自己的一首诗词投递过去。这一招果然见效！黄绍伦立即让手下送来酒肉米菜，并写诗应和。显然，喜欢舞文弄墨的黄绍伦透过徐霞客的诗词意识到：自己的领地来了一位值得尊敬的才子！

黄绍伦没有意料到的是，自己这番"尊重人才"的举动，为天等奇异的山水风光留下一段永传后世的佳话！

虽然得到州官的热情款待，但对当地山水景观十分陌生的徐霞客并没有在此地逗留、游览的打算。当徐霞客以自己急着要去四川峨眉山为由多次辞行时，年长三岁的黄绍伦一面文绉绉地感叹"知君高尚"，"不能牢笼"，"枳棘"不敢"栖鸾凤"；一面又聪明地以"路多艰难"为由劝徐霞客留在向武州,等待归顺使者到达后同行,以确保旅途安全。

于是,原本急着要走的徐霞客在僻静的向武州逗留了16天之久。在这16天里,黄绍伦或亲自陪同,或派人当向导,让徐霞客几乎游遍了向武州的名山秀水。

驱车来到距天等县城40多公里的向都镇,当年的州府官邸早已踪迹难寻。一座座石峰依然立在原地,似乎在等待着知音的到来。

前往石峰林立的百感村,远远便看到险峻的山峰间夹着一个直通山顶的狭长山洞。当地人触景生情,称之为百感通天岩。

徐霞客当年看到的情景是——岩洞"中辟于山之半,南通二门皆隘:一为前门,一为偏穴。北通一门甚拓,而北面层峦阻阕,不通人间"。

如今,慕名来到百感通天岩的游客面对眼前高耸的山峰,幽深的洞穴,往往望而却步。如果没有徐霞客"攀级以上,仰见削崖……既而西上危梯三十级"的探险精神,很难真切感受到百感通天岩的奇妙之处。

尚未开发为景区的百感岩,由百感洞、东洞、岩水洞和下洞组成。其中,百感洞外狭内宽,中空外透,大洞与小洞相套,洞穴与洞穴相通,有的直通山崖峰顶,有的贯穿山脚河道。最大一个洞厅,足以容纳上千人。洞顶钟乳石晶莹透亮,水汽如云彩般

百感岩

琅山

　　在洞壁间飘荡。倘徉其间，仿若置身仙境。

　　由洞口拾级而上，来到洞穴东面偏门前，举目望去，只见绝壁横亘，危崖陡峭。崖壁下，溪水汇成幽深的水潭。当年，面对此情此景的徐霞客大发感慨："兼一山之前后以通奇，汇众流于壑底而不觉，幽明两涵，水陆济美，通之则翻出烟云，塞之则别成天地。西来第一，无以易此。"

　　出百感洞往东走，很快便能见到小巧玲珑的东洞。虽然洞穴不大，却蜿蜒曲折，"幽爽兼备"。悬挂于洞顶的钟乳石夹杂着红、黄、蓝、紫、白多种色彩，忽明忽暗，恰如徐霞客所形容"石有五色氤氲之状，诡裂成形"，犹如"隐真妙境"。

岩水洞的位置，"在百感洞后门之下"。这里是地下河的出口，"岩下水透山成江，奔腾曲折而北去"。步入其间，只见两侧峭壁排空而起，忠实地围护着幽深的水潭。

游岩水洞，必须借助竹排。当年徐霞客"从潭中浮筏以入，仰洞顶飘渺若云"，"洞内两壁排空"，"西壁有木梯悬嵌石间"。

当地人手指木梯告诉徐霞客："此即上层轴轳之处。昔侬智高时，有据洞保聚者，兹从下汲。此其遗构也。"原来，当年侬智高与官府作战时，当地人曾聚集到这里避难，在洞穴高处安装轴轳汲水。

东面石壁虽然"危削虚悬二十丈，无可攀跻"，却有人在绝顶架设起"飞缀凭空"的房屋。好奇的徐霞客询问同行者，得知这是饥荒年间人们用来储藏粮食、躲避贼寇的地方，必须架设云梯才能爬得上去。

面对眼前"阻水通源，缥渺掩映"的深幽岩洞，徐霞客由衷赞叹：这简直就是"神仙奥宫"了！

位于向都镇北部的琅山，是徐霞客重点游览、考察的又一座奇山。

"琅山岩在州北半里，其形正如独秀。始见西向有门三叠，而不知登处反在东峰之半也。"最初面对这座形如独秀峰的石峰时，看到西面有三层洞口，徐霞客便跃跃欲试，打算由此登山。当地人提醒他，最佳的登山地点在山峰东侧。

同样对奇山秀水感兴趣的州官黄绍伦，早有登琅山探幽洞的念头。趁着徐霞客这位"旅行大咖"到来的时机，黄绍伦立即令人绑架云梯，修通栈道。一行人最终"由东麓攀危梯数百级"，抵达豁然高敞的洞口。随即，一层层打通洞中通道。抵达高高在上的第三层岩洞时，徐霞客坐在通透的洞口俯瞰眼前风光，只见"倒树外垂，环流下涌，平畴乱岫，延纳重重，断壑斜晖，凭临无限"。

在花费两天时间完全破解琅山岩洞奥秘后，徐霞客描述道："夫此一山，圆如卓锥，而其上则中空外透，四面成门，堂皇曲室，夹榭飞甍，靡所不备。徙倚即殊方，宛转频易向，和风四交，蒸郁不到。洵中天之一柱，兼凌虚之八窗，栖真之最为缥缈，而最近人间者也。"

在徐霞客看来，这座圆锥般的石峰中空外通，四面有洞口形成门户，山中洞厅"殿堂"宽敞，"内室"幽深，"台榭"层叠，"屋脊"飞扬，天然造就的生活设施十分完备。移步、转身之间，方位、景观随之变化。和风四面交会，扫除蒸热郁闷之气。既似隐居修行的缥缈仙境，又是最贴近人气的居住场所。

徐霞客这番独到见解，显然让当地官员和民众大受启发，从此开启营造琅山人文风情的漫长历程。

清康熙十一年（1672年），当地民众修通登山道路，在第一层洞口建起万福寺。这是广西遗存至今的一座罕见的悬空石窟寺。洞中设有供人休憩的石桌、石凳，倒挂于洞顶的钟乳石则犹如一盏盏天灯，令人肃然起敬。后洞石壁上刻有前人书写的"风洞"二字。立于洞口，只觉清风拂面，神清气爽。

随着万福寺的名声日渐响亮，人们干脆将这座"圆如卓锥"的石山改称为万福山，琅山之名反倒渐渐被遗忘了。

云来云往，岁月飘逝。转眼之间，380多年过去了。曾经风光一时的向武州，早已成为历史名词。唯有百感岩、琅山依然以沉稳的姿态立在原地，静看云来云往、人世变迁……

在南宁,徐霞客丢失诸多日记,在南宁,徐霞客哭别诚心旅伴。一个『痛』字,既缠绕着霞客,也缠绕着南宁。

痛别南宁 [南宁] [崇左]

时行道莫决，闻静闻诀音，必窆骨鸡足山，且问带骸多阻，余心忡忡，乃为二闸请于天宁寺佛前，得带去者。余乃冒雨趋崇善，以银畀僧宝檀，令备蔬为明日起窆之具。晚抵梁店，雨竟不止。

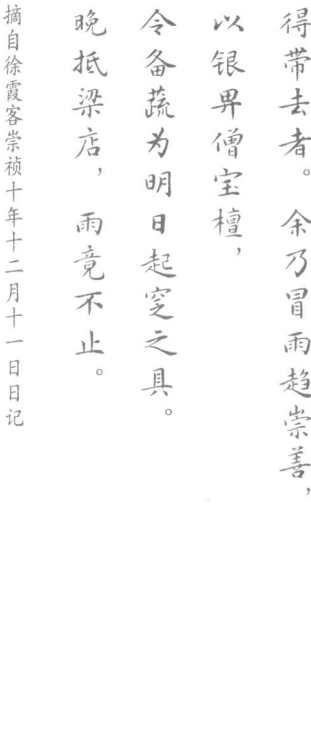

摘自徐霞客崇祯十年十二月十一日日记

崇祯十年（1637年）十二月十一日，徐霞客终于回到南宁。屈指一数，自打九月二十三日动身前往太平府一带游览、考察，"一别南宁已七十五日矣"。

徐霞客回到南宁办的第一件事，便是赶往崇善寺，"入寺询静闻永诀事"，得知静闻死于"九月二十四日酉时"，也就是自己离开南宁前往太平府的第二天。寺中僧人带徐霞客来到郊外一条溪流的木桥边，那里是静闻火化后的"窆骨之所"，徐霞客"拜而哭之"。

回看徐霞客九月二十三日日记，在南宁分手告别的那一天，徐霞客和静闻之间有过一段令人叹惋的交流——乘船沿邕江出发时，静闻愈益加重的病情成了徐霞客割舍不下的情结。

本为江苏江阴迎福寺僧人的静闻，为什么会和徐霞客一起风尘仆仆来到广西南宁呢？

查阅相关史料可知，虔诚向佛的静闻在寺中"禅诵垂二十年，刺血写成《法华经》"。他最大的心愿，是将自己用鲜血抄写的经文供奉于佛教圣地——云南鸡足山。得知徐霞客要赴广西、四川一带游览、考察，静闻怦然心动，主动要求结伴同行。

崇祯九年（1636年）九月十九日，徐霞客开启人生中最后的也是最壮烈的一次旅程——西南万里行。

由江苏江阴出发，经浙江、江西、湖南到广西南宁，一路走来的徐霞客与静闻"晓共云关暮共龛"，结下生死情谊。在湖南湘江渡船上遇歹徒抢劫时，众人皆跳水逃生，静闻却选择留在船上，为保护佛经身负刀伤。在由桂林前往柳州途中，静闻病情逐渐加重，抵达南宁时身体已经相当虚弱。

眼看静闻不能同行，徐霞客便将他安顿在南宁崇善寺，委托僧人宝檀、云白代为照料。临行时，徐霞客把身上大部分钱都留了下来。想到静闻体弱惧风，又找人用竹席修补漏风的窗户。

当静闻恳切索要徐霞客此前在旅途中购买的布鞋和茶叶时，徐霞客安慰道：等你能起床行走的时候，我就回来了。何必现在就急着要这些东西呢？

辞别静闻，徐霞客登船沿邕江逆流而上，在窑头停泊时，看时光尚早，徐霞客不免又想起分手时静闻向自己索要布鞋、茶叶的情形，心绪十分烦乱。

徐霞客猜测，静闻或者是打算一旦病愈便独自上路前往云南鸡足山，不再等待自己归来；或者是预感自己时日不多，以此作为永诀……

想到这里，徐霞客心里很不是滋味。考虑到自己所计划的最终目的地并不是云南鸡足山，而是四川峨眉山，徐霞客觉得：不如赶回去将鞋和茶叶等物都交给静闻。这样，既满足了静闻的心愿，自己也不必再转回来，可以直接从广西西南边界前往四川了。

于是，徐霞客离船登岸，出窑头村，在太阳落山前赶回崇善寺。将布鞋、茶叶等物交给静闻后，徐霞客又连夜匆匆赶回船上，开启了自己的左江之旅。

饱受创痛折磨的徐霞客终于在十二月十一日这天回到南宁。在此后10余天的日记里，徐霞客痛苦地记述了自己在南宁噩梦一般的遭遇。

静闻的遗体早已被宝檀、云白等僧人火葬，草草"窆骨"于城郊溪岸边。当徐霞客索要静闻遗留的经书、衣服等财物时，宝檀、云白竟一改分手时的和善面容，以种种借口刁难阻挠。无奈之下，徐霞客写了一张揭帖呈送官府，请求南宁郡太守吴公出面主持公道。不料，那位高高在上的太守始终不理不睬。

夜幕降临，阴雨绵绵。绝望中的徐霞客本可撇下烦扰一走了之，按自己的意愿前往四川峨眉山。然而，烛光闪烁之间，静闻生前在旅途中和自己交谈时表达的恳切遗愿又回响在耳旁："余志往不得达，若死，可以骨往。"静闻的意思很明确：如果我的志向不能实现，死在半路，请把我的骨灰带往鸡足山！

天色渐明，忧心忡忡、六神无主的徐霞客又一次把决定权交给佛祖，一大早便前往天宁寺佛像前抓阄。抓阄得到的结果是——前往鸡足山！

徐霞客当即做出一个改变自己此后命运的决定：放弃原本前往峨眉山的计划，携带静闻遗骨前往鸡足山，实现旅伴生前最恳切的遗愿！

十二月十七日这天，徐霞客到溪边挖出静闻遗骨，一块块包裹好。再次前往崇善寺索取静闻遗物时，却被宝檀、

立于鸡足山的静闻塑像

云白锁在院内。此前貌似善良的宝檀甚至恶狠狠地威胁道:"汝谓我谋死僧,我恨不谋汝耳!"

面对令人毛骨悚然的威胁,身处危境的徐霞客在恐惧中做出妥协,顺从两个恶僧的贪念,把值钱的东西留下来,只取走静闻的经卷和戒衣。

十二月十九日清晨,急欲启程的徐霞客无奈应允脚夫索要的高价,带着行李和静闻的遗骨,在阴雨霏霏中出南宁朝京门,过望仙坡五公祠,怀着沉痛的心情离别南宁。

在幸存的南宁日记中,那座多次出现的令徐霞客伤心不已的崇善寺究竟在城中哪个位置,一直是研究者关心的话题。

有关专家在查阅民国年间《邕宁县志》后,得悉崇善寺位于南宁云亭街,曾经是邕城四大佛教名寺之一。1924年,崇善寺被改造为邕宁县立中学校舍。后来,又被圈入南宁市第一中学校园之中。

2003年11月,南宁市第一中学开工建造教学综合楼,在地下挖出"崇善寺碑记"和一对石础,从而确认了崇善寺的具体位置。

为纪念那位曾经在这里留下足迹的令人崇敬的大旅行家和那段令人感慨的历史,南宁市第一中学校园里立起一座徐霞客塑像。当年，崇善寺两个恶僧的所作所为完全违背了佛家倡导的"崇善"教义。如今，"厚德、尚实"成为一中师生们常常挂在嘴边的校训。

徐霞客最终有没有完成静闻的遗愿呢？

2012年11月，我曾追寻徐霞客足迹前往云南大理鸡足山。在与鸡足山祝圣寺僧人交谈时得知：徐霞客当年离开广西由黔入滇，于崇祯十一年（1638年）十二月二十二日抵达鸡足山。他放下行李做的第一件事，就是携带静闻遗骨和经文拜访山中德高望重的悉檀寺住持弘辨。

深为徐霞客毅力及静闻遗志所感动的弘辨法师当即决定：将静闻遗骨葬于鸡足山文笔峰下，并立碑纪念。

抵达鸡足山的徐霞客曾挥泪写下《哭静闻禅侣》诗六首。让我们拜读其中一首吧：

同向西南浪泊间，忍看仙侣堕飞鸢。

不毛尚与名山隔，裹革难随故国旋。

黄菊泪分千里道，白茅魂断五花烟。

别君已许携君骨，夜夜空山泣杜鹃。

由南宁前往上林、宾州的徐霞客,在绵延起伏的大山里一路跋涉,竟然相继遇到一座又一座『昆仑关』——山心坳一座,界牌岭一座,古漏山一座。究竟哪一座才是真正的昆仑关?连地理知识十分丰富的徐霞客也不免大感疑惑……

烽火昆仑关

南宁 崇左

北上半里,东入一隘门,其东有公馆焉,是为邕、柳分界处……其隘土人名为界牌岭,又指为昆仑关……

摘自徐霞客崇祯十年十二月二十一日日记

在阴雨霏霏中离开南宁的徐霞客,虽然心情沉痛,却也没有忘记一路考察名胜古迹。他由归仁铺(今南宁三塘)、施浬(今南宁五塘)一路往宾州(今广西宾阳)、上林方向行走,来到被当地人称为"山心坳"的关山时,只见"两崖山甚逼",地势十分险要。徐霞客当即联想到志书中"昆仑山在郡城东九十里"的说法,认为此地应该就是大名鼎鼎的昆仑关了。

昆仑关古道

清代昆仑关关楼

然而，当地人却告诉徐霞客："昆仑关在宾州南"，还要走"二十里"路才到。

疑惑中的徐霞客继续前行。终于，山间坡岭上出现一道隘门，隘门东面设有客馆，客馆周边环绕着田地和坡岭。这里是邕州、宾州的分界处，一过隘门便进入宾州的地盘了。

隘口所在地叫界牌岭。当地人告诉徐霞客：这里就是昆仑关。

徐霞客对这一说法深感疑惑。观察周边地貌，他感觉此地地势远不如山心坳险要。而且，按志书中的说法，昆仑关是南宁府的辖地，距府城东面"九十五里"。而这里和宾州分界，距南宁城"一百二十里"，可见此地并非昆仑关。经过此地的人因为看到岭上建有隘门，才错把这里当成了昆仑关。

自信的徐霞客认为，明万历年间的《西事珥》也受到了这一误解的影响，将此地确认为昆仑关，所以书中才会有"昆仑关不甚雄险，其上多支径"的说法。

细雨蒙蒙中，徐霞客一行继续赶路，在上林与宾州地界穿行。走着走着，突然感觉"山愈逼束"。观察周边地势，联想到志书中的记述："宾州南四十五里有古漏山，古漏之水出焉，其关曰古漏关。"徐霞客当即断定：所谓古漏关，就在这个地方了。

由昆仑关和古漏关，徐霞客联想到流传甚广的"狄青夜袭昆仑关"的故事——北宋皇祐四年（1052年）四月，侬智高率军反抗朝廷，攻占邕州，分兵把守昆仑关。当年十二月，宋仁宗命大将军狄青率军南下"征剿"。次年正月，狄青屯兵3万于宾州。初八这天，狄青号令部下休整十天，同时张灯结彩举办夜宴，以歌舞升平的气氛麻痹守关侬军。十五日上元节夜间，军中节日气氛十分浓烈。然而，二鼓刚一敲响，狄青便披挂上马，率军趁雨夜奔袭昆仑关。毫无防备的侬军大败，弃关而逃。三更时分，狄青一举破关，随后乘胜占领邕州城。

在一路对几处"昆仑关"进行考察后，徐霞客质疑：位于界牌岭的昆仑关距宾州40多公里，狄青绝不可能在二鼓敲响时出发，在三更时分便一举拿下关隘。反观古漏关，距宾州仅20多公里，连夜破关倒是完全可能的。

由此，徐霞客得出自己的结论：狄青连夜所破之关"乃古漏关，非昆仑也"。这一结论，已经得到史学界普遍认同。

一路走来的徐霞客，相继遇到3座"昆仑关"。虽然徐霞客有自己的判断，但事实上究竟哪一座才是真正的昆仑关呢？

如今，我驱车前往昆仑关，走的基本上还是徐霞客当年行走的那条路线。记得，20年前登上界牌岭昆仑关隘口，面对的是被萋萋荒草包围的面目全非的残墙碎瓦。

2013年，昆仑关关楼按"修旧如旧"原则在遗址原地再度崛起。由山脚沿石板铺设的古道蜿蜒上山，绕过一片田地，远远便能看到重建的关楼稳健地立在山坡隘口之间。

被徐霞客质疑的界牌岭上这座昆仑关，究竟有何来历？

整理相关资料，可以清晰地理出一条昆仑关从无到有的线索——早在东汉时期，伏波将军马援南下平乱，途经此地时曾经在山隘间设立关卡。从唐元和十四年（819年）到清道光二十六年（1846年），历代都留下了在此修复昆仑关的文字记述。如今重建的昆仑关关楼，沿袭的正是清道光二十六年（1846年）昆仑关关楼的建筑风格。

老关楼早已不存。南明永历二年（1648年），桂王朱由榔为抵抗南下清军重修关楼时题写的"昆仑关"石刻匾额却幸运地留存至今，稳稳地嵌在墙体拱门上，为重建的关楼增添了几分古意。

观察周边地势，的确如徐霞客所言"南北更峙土山"，地势远不如山心坳险峻。登上关楼，面对周边起伏的山丘，怎么也找不到"一夫当关，万夫莫开"的感觉。难怪当年徐霞客会质疑这座昆仑关的真实性。

其实，纵观昆仑关周边地势，会发现这一带山峦起伏，群峰连绵。沟通南宁与宾阳的道路，就在这起伏连绵的大山里蜿蜒延伸。没有任何一个山口能够独自承担起阻断交通的重任。明代学者魏濬在《西事珥》中提醒"昆仑关不甚雄险，其上多支径"，"欲守昆仑，须防间道"，确实很有道理。也正是为了"防间道"，古人才会相继在山心坳、界牌岭、古漏关等地设立关卡，层层把守。

设立于界牌岭的关楼旁边，据徐霞客记述还曾经设有客馆。显然，立于此地的昆仑关是一座起统领作用的"中心关楼"。

山脚高高的台阶前，立着一座庄重的三门四柱牌坊。牌坊中门横额刻着由杜聿明将军题写的一行大字：陆军第五军昆仑关战役阵亡将士墓园。

登上331级花岗岩石阶，山顶一座造型如同三刃剑的纪念塔直指蓝天。塔上刻着杜聿明将军题写的一行雄劲大字，"陆军第五军昆仑关战役阵亡将士纪念塔"。

沿山间坡道信步而行，来到当年中日双方鏖战的领兵山。山坡绿树间，昆仑关战役博物馆形如一座堡垒，静静立在翠柏之中。

走进展馆，迎面便见弹坑累累的战壕。壕沟中，奋勇杀敌的中国战士塑像栩栩如生。展厅里，中方攻坚的坦克与日军使用的钢炮针锋相对。一幕幕战场实景影像，借助声、光、电设备营造的仿真效果，让观众仿佛穿越时空，回到当年硝烟弥漫的战场……

1939年12月在昆仑关上展开的那场血战，被当代研究者形象地称为"钢与钢的对决"。

1939年12月18日，号称"钢军"的日军第五师团入侵广西，随即占领南宁。于抗战时期组建的我军第一支机械化部队——国民革命军第五军，因为斗志昂扬、武器装备精良同样有"钢军"之称。为夺回昆仑关，第五军作为主力奔赴昆仑关，与日军决战。

战场在昆仑关周边领兵山、金龙山、石牛山、石人山、罗伞顶等山头展开。敌我双方你争我夺，战斗如拉锯般惨烈。日军倚仗山头坚固的阵地工事和飞机增援，同时凶残地使用毒气弹，造成我方攻坚将士惨重伤亡。

顽强的中国军队则以勇猛的战斗意志，一次次发起强攻，让号称"钢军"的日军尝到了中国"钢军"的"钢拳"滋味。

在昆仑关山脚一个僻静角落，静悄悄卧着日军第五师团少将旅团长中村正雄的坟墓。读墓碑上的文字可知，这座坟墓是杜聿明将军战后下令修筑的。

以崇尚所谓"武士道"精神闻名的中村正雄，早在1936年就投身侵略我国东北的战场，此后一路转战南下，骄横冷酷，从来不把中国军队放在眼里。在1939年12月的战斗中，率队从南宁奔赴昆仑关增援的中村正雄在九塘被我军愤怒的子弹先后击穿腮部、腹部，最终死在炮火硝烟中。

看着中村正雄的坟墓，我不由得联想到此前在云南腾冲"国殇墓园"采访的情景。"国殇墓园"里也立有一座"倭冢"。不同的是，那座"倭冢"里确实葬有日军尸骨，而中村正雄墓穴里据介绍并没有他的遗骸。

那么，杜聿明将军当年何以要在这里为中村正雄掘墓立碑呢？

从杜聿明将军战后所写的《昆仑关绝句》里，可以揣摩到将军刻意在昆仑关营造的这样一种气氛："北海风迷骑士道，昆仑月葬大和魂。"

告别昆仑关时，在关楼下读到我国著名诗人、词作家田汉先生于1943年创作的《咏昆仑关之战》。诵读之下，顿感荡气回肠：

一树桃花惨淡红，雄关阻塞驿楼空。

倭师几处留残垒，汉帜依然卷大旗。

当年匆匆而过的徐霞客，面对一座座昆仑关颇感困惑。其实，曾经耸立于绵延山岭间的每一处隘口都是阻击入侵者的昆仑关！

抵达上林县三里的徐霞客,在这个小小的地方逗留将近两个月,比游览桂林的时间还要长。是什么缘由,让徐霞客在这个原本并不出名的地方停下行色匆匆的脚步,流连忘返呢?

畅游『后花园』

南宁
崇左

三里以洋渡为前门，有李依江西自上林大明山发源，东流至此，横为杨渡。渡之南则石峰离立，若建标列戟；渡之北则石峰回合，中开一峡，外凑如门，有小江自北而南，注于洋渡下流，即汇水桥下合流水也。

摘自徐霞客崇祯十一年二月十三日日记

三里洋渡风光（黄云清 摄）

上林，因风光优美、紧邻南宁而获得"南宁后花园"美称。在上林三里，徐霞客意外地遇到一位江苏老乡——率军镇守此地的参将陆万里。在这位极重情谊的老乡热情挽留和陪伴下，徐霞客开启了惬意的"后花园之旅"。

我曾经不止一次前往上林三里古镇采访，寻找徐霞客遗留在这片山水之间的足迹。印象最深的一次，是和一位专注于徐霞客研究的外国学者结伴而行。

那是2023年年底的一天，南宁市作家协会一位诗人打来电话，说有一位名叫白亚仁的美国汉学家来到南宁。这位汉学家正在翻译《徐霞客游记》中涉及广西的内容，希望我能和这位老外谈谈"徐霞客的广西之旅"。

对徐霞客广西之行一直怀有浓厚兴趣的我，自然很高兴和一位老外谈论徐霞客。

上网搜索有关白亚仁教授的资料，我发现这位汉学家的中国文学研究与翻译成果还真是令人刮目相看！

白亚仁（Allan H. Barr），1954年出生于加拿大，拥有英、美双重国籍。1977年，白亚仁从剑桥大学东方研究院毕业；1977年到1978年，进入中国复旦大学进修；1980年获得剑桥大学中国文学硕士学位，1983年获得牛津大学中国文学博士学位。

时为美国加州波摩纳学院亚洲语言文学系教授的白亚仁，主要从事中国明清文学与历史的研究，在《聊斋志异》、明史案等方面研究成果颇丰，著有《江南一劫：清人笔下的庄氏史案》等专著。同时，致力于中国当代文学作品翻译。

与白亚仁教授见面交谈时，我从这位汉学家口中得知英译本《徐霞客游记》的一些情况。

对英译本《徐霞客游记》，国外主编的关注重点是徐霞客游历黄山、庐山、天台山、雁荡山等一系列名山的内容。作为译者之一，白亚仁在全面研读《徐霞客游记》后，对其中"粤西游日记"的内容产生了浓厚兴趣。在白亚仁看来，徐霞客广西之行是全书中内容最为丰富、最为精彩的部分。

虽然，早在1978年白亚仁便利用在复旦大学进修的机会来过南宁和桂林，但学生时代浮光掠影的游历早已印象淡漠。徐霞客笔下那个山水奇异、风情浓郁的广西，如今又是怎样一番景象？强烈的好奇心，最终促成白亚仁此次广西之旅。

来南宁之前，白亚仁应朋友之邀已游览玉林、北流两地，对徐霞客游记中描述的鬼门关、勾漏洞等景观进行了现场考察。

交谈间，我与白亚仁教授相约一同前往上林县三里古镇游览、考察。之所以选择上林三里，是因为那里还遗存着诸多徐霞客游览过的"原汁原味"的遗迹。

三里，一个相当独特的地名。

关于这座古镇的来历，徐霞客在日记中用简洁的语言为我们做了描述："名三里者，以昔为贼踞，王文成即王守仁也平八寨，始清出之，编户三里：一曰上无虞，二曰下无虞，三曰顺业里。"

原来，这地方曾经是一个令官府头痛的"动荡不安的地盘"。明万历年间，兼任两广总督的王阳明率军来到广西，平定上林八寨，在当地重新编户，建成上无虞、下无虞和顺业里3个聚居点，统称三里。

3个聚居点的名称，寄寓着王阳明殷切的期望——从此不再发生令人担忧的动乱，让百姓在这片土地上安居乐业，生活无虞。

明崇祯十年（1637年）十二月二十二日，徐霞客抵达三里，得知率军镇守此地的参将陆万里是江苏镇江人，便投书一封，希望在这人生地不熟的异乡能得到江苏老乡的帮助。

此前在桂林、南宁等地遭遇官府冷落的徐霞客，在上林幸运地遇到一位热心官员。身为当地最高军政首领的陆万里一接到徐霞客的投书，立即热情接待这位远道而来的老乡。

在日记里，徐霞客用4个字形容自己和这位"官员老乡"在三里结下的情谊——"谊逾骨肉"。老乡见老乡，两眼泪汪汪。两人的情谊竟然超过了亲骨肉！

有着"小桂林"之称的三里，石峰林立，岩洞众多。据研究者统计，徐霞客在三里游览期间，探访、考察的岩洞多达10余个。

由于时间有限，我和白亚仁教授选择性地探访了其中3个最具代表性的岩洞。

青狮南岩洞口，位于青狮岩山脚下。正如徐霞客所言，"其山石峰卓立，洞在山之下，开东西二门"。

第一次游览青狮南岩，一行人信步由东面洞口入洞，只见宽大洞厅中的景观与徐霞客在日记中的描述完全吻合——"下辟如砥，上覆如幔，间有石柱倒垂幔下"，"洞之西垂，又有石柱一队，外自洞口排列，抵洞后西界，别成长榭"。

如今，洞厅中岩石的状貌依然或平展如磨刀石，或垂挂似帏幔。西侧一排石柱仍然组成整齐的队列，鬼斧神工。宽大的洞厅里积满了地下水，我们虽然能看到西面洞口透出的光亮，但并没有前往探察。

结束青狮南岩之行后，那个透着光亮的西面洞口始终闪现在我的脑海里。于是，又有了第二次青狮南岩之行。这一次，洞厅中的积水全部消失。我穿越洞厅来到西面洞口，眼前情景正如徐霞客所言——更为"崇峻"！

宽大的洞口下方，"有巨石盘叠为台"。站在岩前抬头仰望，"只见高盘之上，四面层回叠绕，如云气融结，皆有窍穴钩连，窗楞罗列"。种种奇特的岩溶景观，悬在高高的洞厅平台上。

按徐霞客在日记中的描述，正当他和陆万里等人围着洞口平台饮酒谈笑时，忽然发现北面"有光逗影"，徐霞客凭经验断定那地方一定有通往山外的暗道。陆万里立即"令健而捷者从山外攀崖索之"，果然发现了暗道。徐霞客立即兴致勃勃跟了上去，一路攀崖穿洞，最终登上"四面层回叠绕，如云气融结"的洞厅高台。

高高在上的徐霞客俯身下望，只见陆万里和一群手下还在洞口石台边饮酒，胸中顿时升腾起"登月窟、扪天门而俯瞩尘界"的感觉。在石台边饮酒的人们仰头望见高高在上的徐霞客，纷纷鼓掌呼叫，惊叹徐霞客简直就是腾云驾雾的仙人。高高在上的徐霞客也不由得洋洋得意起来，在日记里感慨道："余亦自以为仙也。"

青狮南岩洞厅

　　徐霞客在陆万里陪同下探访的韦龟洞（又称韦归洞，位于韦归村），被当地人称为明镜岩。岩洞中原本狭窄曲折的暗道，经开凿已然变成宽敞的通道。好在可容纳上千人聚会的巨大洞厅还基本保持着原貌。徐霞客当年看到的那个直透蓝天的洞口，依然高高挂在洞壁顶上，为探洞者透放一片耀眼的光芒。

　　结束上林之旅时，白亚仁教授谈起自己在翻译过程中生出的一个想法——《徐霞客游记》中的"粤西游日记"内容丰富多彩，完全可以独立翻译成书。

　　期待，这位汉学家的想法能够在将来某一天成为现实！

　　期待，精彩的"徐霞客之路"早日由中国通向世界！

河池

由忻城过红水河抵达庆远（今广西宜州），徐霞客一路畅游多灵山、会仙山、龙隐岩、山谷祠、龙江等山水名胜。而后，过怀远、德胜、河池州，进入"有色金属之乡"南丹，在这片遍地矿藏的土地上见识另一番风景。

崇祯十一年（1638年）三月二十七日，徐霞客由南丹六寨岜歹村告别广西进入贵州地界，就此结束蔚为壮观的"粤西游"之旅。

宜州，明代为庆远府府治，又有宜山之称。这座与龙江相伴的城市，自古便以山清水秀闻名。沧海桑田，世事变迁。当年徐霞客下榻的香山，如今还能看到酷似苏州盆景的景观吗？储存于会仙山的『半部宜州史』，如今还能寻找到遗迹吗？

宜州观山

㊞河池

江北石峰笋立,中为会仙,东为青鸟,西为宜山,会仙高笋,宜山卑小……江南即城。城南五里,有石山一支,自西而东,若屏之立,中为龙隐洞山,东为屏山,西为大号山,又西为九龙山,皆蜿蜒郡南,为来脉者也。

摘自徐霞客崇祯十一年三月初九日日记

离开南宁后一直在幽深大山和乡野村镇之间穿行的徐霞客，终于在二月十七日这天抵达一座"比较大的城市"——庆远。

当天，徐霞客便在日记里详细描述了庆远周边的山川走势："于是开东西大夹，其南界为龙隐、九龙诸山，北界即龙江北会仙、青鸟诸山，而江流直逼北山下，江南即郡城倚之。其城东西长而南北狭。"

香山寺，是徐霞客抵达宜州的下榻之所。刚放下行李，徐霞客便兴致勃勃观赏香山寺周边环境——"寺前平地涌石环立，为门为峡，为峰为嶂，甚微而幻，若位置于英石盘中者。且小峰之上，每有巨树箕踞，其根笼络，与石为一，干盘曲下覆……寺西有池，中亦有石"。

一座座小巧的石峰平地涌起，盘旋环绕，既像山门又似峡谷，体态精微奇幻。石峰上，盘踞着一棵棵巨树，强劲的根须扭曲缠绕，和岩石融为一体。徜徉其间的徐霞客瞬间联想到名声远扬的苏州盆景，由衷感慨眼前景观"极似苏闻盆累中雕扎而成者"。

史料记载，早在北宋景祐年间，香山寺所在位置便是名臣赵抃出任宜州通判时的讲学场所。明朝万历年间，庆远府知府岳和声在赵抃讲学的地方建起气势更为宏大的香林书院。

情调高雅的古人，在小巧玲珑却充满情趣的香山营造"八景"——由园中曲池望向岩石峭壁，可见梵天门；入门数步，有观音阁；阁西奇石耸立，上刻"云峰"二字，人称嘘云岫；峰南有朝阙石，石上遗留着前人的诗刻；香山寺前双石对峙，组成"燃灯门"；"燃灯门"右侧，卧着普陀崖；普陀崖前，有菩提路蜿蜒而上；高高的崖顶上，立着滴翠亭。

香山菩提路

1927年,"香山八景"被扩建为龙江公园。因园中增添了中山纪念塔、纪念亭等景观,改称中山公园。

我慕名来到如今的中山公园,在园中来回搜寻,却始终凑不齐"香山八景",便向一位在园中散步的长者请教。长者指着眼前一条两崖相夹的盘旋小路叹道:"20世纪60年代中期,为了在城里修建厨房、厕所,到这里炸岩取石,把好好一个香山炸得七零八落。如今,'香山八景'只剩下菩提路、普陀崖、燃灯门、滴翠亭四景了。"

巍然耸立于龙江北岸的会仙山,是徐霞客在宜州重点游览的一座名山。当我来到"盘崖峻叠"的会仙山山脚下时,意外地在这里见到了追念黄庭坚的山谷祠。按徐霞客在日记中的描述,山谷祠位于香山寺附近。它是怎么搬迁到会仙山来的呢?

广西人认识黄庭坚,大多是从桂林榕湖之滨那处著名景观——"黄庭坚系舟处"开始的。这位北宋年间与苏轼、米芾、蔡襄齐名的文学家、书法家,江西诗派开山之祖,在人生的最后一段旅程中和广西结下深厚缘分。

史料记载,北宋崇宁三年(1104年),因"元祐党案"被贬斥的黄庭坚,又遭小人诬陷,被以"幸灾谤国"罪名流放广西宜州羁管。

心灰意冷的黄庭坚一路凄然南下。抵达桂林时,虽然备受官府冷落,却在优美的山水之间得到慰藉。悠然荡舟游山玩水的他,在榕湖边大榕树下系舟登岸,挥笔写下《到桂州》一诗——"桂岭环城如雁荡,平地苍玉忽嶙峨",由衷赞叹桂林山水之美。

北宋崇宁三年(1104年)五月十八日,黄庭坚孤身一人来到羁管地宜州。选择居所时,先租民房,后迁寺庙,官府均认为"不符合规定"——一个被羁管的罪人,怎么能住得如此舒适呢?最终,黄庭坚被迫搬到城南一座破败的戍楼里安身。

戍楼屋顶漏雨,四围进风,周边喧闹嘈杂。黄庭坚便以"喧寂斋"命名自己的居所,表达"喧者自喧,寂者自寂"的豁达处世态度。

备受官府冷遇的黄庭坚,很快在宜州民众中感受到了温暖,人们纷纷将米、面、枇杷送到破败的戍楼里,年轻的学子们则登门求诗、求书、求学问。黄庭坚一一热情回应,并且开馆办学,为求学者答疑解惑。

"万事尽随风雨去，休休"，"花向老人头上笑，羞羞"。崇宁四年（1105年）重阳日，黄庭坚在宜州参加朋友聚会即席吟诵的词句，形象地描述了这位大文学家在人生最后阶段凄然失落、苦中作乐的情境。当年九月三十日，黄庭坚在极度压抑的精神状态中病逝于宜州。

去世26年后，黄庭坚终得恢复名誉。宋高宗追赠其为龙图阁大学士，宜州的官员也开始以黄庭坚曾留居此地为荣。

徐霞客在日记里为我们讲述了宜州官员建造黄山谷祠的经过——南宋嘉定八年（1215年），宜州知州"张自明因文节（黄庭坚）遗风，捐数十万钱建祠及龙溪书院"。遗憾的是，当徐霞客前往探访时，祠堂、书院"规模已废而碑图犹存祠中"。

1985年秋，早已成为废墟的山谷祠再度现身于宜州会仙山。重建的祠堂门

祠中遗存的黄山谷小像

口，沿用了清道光年间庆远知府李彦章为山谷祠撰写的楹联：

旧馆辱南楼，人仰斯文兴后起

墨池崇祀典，我来西粤拜先生

参拜山谷祠后，沿石阶继续登山。

在日记里，徐霞客沿山崖逐层为我们描绘了会仙山西北面的胜景，"第一层，岐而南为百子岩；第二层，岐而南为雪花洞，岐而北为百丈深井岩；直东上岭脊，转而南为绝顶"。

状若雄狮的会仙山，据传曾有紫云玄鹤凌空而下，如神仙聚会，"会仙"之名由此而得。素来喜欢"与仙为邻"的佛、道两教早早就相中这座"仙山"，纷纷在山上建造寺院、道观。东观、中观、西观、圣寿观以及高昌阁、真武殿、花婆岩、雪花洞、金仙阁、齐云阁等，都曾经是会仙山上有名的寺观。

沿山间石阶来到白龙洞洞口，满壁的石刻让人感觉仿佛置身于桂林龙隐岩"桂海碑林"。

徐霞客看到的"白龙洞"3个大字还清晰地印刻在石壁高处，"岩前大书'云深'二字"也保存完好。被徐霞客赞为"甚佳"的刘棐的诗词，已经残损不全。经后人一番考证，得出诗词的全文：

当年回首烂柯山，世态消磨一局间。

陆叟已仙枰尚在，洞云深锁白龙闲。

诗中提到的陆叟，即唐代名士陆禹臣。传说中陆禹臣在会仙山修炼成仙的典故，也被徐霞客在"洞门题刻"中找到出处——石壁上一幅刻于明永乐四年（1406年）的题记告知来访者："此乃陆仙翁休服修炼处，石床、丹灶、仙桃、玉井犹存。"

会仙山上有一件珍贵石刻，是徐霞客不可能看到的。清朝咸丰九年（1859年）十月，太平天国翼王石达开率军攻克庆远府。次年，石达开和谋士张遂谋及一众将领登会仙山游览，在白龙洞洞口看到满壁石刻，诗兴大发，立即和手下一起"就原韵立赋数章"，并将记述游览经过的序言和"唱和诗"刻于石壁之上：

予以政暇，偕诸大员巡视芳郊。山川竞秀，草木争妍。登兹古洞，诗列琳琅，韵著风雅，旋见粉墙刘云青句，寓意高超，出词英俊，颇有斥佛息邪之概，余甚嘉之，爰命将其诗句勒石，以为世述仙佛者警。予与诸员亦就原韵立赋数章，俱刊诸石，以志游览云。

谈到石达开和部下在会仙山留下的"唱和诗"，我国著名学者罗尔纲在《太平天国史料辨伪集》一书中曾发出这样的感慨：太平天国史料伪作之多，谬误之甚，在中国历史上是罕见的……今天还保留在广西宜山县白龙洞那首"挺身登峻岭，举目照遥空。毁佛从天地，移民复古风。林军称将勇，玩洞羡诗雄。剑气冲星斗，文光射彩虹"的题壁诗的风格、思想才是真的。

"一座会仙山，半部宜州史。"此言果然不虚！

怀远，广西四大古镇之一，距今已有上千年历史。抵达怀远的徐霞客，没能见到兴起于清代的商贸繁华。比徐霞客幸运的是，如今慕名而来的游客可以透过古朴的码头、气派的骑楼、林立的商铺感受怀远一段荣光岁月……

怀远怀旧

〖河池〗

又十里，逾土山而下，则江流自南而北横，天堑焉。其西岸即为怀远镇。时随夫挑担不胜重，匍匐不前，待久之而后渡。江阔半于庆远，乃怀远镇之南江也。

摘自徐霞客崇祯十一年三月初十日日记

在宜州赞叹峻峭的山，到怀远品味秀丽的水。由庆远府一路风尘仆仆走来的徐霞客，抵达卧于两江交汇处的怀远古镇时，留心观察的是这里的江河走势："其江自荔波来，至河池州东境为金城江，又南至东江合思恩县西来水，南抵永顺北境入山穴中……又北而东五里，则北江自西北来合，为龙江焉。"读了这段文字，生活在金城江和环江的人们一定会倍感亲切。

徐霞客还详细观察了怀远所处的地理位置："怀远镇在江之西岸，其北尚有北江自思恩县北总州来，与南江合于怀远之下流，舟溯南江至怀远而止。"

来到如今的怀远古镇，站在江滨高处举目望去，只见金城江由南面滔滔而来，与被当地人称为中洲河的小环江汇为龙江，往东南奔涌而去。怀远，就静静地立在两江汇合的"三角嘴"上。据当地人说，如果登高俯瞰，会发现怀远好像一条面向龙江翘首摆尾的大船。怀远人由此自豪地把这片故土称为"龙舟宝地"。

徐霞客见到的怀远，还只是一座简陋、沉寂的小镇，商业并不发达。他在当地保正家住了一宿，第二天一早便匆匆启程前往南丹。此前在桂林路过熊村、大圩，在南宁路过宋村等大村镇时，徐霞客曾经以"聚落颇盛"形容当地的繁华情景。然而，明代末年荒僻的怀远没有让徐霞客留下类似的印象。

史料记载，早在唐天宝年间，官府便在怀远设羁縻府州。宋代设怀远军、怀远寨，隶属龙水县（今宜州）管辖。明代时，这里设有土巡检司和怀远堡。

怀远的华丽变身，是从清代道光年间开始的。民国年间出版的《宜山县志》有这样一段记述："怀远当龙江、小河交会，为粤、黔商贾都会，博徒游惰视之为渊丛……盖地据形胜，百货所聚也。"

两江交汇的怀远，溯小环江而上可抵贵州，顺龙江而下可达柳州。这个财源汇聚的交通枢纽，让广东、贵州、湖南等地商人纷至沓来，在这里开店经商，转运货物。

沿着长达上千米的怀远石板老街一路行走，街道两旁骑楼林立，店铺密集。街边一条条方形砖柱上，老商号的名称依稀可辨——"永昌祥""正昌号""绍昌号""黄焕记""正记生"……

谈起当年商号主人的来历，街边一位刘姓老人感慨道：老街上曾经有粤东会馆、贵州会馆、湖南会馆和江西会馆。如今多数会馆已不存，却还能找到遗存的痕迹。在文昌街上，曾经发现了清代咸丰年间募捐修复江西会馆的记事碑。由街道西端魁星楼往

远眺怀远

前走，能看到断断续续用石板铺设的古官道，徐霞客当年很可能就是顺着这条官道进出怀远的。

来到上和街，我惊喜地看到古朴、典雅的粤东会馆依然立在街边。砖木结构、雕梁画栋的内部格局和著名的百色粤东会馆颇为相似。

馆中所藏资料显示，粤东会馆始建于清末同治年间，由广东商人吕凤义发起筹建，得到潮州等地商人慷慨资助。建成之初起名恭和堂，后来又一度更名为潮州会馆。

和百色粤东会馆一样，怀远粤东会馆也有着一段耀眼的"红色历史"。

怀远老街

1930年4月16日，由张云逸、李明瑞率领的红七军第一、第二纵队3000多人进驻怀远，军部指挥所便设在宽敞的粤东会馆。同年11月10日，由邓小平及张云逸、李明瑞率领的整编后的红七军3个师共7000多人再次进驻怀远，指挥部依然设于粤东会馆。

在怀远，红七军召开军事会议，修正行军路线，取消原定进攻庆远乃至柳州的不切实际的冒进方案，转而借道天河、苗山前往江西革命苏区，与中央红军会合。

会馆内墙上，依然存留着红军战士当年用毛笔书写的一段唤起民众的宣传标语。淡漠的墨迹让人难以辨认，好在20世纪50年代进行文物普查时记录了原文：

贫苦的群众兄弟们，听呵，听呵，军阀又想送我们去当炮灰了。什么征兵、实行征兵呢？叫的是把我们贫苦的工农群众去，那豪绅地主的子弟一定不应征的。贫苦的工农们起来罢，起来打倒国民党军阀的走狗豪绅地主资产阶级！

口语化的语句让人倍感亲切、真实。

信步来到码头边，看到几个孩子正在河里游泳、嬉闹。眼前欢快活泼的情景，让我突然想起当年主编《神游广西》丛书时，曾经约请在怀远长大的温存超先生撰写描绘家乡生活情趣的文章。其中，有这样一段生动文字：

与怀远人最亲近的是河水和码头，天天"亲吻"怀远人的脚板。除了几个货运大码头，那河边的岩石上还被踩出条条小径，留下光滑的脚窝印子，一个个小码头也就由此形成。清早傍晚，钓鱼捞虾；晌午时分，淘米洗菜；初一十五，杀鸡杀鸭；遇上阳光明媚的日子，小孩子不分男女，光着屁股跳水戏耍，这边一个"秤砣落水",那边一个"鲤鱼翻身"……

因为那两条河流,因为船和码头,还因为南方共有的风俗,端午节的河边就更热闹非凡。一大清早,河面上的雾气便荡漾着糯米和竹叶的清香。中午时分,河岸上站满了人,岩石上,竹林边,呼朋引伴,比肩接踵,只听得号炮一响,锣鼓齐鸣,龙舟竞发,一条大河也就沸腾起来。

只有生在怀远、长在怀远的怀远人,才能写出如此真切、如此生动的文字来!

在中和街上,我意外地见到了广西著名演员、第三代"刘三姐"唐佩珠的祖屋。据说,有"当代刘三姐"之称的著名演员肖燕也是喝着龙江水长大的。

"终年四季歌不断,都是三姐亲口传。"宜州是传说中"歌仙"刘三姐的故乡。素有"山歌之乡"美称的怀远,自古就流传着以歌会友、以歌传情的习俗。

清代乾隆年间,庆远府知府商盘就曾在《宜阳行春》一诗中绘声绘色描述了龙江两岸民众唱山歌的情景:

竹院松扉绕郭多,画旗彩索问如何。

蛮村儿女连群出,不打秋千但唱歌。

怀远能够走出一个又一个"刘三姐",正是得益于浓郁的"山歌情境"。

南丹，素以『有色金属之乡』『中国锡都』闻名于世。在南丹拥有的诸多矿产资源中，锡、锑、锌、铟矿在全国占有重要地位，由此被称为『矿物学家的天堂』。观察力敏锐的徐霞客，一进入南丹地界便感受到浓烈的『矿味』……

南丹探宝

银、锡二厂,在南丹州东南四十里,在金村西十五里,其南去那地州亦四十里。其地厂有三:曰新州,属南丹;曰高峰,属河池州;曰中坑,属那地。皆产银、锡。三地相间仅一二里,皆客省商贾所集。

摘自徐霞客崇祯十一年三月二十二日日记

也许是心生倦意，也许是不满当地土司的傲慢无礼，徐霞客在短短10天的"南丹日记"里，隐约流露出一股郁闷、烦躁的情绪。然而，就在这郁闷、烦躁的状态中，徐霞客依然用他那传神之笔记下一处处令人大感新奇的生动场景。

盛夏时节，循徐霞客足迹，我又一次来到南丹。记得，上一次到南丹采访是2007年2月初。当时，一到南丹县城，目光便被一座"标志性景观"所吸引——在高高的石山顶上，立着一个大烟囱。据说，那个大烟囱由山脚直通山顶。当年南丹龙泉锡矿冶炼厂红火时，烟囱曾经终日浓烟滚滚⋯⋯

龙泉冶炼厂因严重污染环境被通令停产后，立在山顶上的这个大烟囱成了供人观赏的摆设。据说，有人提出把它炸掉，因为"这烟囱像一根针，扎在南丹身上，令人心疼"。也有人认为，应该把这个烟囱保留下来，因为它是南丹火热的采矿史的一个显著标志。

相隔17年，再次来到南丹的我，首先关切的便是山顶上这个烟囱。结果，我只看到了高高的石峰。显然，人们不能忍受被那根"针"永久地扎在身上。

徐霞客于明崇祯十一年（1638年）三月十八日进入南丹地界。在此后多天的日记里，他重点描述的正是当地热火的采矿情景——"溯溪南土山北麓行,西向升陟共十里,有茅数楹在南山之半,曰灰罗厂,皆出锡之所也";"涉小水西上横岭,岭东路旁有窨井种种,深数丈,而圆仅如井大,似凿掘而成者,即锡穴也";"又迤逦循北峰而西上者二里,逾一脊,脊北路隅是为打锡关,乃锡贾自锡坑而来者,昔于此征税"……

文物专家曾经专程到现场考察,发现徐霞客提到的打锡关(今堂汉村)附近如今依然遗存着明代古矿窿和窨井。

进入南丹城的徐霞客,详细地描述了南丹矿厂的分布状况:银、锡矿厂,分别在南丹州东南,在金村西面。此地著名的矿厂有3处:一处叫新州,一处叫高峰,一处叫中坑。3处皆出产银矿、锡矿。3个地方相隔仅一二里,均为外省客商聚集之地。

徐霞客还近距离观察了采矿的情景:"银、锡俱掘井取砂,如米粒,水淘火炼而后得之。银砂三十斤可得银二钱,锡砂所得则易。"

南丹的采矿史,可以追溯到遥远的唐代。在南丹,流传着这样一个民间故事:唐代,一个村娃顶着冬日寒风上山放牛,每天都要靠烧柴火取暖。为了保存火种，放牛娃想了一个办法：傍晚回家时，在山上搬来几块石头将燃烧的柴火严实地封盖起来。第二天，再掀开石头将残余炭火吹燃。久而久之，炭灰里竟然冒出不少银色疙瘩。有经验的人见后大喜：这是锡啊，可以拿来做锡壶的！从此，人们开始成群结队上山采矿炼锡。

《中国古代矿业发展史》一书告诉我们：有色金属矿藏丰富的南丹早在元、明时代就已经是有名的富矿产区。明清时期，到南丹冶锡的"炉户"多达200来家。清代末年，南丹一地7年间便产锡600多吨。

"唐炼丹砂，宋浇绿银，元采乌金（锡），明铸青铜"，是前人对南丹采矿历程最形象的描述。

清代光绪年间，朝廷开始派遣"管厂员"进驻南丹督查采矿。光绪末年，右江道观察龙济光在南丹开设庆云公司，管辖长坡、巴里、同车江、新洲和高峰五厂。后来，又将五厂合为一厂，称"大厂"。这，便是南丹大名鼎鼎的"大厂矿区"的由来。

南丹采矿业何以能延续2000多年兴旺至今？

在《南丹县志》里可以找到答案：南丹是世界上少有的富集矿区，境内蕴藏着锡、锑、铅、锌、金、银、铜、铁、钢、钨、镉等20多种有色金属，探明总储量达数万吨。铅、锌的保有储量名列全国前茅。锑的储量和开采产量可与世界锑生产大国玻利维亚相比，钢的储量更是在全球独占鳌头。由此，南丹享有"中国锡都""有色金属之乡"等多项桂冠。

在这个盛产银、锡的地方，徐霞客当年在街市上随意一逛，便发现一个有意思的现象："南丹米肉诸物价俱两倍于他处，惟银贱而甚低，所用者止对冲七成，其等甚大，中国银不堪使也。"

在别的地方十分难得的银子，在南丹却漫山遍野都是。"银子多了不值钱。"银矿的丰富，自古就使得南丹的物价高于周边地区。

如今，漫步南丹大街小巷，只见商铺人来人往，小摊小贩随处可见，街市十分繁华。一问价格，却和周边县市没有什么差别。

来到与渠水相伴的老街，悠然想起当年的情景：在南丹留居数日的徐霞客急着启程，几次请当地土司遣派挑夫，挑夫却总是到不齐。焦急中，徐霞客想到流行于官场的"潜规则"，连忙翻行李找出两枚"莹澈殊甚"的晶章，作为见面礼请府中一位刘姓管事递送给当地土司。结果"一并收入后，竟无回音"，"余索贴再三，诸人俱互相推诿"。

无奈的徐霞客只得找到那位管事，含蓄地提醒他：自己送上的两枚晶章是相当值钱的物件。刘姓管事惊讶地表示："昨误以为银朱薄物，竟漫置之，不意其为垂物也。"答应马上帮徐霞客催一催。

第二天，挑夫还是没到齐，两枚晶章也被视为不值钱的物件退了回来，其中一枚还被剐碰出伤痕。徐霞客不能再等，只得"以二名担行李，以二名肩舆行"，出街往北而去。

谈起徐霞客在南丹的这段遭遇，当地旅游部门一位退休干部曾经感慨道："当年南丹土司不识宝，如今有人依然不识宝。不少人只知道南丹矿多，不知道南丹的旅游资源其实也是相当丰富的！"

谈起南丹的旅游资源，这位退休干部如数家珍——南丹的里湖、八圩，拥有经典的喀斯特峰丛地貌，那里石峰林立，洞穴密布，地下河纵横交错。其中，著名的景观有穿过8座山洞的八穿河、恩村溶洞群和王尚九洞天。清澈的地下河冲刷出罕见的石穴景观，穿孔、剑峰、槽臼……形态丰富多彩。其中，剑峰石又有立剑峰、悬剑峰、斜剑峰、平剑峰等多种令人叹为观止的奇异形态。这一区域还是白裤瑶聚居区。长年生活在大山里的白裤瑶人勤劳聪慧，独特而又浓郁的民族风情令人啧啧称奇。

南丹旅游，同样是一座有着极大开采价值的"富矿"！

循"山水寻踪"之旅再次来到南丹的我，特意前往临近白裤瑶聚居地的"洞天盛境"景区游览。在林

洞天盛境

立的石峰下，卧伏着一个巨大洞穴。洞穴中，足以容纳千人的洞厅一个连着一个，地下河在洞穴底部哗哗流淌。沿着人工架设的步道一路行走，仿若置身于另一个星球。

离别南丹时，在当地旅游部门的宣传资料中看到一个信息——全县财政收入一度有80%来自矿产开发的南丹，近年来有效改变"工业为主、一矿独大"的产业格局，将旅游开发作为"绿色转型发展"重点突破口。南丹的山山水水正在呈现"矿山变青山、厂区变景区"的喜人变化。

突然间，我明白了南丹人为什么最终选择拆除那个高高立在石山顶上的烟囱。

一座奇异的山峰，耸立在广西六寨通往贵州的大道旁。山顶岩石『尖迥而起，中空如合掌』，形成一个天然穿洞。这是徐霞客在广西境内观赏的最后一座穿山——合掌山。

过合掌山，由六寨岜歹村进入贵州地界，徐霞客自此与奇山秀水的广西挥手道别……

「合掌」送别

〔河池〕

北下岗,
渡一涧,
复一里半,北上一岗,
是为岜歹村,
乃丹州极北之寨也……
土人指以为与贵州下司分界处,
此不特南丹北尽,
实粤西西北尽处也。

摘自徐霞客崇祯十一年三月二十七日日记

2007年第一次赴南丹采访时,我主要的目的是寻找徐霞客离开广西时经过的最后一座村庄——岜歹村。

在南丹,向当地文史研究者询问岜歹村的状况,得知早在20世纪80年代初,参与编纂、考证《徐霞客游记》的专家就曾经专程来到南丹,沿着徐霞客游记中提到的地名一一核实,唯独没有找到的地方便是这个岜歹村。

专家当时的推断是:由于当年语言障碍,加上来去匆匆,徐霞客在日记里很可能记错或者写错了地名。

记错、写错地名的情况,在徐霞客日记中确实时常出现。但是,即便出现误解或错记,也应该有一个读音相近的村庄存在。

同样对岜歹村感兴趣的当地旅游部门退休干部陆先生在和我交谈时,特意找来一本1984年编纂的《南丹地名志》,顺着书中一个个地名细细搜寻。

按徐霞客在三月二十六日、二十七日这两天日记里的描述,他离开广西的路径是:先到"六寨",再过"银村",最后经"岜歹"这个"丹州极北之寨"走出广西地界。

在《南丹地名志》里，我们先查到了"六寨公社"。这是20世纪六七十年代六寨镇的名称。在"六寨公社"之下有"银寨大队"。这，应该就是徐霞客提到的银村了。再细查银寨大队所属村屯——突然，"岜歹"两字跳入眼中！当时的我，高兴得拍掌大笑："哈哈！徐霞客没有弄错，果然有个岜歹村，果然有啊！"

《南丹地名志》对银寨和岜歹这两个地方分别做了简要介绍：银寨距六寨约6公里，东部和北部与贵州麻尾区交界。传说很久以前村子周边发现了银矿，故而得名。岜歹，在当地壮语中为"茅草坡"之意，因该村四周土坡茅草茂密而得名，当时全村人口仅19人。

2007年我只身一人前往桂黔边界探访岜歹村的情景，至今仍历历在目——由南丹县城乘车抵达六寨镇，在距镇子不远的国道旁，远远便望见耸立在公路边的一座造型奇异的穿山。

徐霞客当年走到这个地方时，停下脚步细细观赏这座穿山。在日记里，他以诗意的语言写下这样一段文字："东望一峰，尖迥而起，中空如合掌，悬架于众峰之间，空明下透，其上合处仅徒杠之凑，千尺白云，东映危峰腋间，正如吴门匹练，香炉瀑雪，不复辨其为山为云也。"

一座尖迥的穿山在路边高高耸起，悬架于群峰之间。山顶岩石崩塌，形成一个天然穿洞，形状犹如合在一起的手掌。千尺白云映衬在危峰之间，恰似随风飘荡的苏州白绢、庐山香炉峰飞溅的瀑布,让人飘然陶醉之间难以分辨何处为山何处为云了。

面对眼前奇景,徐霞客由衷感慨:"自桂林来,所见穿山甚多,虽高下不一,内外交透,若此剡空环翠者,得未曾有。此地极粤西第一穷徼,亦得此第一奇胜,不负数日走磨牙吮血之区也。"

在广西这个遥远、穷困的边界地带,居然遇到了如此奇特的异峰胜景,这一路上所遭受的"磨牙吮血"之苦也算是值得了!

得益于徐霞客这段精彩文字,立于桂黔边界地带的这座穿山有了一个十分形象的名字——合掌山。当地想象力丰富的人们又把这一奇景形容为"美女照镜"。一些到广西、贵州交界地带考察的专家则为合掌山起了一个别名——桂黔门户。

合掌山

离别合掌山,由六寨辗转抵达银寨的我从银寨村村委会主任口中得知:岜夛是银寨村所属的一个屯,分为上、中、下3个队,有40多户人家。

由银寨乘坐一位村民的三轮机动车前往岜夛屯。轻便的三轮车在崎岖的山路上左蹦右跳,颠得令人难受。遥想当年,徐霞客经过这段路时骑的是当地驿站提供的马,他显然比我要舒服得多。

车子爬上一座山冈,岜夛屯隐约出现在眼前。其中,与贵州地界连接的是归属岜夛的下塔屯。抵达下塔时,只见村民们大多居住在土砖房里。显然,当时的岜夛人还停留在贫困线上。

山脚下的岜夛屯

曾任村委会副主任的老蒙把我请进他的泥砖土屋。提起徐霞客，他立即兴奋起来，自信满满地说："徐霞客当年肯定是从我们这里出的广西！别看现在这条路难走，可当年这里有条青石板和鹅卵石铺设的官路，因为太窄走不了拖拉机，后来被填掉了。"

2024年盛夏时节，当我再度前往岜歹时，一条平坦的水泥路直通岜歹三屯。当年的土砖房消失了，一座座砖楼拔地而起。立在村口的一块《圆梦记事碑》记述了徐霞客当年途经此地的往事，记录了当地政府帮助岜歹人修筑"扶贫惠民路"的过程。

来到老蒙家新建的砖楼前，不巧，这位当年的村干部上山收玉米去了。我独自一人走出村庄，翻过一片土坡，眼前便是贵州地界。交界处，两省区村民的田地交错在一起，当地人形象地称之为"插花田"。几位村民有说有笑地在地里劳作，从语言和衣着上根本分不出他们谁是广西壮族人，谁是贵州布依族人。

站在山坳上，遥望前方山峦，我依稀能够感受到徐霞客当年描述的情景——"石路嶙峋，草木蒙密"。

久久凝视着眼前那条在树林、田地间蜿蜒而去的山路，倏忽之间，那个一路追寻、令人倍感亲切的身影又清晰地浮现在眼前。只见他风尘仆仆，步履坚定，"自南丹北鄙岜歹村，易骑入重山中，渐履无人之境"……

后　记

　　当我站在南丹岜歹村草木蒙密的山坡上，眼望着徐霞客离别广西进入贵州的那条弯曲山路；当我在电脑前敲下《霞客行：山水寻踪》篇章的最后一个字符，心里并没有升起完成一件大事之后应该有的轻松感。

　　相反，意犹未尽的心绪始终萦绕于心头。

　　此次"霞客行"之旅，我重点寻访了徐霞客当年在广西游览、考察的52处山水胜地、城镇村寨。然而，限于篇幅，限于时间，徐霞客在游记中记述的许许多多意韵深厚、情趣盎然的胜地与情境未能入选。

　　所以，《霞客行：山水寻踪》的出版，只是意味着我的"霞客行"之旅告一段落。更为广泛的寻踪，更为丰富的记述，有待后续补充。

　　我的"霞客行"之旅永远在路上……

　　此次寻踪之旅历时仅一年多。然而，我个人关注徐霞客广西之旅的起点，则可以追溯到2006年。那一年，任职于《南国早报》的我在与报社总编辑蒋钦挥先生的一次谈话中，了解到他久存心底的一个愿望：沿着徐霞客在广西游览的路线走一趟。由于事务缠身，他的这个愿望一直没能实现。

多年主持早报副刊采编工作的我当即提出：招揽几位具有历史文化情怀的记者，协力完成蒋钦挥先生的这个心愿。

不久，"解读广西——沿着徐霞客的足迹"专题系列报道在《南国早报》陆续刊出，并于2009年结集成书。

那是一次令人印象深刻的专题策划，在社会上引发众多读者关注。

然而，正如蒋钦挥先生在为《沿着徐霞客的足迹》一书撰写序言时抒发的感慨："我们的记者来去匆匆，又缺乏霞客先生'探穷问险，视作如掘至宝'的精神，文章更达不到这个境界。"为此，蒋钦挥先生感言："抱愧读者，更抱愧霞客。"

此后，由《南国早报》转入《广西日报》从事副刊采编工作的我，更专注于对广西深厚历史文化底蕴的挖掘。来来往往的采访途中，经常与徐霞客在广西留下的足迹不期而遇，对这位"登山必造群峰之巅"的前辈充满敬仰。于是，在心里暗下决心：待退休闲适后，一定要沿着徐霞客在广西留下的足迹再走上一趟！

《霞客行：山水寻踪》的出版，便是这一心愿的文字表达。

新书面世，是件令人兴奋的事情。然而，我同样对读者、对徐霞客怀有深深的抱愧之心。

恰如清代学者杨名时在为《徐霞客游记》(抄本)作序时感言:"学者之于道也,若深思鼓勇,亦如霞客之于山水,则亦何深之不穷,何远之不届!"

如今,我们的出游条件比徐霞客所处的时代优越十倍、百倍。然而,如果缺乏徐霞客那种"深思鼓勇""探穷问险"的精神,即便条件再优越,也难以抵达徐霞客"登顶揽胜"的精神高度。

面对繁华的社会,面对享乐的诱惑,要做到志存高远、坚守本真、拒绝利诱、忍耐寂寞,真的不是一件容易的事情。

高山仰止,景行行止。我们能够做到的,是以徐霞客为楷模,在攀登各自人生高峰的行程中"鼓勇"向前!

最后,感谢蒋钦挥先生多年来对我探寻徐霞客行踪之举的支持和鼓励;感谢《南国早报》当年参与探寻徐霞客足迹的同事——熊红明、蔡立梅、李岚、骆南华、邓盛龙、孙鹏远……他们的报道为我此次"霞客行"提供了诸多生动的追忆情景;感谢广西人民出版社的编辑朋友,他们的协助与督促促成《霞客行:山水寻踪》在短短的一年多时间里便完成从采访到写作再到出版的全过程。

让我们在今后的"霞客行"旅途中再次相遇吧……

罗劲松